图书在版编目（CIP）数据

严复评传 / 欧阳哲生著. -- 增订本. -- 天津：天
津教育出版社，2025. 5. -- ISBN 978-7-5309-9447-4

Ⅰ. B256.5

中国国家版本馆 CIP 数据核字第 2025TC9277 号

严复评传（增订本）

YANFU PINGZHUAN ZENGDINGBEN

出 版 人	黄　沛
作　者	欧阳哲生
责任编辑	田　昕
装帧设计	郭亚非
封面设计	编悦文化

出版发行　**天津出版传媒集团**
　　　　　天津教育出版社
　　　　　天津市和平区西康路 35 号　邮政编码　300051
　　　　　http：//www.tjeph.com.cn

经　销	新华书店
印　刷	北京捷迅佳彩印刷有限公司
版　次	2025 年 5 月第 1 版
印　次	2025 年 5 月第 1 次印刷
规　格	16 开(787 毫米×1092 毫米)
字　数	290 千字
印　张	22.25

定　价　98.00 元

欧阳哲生 —— 著

严复评传

增订本

天津出版传媒集团

天津教育出版社

目　录

序　言

刘桂生

　　北京大学历史系博士后流动站第一个入站研究人员、原湖南师范大学历史系副教授欧阳哲生，继完成《新文化的源流与趋向》及《自由主义之累——胡适思想的现代阐释》二书之后，最近又完成了《严复评传》，嘱我为之作序。读后深感此书所勾勒之严复形象、精神面貌之完整、清晰，确为先出诸著所不及，给人诸多启迪。同时，亦引起我对严复思想研究现状的一些想法，借此机会，抒发一二。

　　我认为，目前学术界对严复思想的研究已形成一个"模式"，即把他的思想发展道路看成是一个"S"形：早年"全盘肯定西学，完全否定中国传统文化"；晚年，从一个极端走到另一个极端，"全盘肯定国粹，尽弃西学"，"回到封建主义怀抱中去"。

　　这种"S"形的说法由来已久，影响甚广，已成为人们认识和评价严复的学术范式。但是，事实真如此吗？读读严复的书，实在令人怀疑。这里，仅就构成这一"模式"的一个基础性问题"严复早年是不是'尽弃儒学'？"介绍些史料兼谈些看法，以期弄清真相。

　　认为严复早年"全盘否定儒学"的论者，所根据的史料，不外"四论"（《论世变之亟》《原强》《辟韩》《救亡决论》）和"二传"（《道学外传》《道学外传余义》）等六篇文章。的确，在这些文章中，严复曾对儒学作过十分激烈的抨击，指斥它"无实""无用"，不仅"无用"，而且"有害"。然而，我们是不是仅仅根据这些，就能得出严复"全盘否定儒学"的结论来呢？当然不能。不仅不能，相反，在这六篇文章之中，倒有不少足以证明作者对儒学持充分肯定态度的言论，请看：

第一，严复在《道学外传余义》一文中强烈表示：挽救危亡，振兴民族，必须发扬儒学精神。他在《道学外传余义》中说：

> 试思以周、朱、张、阳明、蕺山之流，生于今日之天下，有益乎？无益乎？吾知其必有益也。其为国也忠，其爱人也厚，其执节也刚，其嗜欲也澹。此数者，并当世之所短，而宏济艰难时所必不可少之美德也。使士大夫而能若此，则支那之兴，殆不须臾。（《严复集》中华书局1986年版，第486页，序言内所引《严复集》皆为此版本，不再标注）

词义如此清晰，可以不必再作解释。

第二，严复主张用儒学所提倡之各种美德来改变社会风气。他认为目前的社会风气十分败坏，而那一批被科举制度炮制出来的"道学先生"就是这种坏风气的活代表。这批人挂着宋儒招牌反宋儒，他们口念圣贤书，心想利禄路，当他们的丑行败露时，过激之人"遂迁怒于宋儒"。由怒宋儒而反宋儒，于是流传开来"待国如传舍""待人如市易"；生活中"以及时行乐为本怀"，这样一类的坏习气"以因人而施为妙道""以敷衍为得计""以忠愤为痰魔"。假如社会上人人都这样，那么，"大事便去，黄种便灭"。因此，只有大力提倡宋儒"为国忠""待人厚""执节刚""嗜欲澹"等美德才能彻底改变社会上的各种坏风气。

第三，对学习西学，他认为重要的是"归求反观"，以加深对中国文化、政教的认识和理解，从而加强对儒学的信心。他在《救亡决论》中这样告诫"学西学者"：

公等从事西学之后，平心察理，然后知中国从来政教之少是多非。即吾圣人之精意微言，亦必既通西学之后，以归求反观，而后有以窥其精微，而服其为不可易也。（《严复集》第49页）

他在1917年4月26日给熊纯如信中又说：

四子五经，固是最富矿藏，唯须改用新式机器（指西学）发掘淘炼而已。（《严复集》第668页）

两段话是同一个意思。前者表明，在严复看来，中国的政教虽然"少是多非"，但毕竟还有一些"是"；更重要的是，他认为儒学中有"不可易"的道理，也就是所谓有"精意微言"在。不过要想真正弄通这些道理，了解这些"微言"，则恰恰又须在"既通西学"之后。可见，在他心目中，学西学的目的只在于"归求反观"以加深对儒学的理解。他绝对没有否定儒学的意思。

以上三点，足以说明：用"全盘否定儒学"来概括严复早期思想，是多么的不符合事实。我们绝不能像《剑桥中国晚清史》主编费正清教授等人那样理解严复思想：

严复是一个西方文明的十足崇拜者，这导致他对中国的传统进行无情的批判。在他看到集体力量充溢现代西方的同时，他在中国传统中只看到活力和公益心的萎缩。他在把中国与现代西方进行对比后着重指出，中国是软弱的，因为过去中国的圣贤在培养民众的力量和能力方面做得很少，而历代王朝统治者的所作所为，却都是在压制他们的力量和能力。因此，他几乎是全面地、彻底地驳斥当时思想界唯中国之法是举的倾向，不但攻击科举制度的机械死板的要求，而且笼统地把当时全部儒家学派都视为思

想的废物而不屑一顾，这就不足为奇了。（中国社会科学出版社1985年版，下册，第340页）

　　显然，用前面所引严复自己的话，就足以驳斥费正清教授等人的这一连串"全面""彻底""不屑一顾"云云的全称肯定判断，并使人看出那是多么不符合事实。我感到奇怪的是：严复的文章已经写得很清楚，为什么总是不断有人出来一次又一次地论证严复早年曾经"全盘否定儒学"呢？难道他们见不到这些材料吗？不是的。问题在于他们对中国的历史和文化了解不深不透，特别是对严复批儒是在多层次上进行的这一点缺乏认识。因而，如果只从一个单一层面上去把握这样一个复杂问题，就不能把问题搞清楚，比如在政治层面上批儒和在文化层面上批儒情况就很不相同。而在文化层次内部，严复又可以从世界观、伦理观等更为细微的层次，去分别把握"四论""二传"中所说的那些话，主要是在政治层面上对"儒学"的批判，其对象是一种特殊的"儒"，即被专制政治利用和歪曲的"儒"，亦即表现在科举制度中的那种依据四书五经写制义文的"儒"。这种"儒"，是假儒，表面上尊崇孔孟之道，实际上则把孔孟之道放到官僚政治的大染缸中加以污染，放到权势利欲的大熏房中加以蒸熏，把它弄得面目全非、灵魂出壳。对这种"儒"，严复确曾猛烈抨击，全盘否定，毫不手软，绝不留情，他一针见血地指出，把"致祸亡国"危机招来的，正是它。严复对这种"儒"的批判，实际上是对专制主义的批判。他思想上的高明之处正在于此，即他能突破现实的障蔽和历史的局限，高瞻远瞩，鞭辟入里，从纷纭繁复的政治文化现象中，一手抓出这种被专制政治玩弄、利用、扭曲了的"儒"（包括"儒学"和"儒者"，即"假道学"和"道学先生"），痛予鞭笞。批判这种假儒，无疑是中国进步之所必需，对这一点，无论过去和现在，都应给予高度评价，这里丝毫不涉及是不是否定传统文化的问题。要知道，严复之所以批儒，"非攻儒学也，攻一尊也""一尊者，专制之别名也"。"专制定则进化尽滞"，所以他才尽力予以攻击，并把它当作自己应尽的义务。这才是严复之所以为严复。此之不明，遑论其他。

在文化层面上，严复又是怎样分析批判地对待儒学呢？下面以他对王学的态度为例，稍作分析。

严复对儒学的基本态度是扬宋抑汉，在宋学之中又扬程朱，抑陆王。但他对王学也采取分析批判、区别对待的态度。在世界观上，他对王学"吾心即理""心外无物"一类主观唯心的主张，持否定态度；反之，在伦理观上，则对王阳明那种悲天悯人、"视民之饥溺犹己之饥溺"的天下精神，赞扬备至，认为是肩负"今日之世变"必不可少的一种精神，他在《〈阳明先生集要三种〉序》一文中这样说：

> 王子尝谓："吾心即理，而天下无心外之物矣。"……今夫水湍石碕，而砰訇作焉，求其声于水与石者，皆无当也，观于二者之冲击，而声之所以然得矣。故论理者，以对待而后形者也。使六合旷然，无一物以接于吾心，当此之时，心且不可见，安得所谓理哉？是则不佞所窃愿为阳明诤友者矣。（《严复集》第238页）

严复以"水击石"这种自然现象为例，从心物关系和理物关系两方面进行分析，用经验论、自然观去批判"心外无物"的谬说，但接着便对王阳明的事功和人格大加赞扬，他说：

> 虽然，王子悲天悯人之意，所见于答聂某（即聂豹，王氏私淑弟子）之第一书者（书中表述"视民之饥溺犹己之饥溺"之心理至为深切），真不佞所低徊流连翕然无间言者也。世安得如斯人者出，以当今日之世变乎！（《严复集》第238页）

这里，严复又在大声疾呼必须发扬王学精神以挽救民族危亡。发扬唯恐不及，哪里有"全盘否定"的意思呢？由此可见，严复对儒学的基本态度，确是有取有舍、有扬有弃。他并没有"笼统地把当时全部儒家学派都视为思想的废物而不屑一顾"。

综上可知，"西学"和"中学"在严复头脑中始终是在不断地"交融互释"着，它们之间并不曾上演一场"互相排斥""彼此否定"的闹剧。

欧阳哲生的《严复评传》可取之处就在于用"交融互释"的眼光来研究和阐释严复的中西文化观，这样，出发点早已高出"S"形模式，因此必然给人带来新的启迪，相信读后也将随之而进入理解严复的新层次、新境界。

1994 年 3 月 8 日于北京

刘桂生（1930-2024），生前为清华大学人文学院历史系及北京大学历史学系教授，主要致力于中共党史、中国近现代思想史的研究。

PR é CIS

（英文提要）

Yan Fu（1854—1921）was a great enlightment thinker, translator,educationist and man of letters in modern China. Basing itself upon the historical background of modern China's cultural development,this book,starting from the comparative studies of sino-western thought and culture,has systematically discussed Yan Fu's cultural thought and academic research activities.It has re-evaluated Yan Fu's historic position and academic achievement in the history of modern China's cultural thought.

The book is divided into five chapters.The first chapter deals mainly with the studies of Yan Fu's early educational career and state of mind,analysing with details his traditional educational background and his experience of being educated in the west.

The second chapter mainly studies Yan Fu's theory during the Wuxu Reform.Awakening and rising from the fact that the nation being at stake,Yan Fu started to turn to reform and modernization,advancing a new systematic theory for reform.There are great differences in academic thoughts between Yan Fu and Kang Youwei,the major leaders of the Reform party,although the two had the same desire of carry out reform in order for the nation to survive,because of their two different educational background and different source of thoughts.Proposals by Yan Fu on the separation of academics from politics,modernization of education,etc.are the starting of new academic concepts.

The third chapter mainly studies Yan Fu's relation with the occidental studies, fully appraising the positive role by him in translating and disseminating the occidental studies.The writer here carefully analyses,the western ideas introduced by Yan Fu and also discusses his background knowledge of Chinese studies necessary in Yan Fu's translation.

The fourth chapter discusses mainly Yan Fu's relation with traditionl Chinese studies.It systematically introduces Yan Fu's comments on Laozi and Zhuangzi and its charateristics.The arbiter here has taken an overall examination on Yan Fu's personal literary concepts,literary creative work,and the influence of the Evolution theory upon the reform in modern literature.

The fifth chapter studies the ideas and thought in Yan Fu's remaining years,focusing on the studies of his cultural concepts of China and the west,and on the reason why he tend to become conservative.The writer here,unlike traditional concepts,has affirmed some reasonable factors in Yan Fu's late thought.

In general,the writer here hopes that by examining Yan Fu's cultural thought and academic activities,this book can have a clear knowledge of the relation between this man and modern China's cultural thought and help understand the truth of this period of history,so as to present a clear picture of this cultural giant—Yan Fu—in front of our readers.

第一章　孤寂先驱：早期求学生涯

> 谤毁遍天下，而吾心泰然。自谓考诸三王而不谬，俟诸百世圣人而不惑，于悠悠之毁誉何有哉！
>
> ——郭嵩焘《致朱克敬》

　　1840 年以降，西方近世文明以其无可抗拒的强大优势，狂风暴雨般冲击、震撼着东方的古老文明，给中华这个古老帝国以空前的挫辱。本来这场以战争形式所表现的冲突，实质上是一种文明的冲突，是"扩张的、进行国际贸易和战争的西方同坚持农业经济和官僚政治的中国文明之间的文化对抗"，①但当时的中国人除了为之震惊外，却看不出隐藏在历史表象背后的深层意义。极个别先进分子经过上下求索，从挤开的门缝，依稀看到外间照射进来的一线光束，找到了自己与时代的结合点，从而也大体找到了自己人生道路的正确指向。严复的早期生活道路正是这样一个过程。他从传统私塾，走向洋务之"新学"；再远涉重洋，去西方寻求真理，走在时代的前列。其间历尽人间沧桑，饱尝时代风雨的洗练，然而他却有幸使自己成为一个先进的中国人。

---

　　①　[美] 费正清：《剑桥中国晚清史》上卷，中国社会科学院历史研究所编译室译，北京：中国社会科学出版社，1985 年版，第 251 页。

一 寒窗苦读的少年

严复晚年在给他的弟子熊纯如的一封信中，谈及他对子女教育的意见时说："复教子弟，以现时学校之难信，故宁在家延师先治中学，至十四五而后，放手专治西文，一切新学皆用西书，不假译本，而后相时度力，送其出洋，大抵八年而后卒业，至于所治何科，所执何业，亦就少年性质之所近而喜好者，无所专尚也。"①严复所设想的这种青少年教育模式及其学习进程安排，并非无中生有，而是他个人经验的提炼和总结，回溯他的早期求学生涯，我们就可获致这一认识。

严复于1854年1月8日诞生在福建侯官（今闽侯）县阳崎乡一个儒医家庭。初名严传初，乳名体乾；考入马江船政学堂，易名宗光，字又陵；走入仕途时始用严复，字几道；晚年号瘉壄老人，又别号尊疑尺庵，别署天演宗哲学家。民国时期，因侯官并入闽县，故又被人称为"闽侯"。②

侯官地处东南之隅，不过弹丸之地。在晚清，此地却迅速崛起了一批知名人物，如林则徐、沈葆桢、林昌彝、林纾、刘步蟾、林永升、萨镇冰、方声洞、林旭、林觉民等，这些历史人物在各个领域均取得出色成就，故时人有"晚清风流出侯官"之说。

阳崎"溪山寒碧，树石幽秀"。外临大江，中贯大小二溪，左右则有玉屏山、李家山、楞严诸丘壑。就其地理环境而言，可以说是山清水秀。当地土著居民唯严、陈二姓。"严氏族姓寥落，可序而数者，都数十百家，虽传世逖远，皆相亲附。"据严复之子严璩回顾，严家

---

① 《与熊纯如书（二十五）》，载王栻编《严复集》第三册，北京：中华书局，1986年版，第626页。
② 王蘧常：《严几道年谱》，载牛仰山、孙鸿霓编《严复研究资料》，福州：海峡文艺出版社，1990年版，第20页。

先祖为河南固始籍，"自李唐末造，始祖怀英公讳仲杰，以朝议大夫随王潮由中州入闽，即家于侯官之阳崎"。高祖焕然，清嘉庆庚午年（1810）举人，曾任松溪县学训导。先曾祖秉符以后，"皆以医为业"，[①]没有走上"学而优则仕"的道路。

严复父亲严振先继承祖业，在乡间行医。母亲陈氏为一普通人家女子。严复之上原有一兄，不幸早夭；其下还有两妹。

在传统社会，中医本身就构成传统文化的一个重要组成部分。中医典籍，如《黄帝内经》，也是传统经籍，非一般读书人能阅读；而中医理论中的"精""气"说、阴阳说，如不具备一定的传统学术根柢，也很不易理解。严家之所谓"儒医"之称，本身就表明中医和传统文化的某种内在联系。严复生长于这样一个家庭，受其家风的熏陶，自然承传着中国传统文化的精神。

严复童年时代的生平事迹，鲜有记载，有一事为人常道。五岁的时候，"邻有凿井，架高丈余，先生窃登之。俯视井底，大呼圆哉！圆哉！陈太夫人闻而出视，大惊，恐其惧而下坠也，不敢斥言。遂佯为惊状而言曰：'儿能真过人，如凭梯下则更能矣。'及下，始笞责之"。[②]严复成熟早，父亲望子成龙，期望甚高。他煞费苦心地督促着幼子的学业，以期通过科举的途径获取功名，为这个世代从医的小康之家带来真正的荣耀。

严复七岁开始进私塾读书，跟包括他五叔严昌煐在内的好几位地方耆宿学习。严昌煐，字厚甫，清光绪己卯（1879）举人，是一位循规蹈矩、不苟言笑的儒生。他希望严复走上科举之途，故所授课程尽是《大学》《中庸》等儒学经典。由于他老是板着一副冷冰冰的脸孔，加之教学内容枯燥，幼小的严复对他没有什么好感。1863年，严振

---

① 严璩：《侯官严先生年谱》，《严复集》第五册，第1545页。
② 王蘧常：《严几道年谱》，《严复研究资料》，第20页。

先聘请同乡、著名宿儒黄少岩执教西席。黄少岩先生"为学汉宋并重"，传统学术功力深厚，著有《闽方言》一书。课经之余，他喜好给自己的学生"讲述明代东林掌故"，表现了一个传统士大夫不甘寂寞、经世致用的治学倾向。严复在他门下受业两年，对这位教师十分喜欢和敬重。可惜的是，1865 年，黄先生不幸去世，严复感到"哀恸不已"。有的论者认为，"严复后来把对斯宾塞（Herbert Spencer）宇宙论的形而上学旨趣的热忱与对穆勒（J.S.Mill）的归纳逻辑和经验方法的同样的热忱结合起来，在某种程度上反映了他的教师把'汉学与宋学'的价值观结合起来的努力"。①

　　黄先生临终前，又将严复托付给其子黄孟侑"继续就馆"。黄氏父子"治经有家法，饫闻宋元明儒先学行"。②而严复早岁聪慧，读书勤奋，词采富逸。传说当时他与同学合赁一屋，住在楼上，每夜楼下演戏，好不热闹，他却"辄命就寝"。等戏散后，他又起来"挑灯更读"。③严复早年的这段苦读生活，为其打下了一个学人在封建科举时代必须具备的幼学基础。

　　1866 年 7 月，福州霍乱流行，严振先染上疾疫，被夺去生命。严复的家境随之陷入窘迫，一家生计只能靠母亲做女红来维持。晚年严复为一幅《篝灯纺织图》题诗的时候，曾经触景生情。他回首少年时期那段艰苦的生活，感慨万千：

　　　　我生十四龄，阿父即见背。

　　　　家贫有质券，赙钱不充债。

　　　　陟冈则无兄，同谷歌有妹。

---

　　①　Benjamin Schwartz, *In Search of Wealth and Power:Yen Fu and the West*（Cambridge, Mass.: The Belknap Press of Harvard University, 1964），p.24.

　　②　陈宝琛：《清故资政大夫海军协都统严君墓志铭》，《严复集》第五册，第 1541 页。

　　③　林耀华：《严复社会思想》，载《社会学界》第七卷，1933 年 6 月。

慈母于此时，十指作耕耒。
上掩先人骸，下养儿女大。
富贵生死间，饱阅亲知态。
门户支已难，往往遭无赖。
五更寡妇哭，闻者酸心肺。①

在这种境况下，严复自然不可能出资继续聘师求学，走科举入仕的道路。恰巧这时，洋务派左宗棠创办的一所新式学校——福州马尾船厂附设船政学堂招考学生，严复抓住了这一机遇。

船政学堂初名"求是堂艺局"。它虽非科举"正途"，但对那些家道贫穷而又谋求进取的布衣子弟颇为适合。根据学堂的章程规定：凡录取的学生，伙食费全免，另外还每月给银四两，贴补家庭费用；三个月考试一次，成绩列一等者，可领赏银十两；五年毕业后，不仅可以在清政府中得到一份混饭吃的差使，还可参照从外国请来的职工标准给予优惠待遇。大概是由于经济方面的待遇不错，学堂吸引了包括严复在内的一大批家境贫寒的读书子弟。

招考的作文命题为《大孝终身慕父母论》。严复的答卷洋洋数百言。主考官恰为身任福建巡抚的同乡沈葆桢，他极为赏识这位同邑少年的文采。严复遂以第一名被录取，从而跨进了洋务运动早期人才的行列。严复这一选择，不期迎合了时代的潮流，与新兴变革事业联系在一起，这无疑是他的幸运。后来，严复在给沈葆桢之子沈瑜庆的诗中还无限深情地提及这次考试："尚忆垂髫十五时，一篇大孝论能奇。"②

福州船厂 1866 年由闽浙总督左宗棠创办。设厂不几个月，左宗棠调任陕甘总督，船厂的工作又委派给洋务派湘军系统的另一个重要

---

① 《为周养庵题籍灯纺织图》，《严复集》第二册，第388、389 页。
② 《送沈涛园备兵淮扬》，《严复集》第二册，第364 页。

官员沈葆桢负责。设立该厂的目的，主要是制造兵轮，培养"洋务"人才。船厂初设时，即附设船政学堂，其培养人才可分两种：第一种是学习造船，将来做"良工"；第二种则学习驭船，拟去做"良将"。左宗棠在镇压太平天国运动时，曾获得法国人的支持和援助，双方建立了密切的关系，所以厂内聘请了一批法国"客卿"，如日意格、德克碑诸人。学堂分为前、后两堂。前学堂学习造船技术，用法语授课，又名"法语学堂"；后学堂学习驾驶技术，用英语上课，又名"英语学堂"。学堂课程有：英文、法文、算术、几何、代数、解析几何、割锥、平三角、弧三角、代积微、动静重学、水重学、电磁学、光学、音学、热学、化学、地质学、天文学、航海学等。[1] 这些均非传统学问，而是从西方资本主义国家输入的新学问。除此以外，在学堂的"训练科目"中，"凡《圣谕广训》《孝经》必须诵读，兼习论策，以明义理而正趋向"。[2] 课程的设置，反映了洋务运动那种"中体西用"的价值取向。

1867 年初，严复入船政学堂，分在后学堂。入学前他已经娶妻成家，夫人王姓；入学后他改名严宗光，字又陵（幼陵）。关于在船政学堂的读书生活，他在《〈海军大事记〉弁言》中略有记述：

> 不佞十有五，则应募为海军生。当是时，马江船司空草创未就，借城南定光寺为学舍。同学仅百人，学旁行书算。其中晨夜伊毗之声与梵呗相答。距今五十许年，当时同学略尽，屈指殆无一二存者。回首前尘，塔影山光，时犹呈现于吾梦寐间也。已而移居马江之后学堂。[3]

---

① 严璩：《侯官严先生年谱》，《严复集》第五册，第 1546 页。
② 顾树森：《中国历代教育制度》，南京：江苏人民出版社，1981 年版，第 231 页。
③ 《〈海军大事记〉弁言》，《严复集》第二册，第 352 页。

严复在船政学堂学习了五年，1871 年毕业，成绩列最优等，随后被派到军舰上实习，先随"建威"号南至新加坡、槟榔屿，北至渤海湾、辽东湾，后乘"扬武"舰"巡历黄海及日本各地"。这时，东邻日本"亦正开始筹办海军，扬武初到长崎、横滨各处，聚观者有万人空巷之况"。[①]带严复航行的舰长是英国中校德勒塞先生（Commander Tracey），他在华任教完后，回国前勉励严复诸人："君今日于海军学术，已卒业矣。不佞即将西归，彼此相处积年，临别惘然，不能无一言为赠。盖学问一事，并不以卒业为终点。学子虽已入世治事，此后自行求学之日方长，君如不自足自封，则新知无尽。望诸君共勉之。此不第海军一业为然也。"[②] 这一席话语给严复印象至深。他终身勤学不辍，不敢稍有松懈。

1874 年，刚刚转入资本主义轨道的日本急于向外拓展殖民地。它一面强迫琉球国王接受其"内蓄"的封号，一面以琉球渔民曾被台湾居民误杀为借口，向清政府施加压力。这年五月，日本陆军中将西乡从道在美国的协助下，率兵三千在台湾琅㪍登陆，悍然侵略我国领土。清朝急命提督唐定奎率所部淮军渡海增防，并谕船政大臣沈葆桢赴台办理海防。严复随沈葆桢到台湾，"测量台东旂来各海口，并调查当时肇事情形，计月余日而竣事"。[③]当时，日本侵略军不熟悉地形，加上军内疾疫流行，遭到中国军民的严重打击，陷入了进退两难的困境。软弱的清朝政府迫于英、美、法等西方列强的压力，却于同年十月与日本签订《台事专条》，以"抚恤"和"修理房屋道路"的名义，赔偿白银五十万两，换取了日本的撤军。至此，严复在军舰上实习和工作了四年，随后被选拔派赴英国留学。

---

① 严璩：《侯官严先生年谱》，《严复集》第五册，第 1546 页。
② 严璩：《侯官严先生年谱》，《严复集》第五册，第 1546 页。
③ 严璩：《侯官严先生年谱》，《严复集》第五册，第 1546 页。

二 留学英伦求新知

近代中国，最早漂洋过海、出国留学的是容闳。1847年1月4日，年仅十九岁的容闳随美国传教士勃即先生赴美留学。他先进入孟森中学读书，后考入耶鲁大学。通过七年的奋斗，他以惊人的毅力和优异的成绩完成了学业，取得了学士学位。容闳学成归国后，打算"借西方文明之学术以改造东方之文化，必可使此老大帝国，一变而为少年新中国"[①]"以西方之学术，灌输于中国，使中国日趋于文明富强之境"。[②]为此，他到处游说，请派留学生，以实施自己的"教育计划"，但他的努力遭到清朝官员的白眼。直到19世纪60年代洋务运动兴起后，曾国藩创办军事工业，将容闳罗致到他的门下。在此期间，容闳鼓动丁日昌说服曾国藩派留学生出国，最后曾同意了容闳的建议。曾国藩与李鸿章联名上奏，清廷批准了曾、李的奏折。1872年，清朝择优选派第一批留学生赴美，以后三年又续派，每年三十名，四年中，共派出一百二十名。这些留学生归国后，绝大部分都列身显要，或成为政界知名人士，或成为军、学、商界要人，或成为重要科技人才。

严复是清朝政府派遣的第二批留学生。第二批留学生都是由福州船厂选出，他们改去欧洲。船政学堂原不预备选送学生到外国去留学，后来李鸿章、沈葆桢觉得洋员都将期满回国，而中国的工匠还不能替代洋员支撑这个局面，故主张从已经毕业的学生中选派一些到国外去深造。沈葆桢、李鸿章在《闽厂学生出洋学习折》里奏议：

---

① 容闳：《西学东渐记》，长沙：湖南人民出版社，1981年版，第88页。
② 容闳：《西学东渐记》，第23页。

察看前后堂学生内秀杰之士，于西人造驶诸法，多能悉心研究，亟应遣令出洋学习，以期精益求精……后堂学生本习英国语言文字，应即令赴英国水师大学堂及铁甲兵船学习驾驶，务令精通该国水师兵法，能自驾铁船于大洋操战，方为成效。[①]

沈、李的奏议是在1873年提呈的。但因经费没有着落，迟迟未派。拖到1877年3月，才得以实现。

1877年3月，严复等三十余人，搭乘官轮"济安"号离开福州前往香港。4月5日又登轮离开香港，分别前往英国和法国。

严复与萨镇冰、刘步蟾、方伯谦等十二人到达英国后，其中六人即登英国战舰实习，其余五人先入学，后仍被派登英舰至海洋实习。唯有严复一人始终未登舰作海军训练，他先往朴茨茅斯学校（Protsmonth）学习，肄业后进入皇家海军学院（Royal Naval College）；在英国完成预定选修课程后，又被派往法国作修学旅行，再回格林威治皇家海军学院学习。

格林威治是伦敦的一个自治市镇，它位于泰晤士河口，是天然的海港，它的发展主要是凭借皇室的力量和英国的海上扩张。早在1423年，格治斯特公爵圈围这里的土地作为猎场；后来皇族又在这里建造起皇家博物馆和王宫。1694年，威廉三世和玛丽王后邀请当时一批著名建筑设计师构建了一批辉煌的建筑。乔治二世时期，为安置对法作战的伤病士兵，创立海军医院。1871年，在原海军医院旧址创办皇家海军学院，为英国以及其他国家海军培养、输送专门人才。皇家海军学院的课程以学习海军基础理论为主，并注重教学与实践相结合。学员每天早上六点钟要分赴各馆上课，据严复向当时清政府驻

---

① 舒新城：《中国近代教育史料》上册，北京：人民教育出版社，1961年版，第167、168页。

英大使郭嵩焘介绍：礼拜一上午学习重学、化学，下午画炮台图；礼拜二上午学习算学、格致学（包括电学），下午画海道；礼拜三上午学习重学，论德法、俄土战例，下午自学；礼拜四与礼拜一同，礼拜五与礼拜三同；礼拜六上午论铁甲船情形，论炮弹情形，下午自学。[①]学院教学十分注意学员能力的培养，严复给李丹崖抄录的"考课问目"（考问课目）是："一曰流凝二重学合考，二曰电学，三曰化学，四曰铁甲穿弹，五曰炮垒，六曰汽机，七曰船身浮率定力，八曰风候海流，九曰海岛测绘"，而且"其中发问之处，多足增广见识"。[②]

皇家海军学院这种注重培养学生实际应用能力的教学方式，颇令封闭于"满堂灌"和习惯于死记硬背的中国学生大开眼界，他们"在家读书有疑义，听讲毕，就问所疑，日尝十余人，各堂教师皆专精一艺，质问指授，受益尤多。或听讲时无余力质问，则录所疑质之，以俟其还答。诸所习者并归宿，练习水师兵法。而水师船又分三等：一管驾，一掌炮，一制造。管驾以绘图为重，掌炮以下以化学、电学为用，而数学一项实为之本，凡在学者皆先习之。此西洋人才之所以日盛也"。[③]

严复在格林威治皇家海军学院学习期间，怀着极大的兴趣和热情，如饥似渴地学习西方先进的近代科学，并将之介绍给国人，体现了他对科学的执着追求。1878 年 4 月 9 日，严复与几位留学生被邀到清政府驻英使馆处出席宴会，宴席间，严复"议论纵横"，大谈科学发现，从"光速而声迟"的雷、电，到钟表机械原理，到"洋人未有轮船时，皆从南北纬度以斜取风力"的道理，[④]给在场的人留下了深刻的印象。同年 5 月 30 日，严复又对来学院看望的李丹崖等清朝官员，

① 参见郭嵩焘：《伦敦与巴黎日记》，长沙：岳麓书社，1984 年版，第 449 页。
② 郭嵩焘：《伦敦与巴黎日记》，第 562 页。
③ 郭嵩焘：《伦敦与巴黎日记》，第 450 页。
④ 郭嵩焘：《伦敦与巴黎日记》，第 533、534 页。

用薄铜圆片"演示摩擦生电"，[1]并且探究"西洋学术之精深"的原理在于注重基础科学——"数学和重学"。6月15日，留英学生向李丹崖出示各自的留学日记，严复出示的《沤舸纪经》内记录的又是光、热、空气、水和运动，谈论兵船发展之趋势、铁船之利弊、炸药的爆炸力等，[2]凝注了严复对近代科学研究的心血。

同时，严复还十分注意学习英语，其英语水平提高很快。当时驻英大使郭嵩焘称他的英语水平"胜于译员"，以致每与英官员会谈和见面，"唯一邀严又陵同赴"。精通英语自然使严复如鱼得水，可以博览群书，或与英人交往，接受新近在英国流行的各种社会思潮和科学理论的熏陶；还为他归国后研读"西学"，编译《天演论》（Evolution and Ethics）等西方学术名著，打下了扎实的语言基础。

留英期间，严复的专业虽然有"考课屡列优等"之语，但比较其他同学并不突出。当时，刘步蟾、林泰曾两人成绩出众，而蒋英超"所造独深"。其他人如艺徒郭瑞圭、刘懋勋、裴国安等也均列优等；"浦消合考"，郑清廉得第一名。故后来一般人说严复在英国时考试常列第一，陈宝琛《清故资政大夫海军协都统严君墓志铭》中亦说"是时日本亦始遣人留学西洋，君试辄最"，[3]恐怕并无依据。严复的真正兴趣似乎并不在海军，他未去军舰上实习就是一个明显的例证。严复当时所怀抱的志趣，已经不以"良将"的人生境界自限了，这一点已被时人所注意。郭嵩焘在向清政府汇报关于英法留学生学习成就时说"水师良才曰刘步蟾、方伯谦、萨镇冰、何心川"，而严宗光"以之管带一船，实为枉其材"，并说其他学子"其识解远不逮严宗光"，让严"交涉事务，可以胜利"。实际情形也是如此。严复在学校读书之外，还广泛接触了英国资本主义社会，这对他的思想发展无疑产生

---

① 郭嵩焘：《伦敦与巴黎日记》，第586、587页。
② 郭嵩焘：《伦敦与巴黎日记》，第594、595页。
③ 陈宝琛：《清故资政大夫海军协都统严君墓志铭》，《严复集》第五册，第1541页。

了强烈的刺激作用。这表明当时严复的思想已超越了洋务运动所标榜的练兵自强的局限，已着意于从更深层次探讨社会变革和振兴中华的根本之途。著名史学家吴相湘对此有中肯评价："历来论者均以严留英回国后未展所长，不知最初之因材施教计划，严实用得其所。译述西洋名著，对国家之贡献，更出意想之外。而同时留学归来之刘步蟾、方伯谦、林泰曾等于甲午战争时身败名裂。萨镇冰较幸运且长寿，民国时任海军总司令，然其成就贡献比较严复实不可同日而语。"① 至于"严复在第一届留英海军学生中之被如此特别安排，显示当局针对严之个性特别学识而因材施教，使其注重理论。乃有计划地培植使其成为教育后进之领导人才。严复后来对国家服务即决定于此。而其对国家之贡献，实远超过最初计划"。②

19 世纪 70 年代，正值维多利亚女王执政，英国资本主义已发展到鼎盛。资本主义社会所呈现的繁荣局面，恰与腐朽衰落的清廷形成鲜明对比。严复身临其境，自然表现出倾慕服膺之情。例如，他去英国法庭，"观其听狱，归邸数日，如有所失"；认为这就是"英国与诸欧之所以富强"③ 的原因。因为他们不仅"司法析狱之有术"，还有"辩护之律师，有公听之助理，抵暇蹈隙，曲证旁搜，盖数听之余，其狱之情，靡不得者"。既然有这种良善的制度，自然"公理日伸"④了。又如他考察英国城市，见其治理得井井有条，认为"莫不极治缮葺完，一言蔽之，无往非精神之所贯注"。⑤ 再反观中国当时的情形，则大相径庭。他觉得造成这种差异的根本原因在于专制政治与立宪政治的不同。他说，在中国"谋国者以钤制其民之私便，必使之无所得

① 吴相湘：《天演宗哲学家严复》，《民国百人传》第一册，台北：传记文学出版社，1982 年再版，第 337、353 页。
② 吴相湘：《天演宗哲学家严复》，《民国百人传》第一册，第 353 页。
③ 《法意·卷十一》按语，《严复集》第四册，第 969 页。
④ 《法意·卷十一》按语，《严复集》第四册，第 969 页。
⑤ 《法意·卷十八》按语，《严复集》第四册，第 985 页。

为于其间，乃转授全权于莫知谁何，视此如传舍之人，使主其地"，这样的社会自然公理不伸，上下乖离了。而西洋呢？由于有"议院代表之制，地方自治之规"，所以能"和同为治"，"合亿兆之私以为公"。生活在这两种截然不同的社会政治制度下的人民的命运迥然相异。中国人民都是"苦力"，而西洋人民都是"爱国者"，"夫率苦力以与爱国者战，断断无胜理也"。①他甚至从生理学的角度，论及英法人民身材的高矮，以及在学时不能婚娶等事实，以为"东方婚嫁太早之俗，必不可以不更，男子三十，女子二十，实至当之礼法，诚当以令复之，不独有以救前弊也，亦稍已过庶之祸"。②由此不难看出，严复对英法社会观察之精细与关切层面之广了。

透过西方资本主义繁荣的表层，严复把自己研究的触角伸向了其深层，亦即推动资本主义发展的内驱动力——思想理论。限于繁重的专业学习任务，严复不能抽出大量时间广泛涉猎西方近代思想家的理论著作，但他对于当时业已流行的各种思想理论有一定的掌握和认识。我们可以想象到，严复最倾心的，以后又在他的著作中常常提到，或亲自翻译他们的著作，如亚当·斯密（Adam Smith）、孟德斯鸠（Baron de Montesquien）、边沁、穆勒、达尔文、赫胥黎（T.H.Hvxley）、斯宾塞等人的学术理论，大概在这时应有所接触。在这些思想家中，特别值得注意的是近代生物学之父达尔文。当时，达尔文的《物种起源》（The Origin of Species）一书已出版二十年之久，这种生物进化的科学原理，经"社会达尔文主义"学派的始祖斯宾塞推衍到社会历史领域，成为一种极具有影响力的社会决定论学说。这一思潮不仅震撼着当时欧洲的思想界和知识界，引起了一场思想革命；而且后来经严复的译介，传播到了中国，进而在相当长一段时间，影响和支配了中国

---

① 《法意·卷十八》按语，《严复集》第四册，第 985 页。
② 《法意·卷十八》按语，《严复集》第四册，第 987 页。

社会政治运动和文化思想发展进程。

严复对西方社会政治的敏锐观察和他研读近代自然科学、人文社会科学经典著作的心得体会，曾引起清朝政府第一任驻英公使郭嵩焘的惊奇与赏识。这位开明的长者一向自命为最了解世界大势的洋务派先驱人物，对作为一个普通留学生的青年严复的才华卓识却很折服，引为忘年交，这也可以说是一件极不寻常的事。严复的名字最初出现在郭嵩焘的日记里是在 1878 年 2 月 2 日。在当日的日记里，郭嵩焘这样写道："格林威治肄业生六人来见，严又陵（宗光）谈最畅。"① 以后每逢假日和课余之暇，严复常去使馆，或向郭介绍西洋学术，或为郭抄录格林威治学馆"考问课目"，或译示蒲日耳游历日记和报纸评论。两人"论析中西学术政制之异同，往往日夜不休"。郭嵩焘为此曾写信给朋友说："有出使兹邦，惟严君能胜其任。如某者，不识西文，不知世界大事，何足以当此！"② 同年 6 月 21 日，郭嵩焘先去巴黎，他的随行人员李湘甫、李丹崖、罗丰禄则于 7 月 1 日赶往巴黎，严复等人与之偕行。在巴黎期间，严复随郭嵩焘参观了天文台、下水道、圣西尔陆军士官学校、凡尔赛的议政院等处。此外，严复还参观了当时在巴黎举办的万国博览会。③

郭嵩焘是近代中国最早的驻外使节，也是早期维新思想的先驱者，他的眼界和识见早已越出了洋务运动的藩篱，所撰《使西纪程》一书受到封建顽固派的猛烈攻击。严复与郭嵩焘的交谊与投契，说明他们两人思想主张的相通和高度一致。尽管我们对两人在英期间的交往不得其详，对严复留英的思想状况也欠缺详细的材料，但我们可从郭嵩焘当时的著述中，窥见他们思想交流的某些线索。

---

① 郭嵩焘：《伦敦与巴黎日记》，第 449 页。
② 王蘧常：《严几道年谱》，《严复研究资料》，第 25 页。
③ 参见郭嵩焘：《伦敦与巴黎日记》，第 657、664、665、667 页。

郭嵩焘 1877 年 1 月 21 日抵达伦敦，1879 年 1 月 31 日离英回国，在英时间整整两年。作为"天朝帝国"亲历西方世界的高级士大夫，他精通传统文化，熟悉传统政治，了解"洋务"内情，因此在出国以后，通过对西洋政教的考察和研究，有可能将中西方社会政治和文化思想进行比较和审察，进一步具体地认识资本主义文明的优越性和封建主义制度的落后性，这是中国维新运动萌芽时期具有历史意义的思想探索。细加分析，郭嵩焘维新思想倾向主要表现为：（一）他考察了以议会民主和自由选举为特征的西方民主政治的现状和历史，接触了以亚当·斯密的经济学说为代表的资本主义经济理论和英国资本主义发展的实际情形，认识到"非民主之国，则势有所不得"，对"中国秦汉以来二千余年适得其反"的封建专制主义提出了批评。（二）他从欧洲看到了教育在建设近代化中的关键作用，认为泰西学校"一皆致之实用，不为虚文"，比中国崇尚"时文小楷"（八股文）的传统教育优越得多，于是力倡开办学校、多派遣留学生，像日本那样大规模向西方学习。（三）他作为一位资深的、有地位的旧学者，从中国到欧洲系统地考察了西方的文化历史，开始对中西政治哲学和伦理观念作比较研究，并借用西方的思想武器来批判中国的传统观念，使近代意义的批判理性主义达到了前所未有的深度。（四）他反对中国传统士大夫"内中国而外夷狄"的虚骄习气，主张开放，向西方学习。（五）他对西洋社会的实际情形进行考察以后，对于国内在 19 世纪 60 年代以后兴办的"洋务"，提出了不少尖锐的批评；对于办洋务的方针和指导思想，提出了中肯的意见。① 郭嵩焘的这些思想，可以说与严复不谋而合，这也是他们两人能破除年龄界限和地位差别，有着许多共同语言的真正原因。后来发生的维新运动实际上也是对郭嵩焘思想的

---

① 参见钟叔河：《走向世界——近代中国知识分子考察西方的历史》，北京：中华书局，1985 年版，第 193—237 页。

继承和遗业的执行。

郭嵩焘的上述思想在晚清暮气沉沉的士林宦海中得不到应有的反响，他也在充满敌意的环境中度过了余生。在凄凉的晚景中，他心情落寞，去世前抱病撰成《玉池老人自叙续记》，谓：

> 吾在伦敦，所见东西两洋交涉利害情形，辄先事言之……而一不见纳。已先之机会不复可追，未来之事变且将日伏日积而不知所穷竟，鄙人之引为疚心者多矣！

这便是郭嵩焘对他自己后半生涉猎洋务的最后感想，真可谓"鸟之将死，其鸣也哀"矣。郭嵩焘逝世后，严复感念当年海外的知遇之谊，心情沉郁地送上了这样一副挽联："平生蒙国士之知，而今鹤翅氄氄，激赏深惭羊叔子；惟公负独醒之累，在昔蛾眉谣诼，离忧岂仅屈灵均。"[①]对这位先驱者一生所遭受的境遇，表现了极大的悲愤不平。

严复留学英伦只有两年多的光景，但在他的一生中，这却是一次重要的转折。他目睹了西方资本主义的繁荣景象，实地考察了英、法两国的政治、法律、教育等机构，见证了维多利亚时代日不落帝国的辉煌，耳濡目染各种业已流行的思想理论和五花八门的学术新潮，这些为他维新思想的酝酿和形成提供了重要养料。严复成为"向西方寻求真理"的先行者，在思想上远远走在同时代的人前面，与他个人的这段经历是密不可分的。

三　仕途维艰，科举落第

1879 年 6 月，严复自英伦学成归国。那时福州船政学堂亟需教

---

① 严璩：《侯官严先生年谱》，《严复集》第五册，第 1548 页。

员，船政大臣吴赞诚遂聘他充任该学堂后学堂的教习。第二年，直隶总督李鸿章在天津新创一所海军学校——北洋水师学堂，经陈宝琛推荐，调严复去任总教习（相当于教务长）。自此，严复在该学堂任事 20 年，直到 1900 年，义和团运动发生，他为避难，离津赴沪，才脱离这个学堂。

就在严复回国的那一年冬天，发生了一件对他个人前途极为不利的事，这就是沈葆桢的去世。在洋务派的几位大员中，严复与沈葆桢的个人关系最为密切。本来福州船政局是湘军系统的左宗棠、沈葆桢所创办，由于沈葆桢的赏识，严复才以第一名的资格录取为船政学堂第一届学生，后来又因沈葆桢与李鸿章的会奏，严复这一批学子才得以赴欧洲留学。可以说，沈葆桢是严复个人事业发展的恩主。光绪初年，沈凭借两江总督的显赫地位，努力扩充南洋水师，发展个人势力，与李鸿章的北洋水师形成分庭抗礼之势。以这种态势发展下去，严复自然可以得到沈葆桢的罗致和提携。不料严复刚回国几个月，1879 年冬沈葆桢病卒，全部海军势力逐渐落到北洋大臣李鸿章的手中，也就是在这种背景下，严复与李鸿章发生了长期的主属关系。

严复不属于李鸿章嫡系的人物，李自然难以引其为心腹，加上严复个性狂傲，不易与人相处，其升迁自然受到影响。早先严复在英留学期间，深谙世情的郭嵩焘对他的个性就颇为担忧，"又陵才分，吾甚爱之，而气性太涉狂易。吾方有鉴于广东生之乖戾，益不敢为度外之论。亦念负气太盛者，其终必无成，即古人亦皆然也"。[①]严复后来在仕途的经历虽然并不像郭氏预言的那样惨，但其"负气太盛""太涉狂易"的孤傲性格不可能不给他带来某些障碍。他在北洋水师学堂的职位是总教习，实际上，却承担了总办（校长）的责任。总办须由候补道一级的官僚充任，而严复当时的资格仅是武职的都司。过了九

---

① 郭嵩焘：《伦敦与巴黎日记》，第 654 页。

年，也就是1889年严复三十七岁时，才连捐带保弄到一个"选用知府"的官衔，由此升任为会办（副校长）；1890年，再升任总办；又过两年，从"选用知府"擢升到"选用道员"。① 而这时，严复已是四十岁的人了。

仕途发展不顺，严复自然表现出不满。本来海军是他的专业，在北洋水师学堂供职应说可以施展一技之长。可是，北洋水师学堂在李鸿章及其亲信的严密控制下，严复深感"公事一切，仍是有人掣肘，不得自在施行"。② 因此，他虽在该学堂任职长达二十年，只不过是徒具虚名，根本没有实权。诚如陈宝琛后来所言："文忠大治海军，以君总办学堂，不预机要，奉职而已。"③ 严复对此不免产生苦恼，他在《送陈彤卣归闽》诗中悲叹道："四十不官拥皋比，男儿怀抱谁人知？"苦闷到极点时，他甚至悔恨"当年误习旁行书"，如今落得"举世相视如髦蛮"，④ 觉得自己从西方刻苦钻研所得的一切完全是多余，于仕途无补。不然，自己为什么会被人视如"髦蛮"？在官场上被人轻视，在现实中屡受挫折呢？！

组织关系的疏离，在严复和李鸿章之间横下了一道天然鸿沟。思想观念上的歧异，更使他们变得难以理解对方。19世纪60年代至甲午战争前夕，正是打着"自强""求富"旗号的洋务运动轰轰烈烈开展之时，严复在英国获得的经验和他个人归国后的遭遇，使他切实意识到李鸿章这位显赫人物"洋务"观的缺陷。严复不相信"移花不移木"式的洋务运动可以拯救中国，可以使中国复兴，海军就是一个最典型的例子。洋务派只愿采西方"技艺"之长，建船厂，造军舰，不愿完全按近代化的标准对海军进行管理和训练，结果新装备的水师都经不起实战的

① 严璩：《侯官严先生年谱》，《严复集》第五册，第1547、1548页。
② 《与堂弟观澜书（四）》，《严复集》第三册，第731页。
③ 陈宝琛：《清故资政大夫海军协都统严君墓志铭》，《严复集》第五册，第1541页。
④ 《送陈彤卣归闽》，《严复集》第二册，第361页。

考验。当时在华担任海关总税务司的英国人赫德对严复说："海军之于人国，譬犹树之有花，必其根干支条，坚实繁茂，而与风日水土有相得之宜，而后花见焉；由花而实，树之年寿亦以弥长。今之贵国海军，其不满于吾子之意者众矣。然必当于根本求之，徒苟于海军，未见其益也。"① 赫德的这番话对严复刺激很大，他深悉清朝海军内部的腐败情形；中法战争海战的失败，更加强了他这一认识。

洋务运动举步维艰，难期成效，而濒海相望的日本挟持明治维新蒸蒸日上的气势，咄咄逼人。严复"慨夫朝野玩愒"，就常语人，"不三十年，藩属且尽，缫我如悖牛耳"！② 他的这种愤激言论，自然不为保持谨慎和温和姿态的洋务大员李鸿章所接受。李"患其激烈，不之近也"。③ 这就无形之中拉开了他和李鸿章的距离。加上中法战争后，李鸿章与法国公使谈判于天津，为广东税务司德璀琳所给，"皇遽定约，恚言者摘发"，疑忌及严复，他"愤而自疎"。双方结下了不解的疙瘩。

在京、津的上层官僚机构中，严复目睹了官场的腐化、糜烂情形，他在给家人的信中不无失望地写道：

> 自来津以后，诸事虽无不佳，亦无甚好处……至于上司，当今做官，须得内有门马，外有交游，又须钱钞应酬，广通声气。兄（严复）则三者无一焉，何怪仕官之不达乎？置之不足道也。④

官场的黑暗，世态的炎凉，无情地击破了严复的理想之梦，也增添了他几分思乡的忧愁之情。他写信给伯兄观涛说："弟自笑到家时忽忽过日，足履津地，便思乡不置。天下茫茫，到处皆是无形之乱，

---

① 《〈海军大事记〉弁言》，《严复集》第二册，第352页。
② 王蘧常：《严几道年谱》，《严复研究资料》，第26页。
③ 陈宝琛：《清故资政大夫海军协都统严君墓志铭》，《严复集》第五册，第1541页。
④ 《与四弟观澜书（四）》，《严复集》第三册，第731页。

饥驱贫役，何时休息，兴言至此，黯然神伤；拟二三年后，堂功告成，便当沥求上宪，许我还乡，虽粥食苦，亦较他乡为乐也。"[1] 这些推心置腹的话从一个侧面反映了严复内心孤独、寂寞和怀才不遇的心境。

严复的仕途坎坷，归国的同学却平步青云。林永升、方伯谦、林泰曾当上了管带（舰长），刘步蟾则由参将、副将擢升到北洋水师右翼总兵，即分舰队司令，职位仅次于水师提督丁汝昌。相比之下，严复的失落感可想而知。也就在这时，他染上了鸦片癖，这多少反映了他对国家的苦难和自己的遭际的无奈和消极。的确，当黑暗吞噬整个社会时，自然也可能吞噬它最优秀的精英。但是，对于一个已经有幸接受了西方先进科学知识，经历了近代启蒙思想的洗礼，已经打开了面向世界的眼睛，又有志于改造社会的先进分子，这毕竟是一个极大的不幸和缺陷。

为了寻找个人的出路，从李鸿章的行政走卒的地位中摆脱出来，严复试图另谋出路。他曾与王绶云（慈劭）投资创办河南修武县的煤矿，资本逾万，严复约占其半。这种在私人工矿企业中投资的做法，反映了他两重的愿望。一是争取经济上的自立和富足。在北洋水师学堂的二十年间，严复的个人生活发生了很大变化，他已成为三个儿子的父亲。原配夫人王氏殁于 1892 年，他续娶了江氏，离津前又娶继室朱夫人，这二妻一妾共给他生育了五男四女，组成一个庞大的家庭，成为他一生无时不予操忧的生活负累。二是实现他从英国带回来的价值观，即发展工商业是一个社会近代化的基础。但严复投资工矿业的举措，并无补于他的政治活动，故他仍不得不为跻身上层官僚社会作不懈的努力。他曾听说张之洞对他"颇有知己之言"，于是打算舍北就南，"冀或乘时建树"，[2] 可此事并未如愿以偿。

① 《与伯兄观涛书》，《严复集》第三册，第730页。
② 《与四弟观澜书（三）》，《严复集》第三册，第731页。

在另谋发展的尝试中，严复最寄予希望，且费力最勤，却再三碰壁的是科举考试。原来严复学成归国时，"见吾国人事事竺旧，鄙夷新知，于学则徒尚词章，不求真理。每向知交痛陈其害，自思职微言轻，且不由科举出身，故所言每不见听"。因此，他想博取功名，提高社会地位，"以与当轴周旋。既已入彀中，或者其言较易动听，风气渐可转移"，[①] 他自信学问根柢不错，乃"发愤治八股，纳粟为监生"，以为可以在科举考场上打通一条道路，由举人、进士、翰林而至公卿，以实现自己平日的抱负，或至少也可以提高自己言论的社会影响。1885 年秋，严复回福建原籍参加乡试。遗憾的是，八股文与格林威治皇家海军学院的高材生没有缘分，严复名落孙山。以后，1888 年、1889 年他又两度参加北京的顺天乡试；1893 年，再到福建参加乡试，结果——落第。"荧冥短檠镫，凄惨长屈蠖"[②] 的诗句，道出了严复科举失败后那种凄惨的状态。

科举考场上的败北，自然不能说明严复智力能力的低下，或者表明他忽视自己的经学修养。它只能说明，严复尚无法迎合当时八股文的考试方式，没有摸透其中的诀窍；陈旧的考试制度亦不能容纳和接受具有"新知"的饱学之士，为其才学的发挥提供用武之地。科举考场将严复摒绝在上层官僚社会之外，也排斥了一批与严复有类似经历的知识分子，结果造成了清朝官僚政治机制的萎缩和僵化。就严复个人来说，这些羞辱的经历，除了给他带来重重痛苦外，也使他在甲午战争后更为猛烈地攻击这种不合理的考试制度。

在仕途不顺、科举失败的那些暗淡日子里，严复的思想和学术却有幸获得潜滋暗长。北洋水师学堂环境幽雅，设施齐备，"堂室宏敞整齐，不下一面余椽。楼台掩映，花木参差，藏修游息之所，

---

① 严璩：《侯官严先生年谱》，《严复集》第五册，第 1547 页。
② 《太夷继作有"被删"诸语见新，乃为复之》，《严复集》第二册，第 368 页。

无一不备。另有观星台一座，以备学习天文者登高测望，可谓别开生面矣"。① 在教务之余，严复可静心阅读中西书籍，从事著译活动。这时，他继续追踪西方人文社会科学理论研究的前沿动态，阅读那些能反映时代水平的西方名著。1881 年，严复通读了英国学者斯宾塞的《群学肄言》(Study of Sociology，现译为《社会学研究》，作者注)，对社会达尔文主义经典理论有了进一步的了解。后来，他在为这部著作的中译本所撰的"译余赘语"中，回顾了自己阅读此书的体会，写下了一段深刻的感言：

> 不佞读此在光绪七八之交，辄叹得未曾有，生平好为独往偏至之论，及此始悟其非。窃以为其书实兼《大学》《中庸》精义，而出之以翔实，以格致诚正为治平根本矣。每持一义，又必使之无过不及之差，于近世新旧两家学者，尤为对病之药。虽引喻发挥，繁富吊诡，顾按脉寻流，其意未尝晦也。其《缮性》以下三篇，真西学正法眼藏，智育之业，舍此莫由。斯宾塞氏此书，正不仅为群学导先路也。②

由于斯宾塞的著作对严复以后的思想发展有着极为重要的影响，因而我们有必要分析一下他阅读此著的最初反应。

《群学肄言》是斯宾塞应热情的美国信徒尤曼斯教授的要求所写，原书出版于 1873 年。斯宾塞在该著中并未和盘托出他的社会学理论体系，他对自己社会学理论的系统阐释是在后来完成的另一部巨著《社会学原理》(The Principles of Sociology)中，《群学肄言》则可视为《社会学原理》的入门之作。"它为创立社会学（科学的皇后）概述了所

---

① 张焘：《津门杂记》卷中，天津：天津古籍出版社，1986 年版，第 67 页。
② 《〈群学肄言〉译余赘语》，《严复集》第一册，第 126 页。

有情感的、伦理的、理智的预见。斯宾塞描述了妨碍真正客观的科学的社会学产生的一切主观偏见和客观困难，然而在许多篇章里又错综地交织着无数他自己的偏见。"①

　　严复阅读斯宾塞的《群学肄言》一书时，他的独特感受是什么呢？首先，他惊奇地发现这部书的某些思想命题与中国传统文化有相通之处，这就加强了他将斯宾塞的思想理论应用于分析中国文化学术和社会政治的信心。

　　严复在读斯宾塞的著作以前，他尝言"生平好为独往偏至之论"，而《群学肄言》一书，则"实兼《大学》《中庸》精义"。例如，《大学》中有一句名言："欲正其心者，先诚其意；欲诚其意者，先致其知；致知在格物。"这里讨论的是诚意、正心和致知三者之间的内在关系，它强调道德的发展和完善伴随着知识的进化，道德修养应与知识成熟"同步"。而斯宾塞也认为，追求知识是与克服情感及道德的扭曲，亦即与某种程度的超脱相联系，这种超脱从根本上说是一种道德上的修养。

　　也许严复当时已认识到，指出西方科学的高度伦理性的基础，可以提高"蛮夷之学"在充满敌意的传统士大夫心目中的地位，可以有助于西学在中国的传输。因此，他不仅肯定斯宾塞的思想与中国儒家经典《四书》有其相通之处，两者之间并不矛盾；而且还力图证明，真实的知识恰恰是要运用西方科学方法发现的知识。这种知识既是"诚意"的反映，又将人们导向"诚意"。严复在福州船政学堂和留学英国期间所获得的科学知识，使他自己切身体会到，这些科学知识不仅具有特殊的实践意义，而且还包含着提高人们精神境界的作用。在人类获取知识、智慧的道路上，只有科学的进化才能真正获取古代圣人

---

　　①　Benjamin Schwartz, *In Search of Wealth and Power: Yen Fu and the West* （Cambridge, Mass.: The Belknap Press of Harvard University, 1964）, p.33.

所梦想的澄清所有情感蒙蔽的结果。从这个意义上说，贯穿着理性精神的西方科学蕴含了道德的品格，坚持了《中庸》中所追求的"中庸"之道。

其次，严复在斯宾塞的思想中找到了解开西方"成功"之谜的线索，发现了西方科学方法与建设近代社会文明的内在联系，这就为他的维新变革思想提供了重要理论基础。

"科学、真诚和正直构成正常社会的基础。"斯宾塞如是说。为此，他探讨了各门具体科学与社会学之间的关系。"因为社会学是一门包括所有其他科学的科学。"每一具体科学则提供一种"特定的思维习惯"，例如，数学和逻辑学"提高关于联系的必然性的不可动摇的信念"，物理学和化学"增强人们对原因、效用和结果的认识"，生物学则教导人们懂得"连续性、复杂性、因果关系的偶然性"等。[1]这种思维习惯对于掌握所有科学的最高综合科学（社会学），是必不可少的。

斯宾塞的上述探讨主要是在该书的第十三至十六章中展开，第十三章即冠以"准则"（Discipline，严复译为"缮性"）的章名。由于斯宾塞对社会学的含义所作的宽泛解释，这就不仅为严复提供了一个科学体系的框架，而且为他认识世界提供了一种具有普遍意义的科学方法。正如后来他在《原强》一文中所说：

> 斯宾塞尔者……宗天演之术，以大阐人伦治化之事……又用近今之格致之理术，以发挥修齐治平之事。[2]

严复将斯宾塞的思想由一种社会学理论推广到实际的社会生活，

---

[1] Benjamin Schwartz, *In Search of Wealth and Power: Yen Fu and the West* (Cambridge, Mass.: The Belknap Press of Harvard University, 1964), pp.35-36.

[2] 《原强修订稿》，《严复集》第一册，第 16 页。

视其为变革社会的药方，亦即达到国家富强的目标的药方，这与斯宾塞的初衷已相去甚远。斯宾塞当初写作这部书，并不是为那些前近代化的社会而写，而社会学与一般的"应用科学"不同，它不是作为有意识地改造社会的工具而构造出来的。但斯宾塞的社会学理论试图为一个合理化的近代社会发展过程作出解释，仅此一点对严复来说也许就够了。严复的当务之急是要寻找导向西方社会走向近代化的基本线索，并将他所发现的这条基本线索贯穿到中国社会变革中去，斯宾塞的社会学理论能深深吸引和打动他的关键原因就是在此。严复自以为在斯宾塞的社会学理论中已经找到了解开西方成功之谜的线索，找到了能供迷茫无助的国人摆脱困境、"修齐治平"的思想武器。

除了阅读斯宾塞的《群学肄言》一书外，严复还翻译了斯宾塞的《群谊篇》、柏捷特（Bagehot Walter，今通译白芝浩）的《格致治平相关论》（*Physics and Poltics*）两书，可惜这两部译稿已佚失。大约在 1892 年，严复认识了一位名叫宓克（A.Michie）的英国人。当时长江流域一带"教案蜂起"，宓克"深忧夫民教不和，终必祸延两国；而又悯西人之来华传教者，胶执成见，罕知变通，徒是己而非人，绝不为解嫌释怨之计"，[①] 故特著书《支那教案论》（*Missionaries in China*，现译为《传教士在中国》）。书分四篇："首发端，次政治，次教事，终调辑大旨。"[②] 宓克的宗教观点是非正统的，写作此书的目的也是为了批评传教士在中国"胶执成见"的做法；另一方面严复翻译此书，则是希望借一个外国人反对传教士的观点，"为他的知识界同胞提供有威力的新武器"。[③] 但他的这一举动，在社会上并没有引起什么反响。

---

① 王蘧常：《严几道年谱》，《严复研究资料》，第 29 页。
② 王蘧常：《严几道年谱》，《严复研究资料》，第 29 页。
③ Benjamin Schwartz, *In Search of Wealth and Power: Yen Fu and the West* （Cambridge, Mass.: The Belknap Press of Harvard University, 1964）, p.38.

有关严复在这一时期与"中学"方面的关系，我们没有详细的史料可资讨论。可以断定的是，他为准备参加科举考试，必须在传统经学、考据学和古文写作方面作一番必要的准备，他的这些工作尽管在科举考场上没有取得成功，但在后来的政论、译文和古籍评点等方面却获得了淋漓尽致的发挥，以致人们不得不承认他是"中学""西学"皆一流的人物。

第二章　维新巨擘：开新文化之先河

> 呜呼！观今日之世变，盖自秦以来未有若斯之亟也。夫世之变也，莫知其所由然，强而名之曰运会。运会既成，虽圣人无所为力，盖圣人亦运会中之一物。
>
> ——严复《论世变之亟》

戊戌维新运动成为中国近代史上一件引人注目的大事，不仅在于它在政治上实行变法，将变革的锋芒指向政治制度层面；而且在于它破除了中国知识界的沉闷局面，除旧布新，启迪民智，推动了一场具有近代意义的思想启蒙运动，成为中国新文化运动的先导。

严复是在戊戌维新时期走上历史舞台，并取得广泛影响的一位重要人物。他在维新阵营与其他领袖人物的区别之处在于他不单纯拥有坚实的"中学"基础，还具备深厚的"西学"素养，他在当时的士林学子中，堪称中学西学皆一流的人物。这就使得他在建构自己的维新理论时，能运用西方近代的哲学理论，通过中西文化比较，从更接近现代意义的角度，提出自己的维新思路。他别具一格的维新思想和西学译介，使他在维新阵营中独树一帜。他独自一人组成维新派的一个方面军。对于严复的思想独特之处，前人因其过于浓厚的"西学"色彩和在行动上对维新变法的某些保留，都颇不以为然，这不能不说是严复研究的一个严重的缺失。其实，作为一个启蒙思想家来说，这正是严复超出同侪之处。

一 从救亡走向维新

甲午中日战争的爆发，让中国海军陆军一败再败，洋务派三十年苦心经营的自强事业毁于一旦。泱泱大国败于弹丸小国的严酷事实，犹如一声惊雷将沉睡的国人震醒，对沉浸于科举考场的严复也不啻是当头棒喝。"日本以寥寥数舰之舟师，区区数万人之众，一战而翦我最亲之藩属，再战而陪都动摇，三战而夺我最坚之海口，四战而威海之海军熸矣。"① 噩耗哀讯接踵而来，他再也无法平静地呆坐在自己的书斋里。这位青年学子心中澎湃的爱国激情，迅速化成了急迫的救亡使命感。

恰巧在1894年下半年，严复"因不与外事，得有时日多看西书"。②这时候，他俯读西书，仰观时艰，感受特别深刻。二十余年的西学积累和生活阅历，至此似乎水到渠成，豁然贯通。他"觉世间惟有此种是真实事业，必通之而后有以知天地之所以位、万物之所以化育，而治国明民之道，皆舍之莫由"。③ 相形之下，他强烈感受到中西学术之间的反差太大：

> 西人笃实，不尚夸张，而中国人非深通其文字者，又欲知无由，所以莫复尚之也。且其学绝驯实，不可顿悟，必层累阶级，而后有以通其微。及其既通，则八面受敌，无施不可。以中国之糟粕方之，虽其间偶有所明，而散总之异，纯杂之分，真伪之判，真不可同日而语也。④

---

① 《原强修订稿》，《严复集》第一册，第19页。
② 《与长子严璩书（一）》，《严复集》第三册，第780页。
③ 《与长子严璩书（一）》，《严复集》第三册，第780页。
④ 《与长子严璩书（一）》，《严复集》第三册，第780页。

从中西学术比较中，严复旋即体察到迫在眉睫的民族危难。他得出一个重要论断："中国今日之事，正坐平日学问之非，与士大夫心术之坏，由今之道，无变今之俗，虽管、葛复生，亦无能为力也。"[①]"四千年文物，九万里中原，所以至于斯极者，其教化学术非也。"[②]中国要振兴，当从此入手。严复油然而生的思想启蒙的责任感，正如他后来致梁启超信中所忆："甲午春半，正当东事桌兀之际，觉一时胸中有物，格格欲吐，于是有《原强》《救亡决论》诸作，登布《直报》。"[③]

1895年2月至5月间，严复陆续在天津《直报》上，发表了四篇重要文章：《论世变之亟》《原强》《辟韩》和《救亡决论》。如果说，同一时期康有为、梁启超等人发动的"公车上书"着重从政治角度，运用传统三世说揭开了维新变法的序幕，那么严复的这些论文则主要立足于学术，通过中西对比，对中国的社会政治和文化学术作了更深层次的探讨，开中国新文化之先河。

《论世变之亟》是严复"维新"思想的导论。他以强烈的危机意识，抨击了一切顽固守旧的论调，强调要适应历史的发展规律，即所谓"运会"。严复开宗明义地指出中国的危难处境不是一时出现的社会政治危机，而是千古未有的文化危机，"今日之世变，盖自秦以来，未有若斯之亟也""则我四千年文物声明，已涣然有不终日之虑"，我国人不虚心以求西方真相，"徒塞一己之聪明以自欺"。在这种危机面前，只有认清时势，把握历史的进化规律，才能渡过危机，否则，即使圣人复生，也无能为力。他说："运会既成，虽圣人无所为力。"圣人的作用只在"知运会之所由趋，而逆睹其流极……于是裁成辅相，而置天下于至安"。他批评守旧者故步自封，一厢情愿地将中国和外

---

① 《与长子严璩书（一）》，《严复集》第三册，第780页。
② 《救亡决论》，《严复集》第一册，第53页。
③ 《与梁启超书（一）》，《严复集》第三册，第514页。

部世界隔绝开来，"使至于今，吾为吾治，而跨海之汽舟不来，缩地飞车不至，则神州之众，老死不与异族相往来，富者常享其富，贫者常安其贫"，结果使中国文化失去了与西方文化交流、沟通的机会，中国社会的生机窒息殆尽。"夫士生今日，不睹西洋富强之效者，无目者也。谓不讲富强，而中国自可以安；谓不用西洋之术，而富强自可致；谓用西洋之术，无俟于通达时务之真人才，皆非狂易失心之人不为此。然则印累绶若之徒，其必矫尾厉角，而与天地之机为难者。其用心盖可见矣。"①

严复还进一步剖析了中西文明的差异，指出造成中西之间差距的根本原因在于"自由"：

> 今之夷狄，非犹古之夷狄也。今之称西人者，曰彼善会计而已，又曰彼擅机巧而已。不知吾今兹之所见所闻，如汽机兵械之伦，皆其形下之粗迹，即所谓天算格致之最精，亦其能事之见端，而非命脉之所在。其命脉云何？苟扼要而谈，不外于学术则黜伪而崇真，于刑政则屈私以为公而已。斯二者，与中国理道初无异也。顾彼行之而常通，吾行之而常病者，则自由不自由异耳。②

由于中国"历古圣贤"畏惧自由，而西洋各国则持"唯天生民，各具赋畀，得自由者乃为全受"。故双方的特点大相径庭，譬如"中国最重三纲，而西人首明平等；中国亲亲，而西人尚贤；中国以孝治天下，而西人以公治天下；中国尊主，而西人隆民；中国贵一道而同风，而西人喜党居而州处；中国多忌讳，而西人多讥评。其于财用也，中国重节流，而西人重开源；中国追淳朴，而西人求欢虞。其接物也，

---

① 《论世变之亟》，《严复集》第一册，第4页。
② 《论世变之亟》，《严复集》第一册，第2页。

中国美谦屈,而西人务发舒;中国尚节文,而西人乐简易。其于为学也,中国夸多识,而西人尊新知。其于祸灾也,中国委天数,而西人恃人力"。①严复在这里提供了一幅中西文明对照表,虽"未敢遽分其优绌",但他用词的褒贬,非常清楚地表明他提倡什么;而他指出西方学术精神是"黜伪而崇真",政治精神是"屈私以为公",贯穿于其二者之中的又是"自由",可谓说透了"夷之长技"的根本,找到了中国人学习西方的正确之途。

《论世变之亟》揭示了中国社会危机的深层原因在于文化学术,《原强》则希图找到谋求解决这一问题的途径。为此,严复提出了一套自己的救国理论。

严复首先根据英国斯宾塞的学说,认为一个国家的强弱存亡,取决于那一个国家国民的"血气体力之强""聪明智虑之强""德行仁义之强"。文章开首就赞叹达尔文的贡献,称自从 1859 年达氏的《物种原始》(即《物种起源》)出版后,"欧美二洲,几乎家有其书,而泰西之学术政教,一时斐变"。随后,斯宾塞又将生物学的达尔文主义推广到社会生活领域,创造了社会的达尔文主义。这样,斯宾塞"则宗天演之术,以大阐人伦治化之事。号其学曰'群学',犹荀卿言人之贵于禽兽者,以其能群也,故曰'群学'。……其宗旨尽于第一书,名曰《第一义谛》,通天地人禽兽昆虫草木以为言,以求其会通之理,始于一气,演成万物。继乃论生学、心学之理,而要其归于群学焉。夫亦可谓美备也已"。②据此,他提出斯宾塞所说国家强弱存亡的三大标准:"体力""智虑""德行"。"是以西洋观化言治之家,莫不以民力、民智、民德三者断民种之高下,未有三者备而民生不优,亦未有三者备而国威不奋者也。"③这是社会达尔文主义所

---

① 《论世变之亟》,《严复集》第一册,第 3 页。
② 《原强修订稿》,《严复集》第一册,第 16、17 页。
③ 《原强修订稿》,《严复集》第一册,第 18 页。

塑造的富强观的雏形，也是西方进化论系统介绍和输入中国的肇始。

严复然后运用"智""德""力"三个标准，说明了当时中国民族危亡的处境。他揭示了中国自从甲午战争中所暴露出来的诸种败象：国防的溃弱、官场的腐败和人才的凋零。且看在外的将士，"将不索学，士不索练，器不素储，一旦有急……曳兵而走，转以奉敌"。再看居庙堂之上的官吏，"人各顾私……于时事大势瞢未有知……其尤不肖者，且窃幸事之纠纷，得以因缘为利"。朝中的文武官员如此，遭受封建专制压迫的民间人士，更呈现出一派凋零寂灭的景象，"乃吾转而求之草野间巷之间，则又消乏凋亡，存一二于千万之中，意谓同无，何莫不可"。长此以往，则"岁月悠悠，四邻眈眈，恐未及有为，已先作印度、波兰之续"。他大声疾呼，要救亡图强："呜呼！吾辈一身无足惜，如吾子孙与四百兆之人种何！"[1] 他勾画了一幅中国文明没落衰亡的历史图像，从而为其维新主张提供了一个深刻而有说服力的背景。

中国社会存在深刻的文明危机。克服这种危机的办法在哪里呢？严复的看法是只能求助于渐进。他认为，中国社会固然处在危机的煎熬上，但要谋求解决又不宜操之过急。他一再引申斯宾塞的话，认为"民之可化，至于无穷，惟不可期之以骤"，欲谋国家的富强，必须"相其宜，动其机，培其本根，卫其成长，则其效乃不期而自立"。[2] 他从渐进的社会改良论出发，拒斥了当时比较激进的社会主义革命的政治主张。他深知，在西方资本主义繁荣的表面现象背后，还存在着贫富悬殊，所以西洋近代就出现了"均贫富之党起，毁君臣之议兴"的社会主义革命运动，但他认为"此之为患，又非西洋言理财讲群学者之所不知也。彼固合数国之贤者，聚数百千人智虑而图之，而卒苦于

---

① 《原强修订稿》，《严复集》第一册，第 20 页。
② 《原强修订稿》，《严复集》第一册，第 25、26 页。

无其术。盖欲救当前之弊，其事存于人心风俗之间。夫欲贵贱贫富之均平，必其民皆贤而少不肖，皆智而无愚而后可，否则虽今日取一国之财产而悉均之，而明日之不齐又见矣"。①严复强调改造社会宜从"人心风俗"入手的重要性，主张通过提高民力、民智、民德的办法解决当前存在的异乎寻常的文明危机。他的结论是"是故国之强弱贫富治乱者，其民力、民智、民德三者之征验也。必三者既立而后其政法从之"。②严复的这些认识为其翻译赫胥黎的《进化论与伦理学》（即《天演论》）一书，作了思想准备，他以后持行"教育救国"的主张，反对一蹴而就的社会革命，也与这一思想密切相关。

最后，严复对其提出的"三民说"，也就是"鼓民力""开民智""新民德"，作了详细的阐释。

所谓"鼓民力"，主要是禁止鸦片与缠足。所谓"开民智"，就是废除八股，提倡西学。他认为中国传统学术与近代西方学术的根本差异在于，西方学术"先物理而后文词，重达用而薄藻饰。且其教子弟也，尤必使自竭其耳目，自致其心思，贵自得而贱因人，喜善疑而慎信古"。西方大思想家赫胥黎常言："读书得智，是第二手事，唯能以宇宙为我简编，民物为我文字者，斯真学耳。"相形之下，"中土之学，必求古训。古人之非，既不能明，即古人之是，亦不知其所以是。记诵词章既已误，训诂注疏又甚拘，江河日下，以至于今日之经义八股，则适足以破坏人才，复何民智之开之与有耶？"③这两种完全异旨的治学传统所造成的结果自然也不一样，西方近代学术以实际事物为研究对象，读书只供参考，故其能不断进步，对社会发展有推动作用；而中国传统学术，完全以书本为研究对象，读书就是治学的正途，所以始终跳不出古人的圈子，学问终归无用。因此，严复坚

---

① 《原强修订稿》，《严复集》第一册，第25页。
② 《原强修订稿》，《严复集》第一册，第25页。
③ 《原强修订稿》，《严复集》第一册，第29页。

决主张大讲西学，废除八股，"欲开民智，非讲西学不可，欲讲西学，非另立选举之法，另开用人之途，而废八股、试帖、策论诸制科不可"。①

严复认为，西方的长处在于政治与学术，而政治又以学术为根本。他说："其为事也，一一皆本诸学术；其为学术也，一一皆本于即物实测，层累阶级，以造于至精至大之涂，故蔑一事焉可坐论而不足起行者也。苟求其故，则彼以自由为体，以民主为用。一洲之民，散为七八，争驰并进，以相磨砻，始于相忌，终于相成，各殚智虑，此既日异，彼亦月新，故若用法而不至受法之弊，此其所以为可畏也。"政治与学术相辅相成，其中的原因在于西方文化的根本是"以自由为体，以民主为用"。②

所谓"新民德"，就是设议院。严复分析中国积弱不振的基本原因是历代君王视臣民如奴隶，他说："诸君亦尝循其本而为求其所以然之故与？盖自秦以降，为治虽有宽苛之异，而大抵皆以奴虏待吾民。夫上既以奴虏待民，则民亦以奴虏自待。夫奴虏之于主人，特形劫势禁，无可如何已耳，非心悦诚服，有爱于其国与主，而共保持之也。"③西方的民主政治制度相比之下，要高明、优越得多。法令由议院制定，官吏由人民推举，人民遵守法令不过是"各奉其自主之约"，"出赋以庀工，无异自营其田宅，趋死以杀敌，无异自卫其室家"。因此，严复主张："居今之日，欲进吾民之德，于以同力合志，联一气而御外仇，则非有道焉，使各私中国不可也。……然则使各私中国奈何？曰：设议院于京师，而令天下郡县各公举其守宰。"有了这样健全的议会和民选制度，那么"民之忠爱""地利之尽""道里之辟""商务之兴"以及"民各束身自好，而争濯磨于善"，都可以借此获得发展。④

---

① 《原强修订稿》，《严复集》第一册，第30页。
② 《原强修订稿》，《严复集》第一册，第23页。
③ 《原强修订稿》，《严复集》第一册，第31页。
④ 《原强修订稿》，《严复集》第一册，第30、31页。

可以说，严复的所谓"新民德"就是用西方资本主义的民主、自由、平等，来替代中国传统的宗法制度和君主专制。

　　总之，严复在《原强》中提出了一套维新纲领，希望通过渐进改良的道路，来培养民力、民智、民德，从而达到振兴中华这一总体目标。接着发表的《辟韩》和《救亡决论》可以说是《原强》观点的进一步发挥和补充。

　　《辟韩》一文着重阐扬了"新民德"方面的思想。其立意是反驳韩愈所作《原道》中的专制思想，借古讽今，指桑骂槐，进而达到批判中国封建专制主义政治制度的目的。他先例举韩愈《原道》中主张专制的典型理论，韩愈说：

　　　　君者，出令者也；臣者，行君之令而致之民者也；民者，出粟米麻丝、作器皿、通货财以事其上者也。君不出令，则失其所以为君；臣不行君之令，则失其所以为臣；民不出粟米麻丝、作器皿、通货财以事其上，则诛。

　　这里所提出的问题是君与民之间的关系问题，究竟是君为民而存在，还是民为君而存在？韩愈认定是民为君而存在。严复指出，这既违背了孟子所说的"民重君轻"的天下之通义，也不合乎近代西方的民主政治原则。"孟子曰：'民为重，社稷次之，君为轻。'此古今之通义也。而韩子不尔云者，知有一人而不知有亿兆也。老之言曰：'窃钩者诛，窃国者侯。'夫自秦以来，为中国之君者，皆其尤强梗者也，最能欺夺者也。"[1]中国有着反专制的政治传统，西方则有遏制专制的民主政治。"是故西洋之言治者曰：'国者，斯民之公产也，王侯将相者，通国之公仆隶也。'"既然如此，"西洋之民，其尊且贵也，

────────

[1]　《辟韩》，《严复集》第一册，第33、34页。

过于王侯将相，而我中国之民，其卑且贱，皆奴产子也。设有战斗之事，彼其民为公产公利自为斗也，而中国则奴为其主斗耳。夫驱奴虏以斗贵人，固何所往而不败？"①这里，严复对中国传统政治已是下了一个总的诊断，他把封建社会的君主专制与中国的积弱联系在一起，尤显示了他思想的深刻之处。

在批驳韩愈《原道》的基础上，严复又进一步提出了自己的民主政治理论。他依据卢梭"民约论"的理论构架，认为正因为社会上"有其相欺，有其相夺，有其强梗，有其患害"，而普通民众忙于生产劳作，势不能兼顾，于是人民就会自然地根据"通功易事"的原则，"择其公且贤者，立而为之君"。在严复看来，这就是国家之所以产生，国君之所以需要的理论根据。这种类似"民约论"的思想，在近代西方启蒙思想家的著作中早有表述，它构成近代民主政治的理论基础。

《辟韩》言辞激烈，对封建君主专制的批判一针见血，故很快招来守旧势力的反对。它发表后两个月，张之洞就指使屠守仁作了一篇《辨辟韩书》，大骂严复说："今辟韩者溺于异学，纯任胸臆，义理则以是为非，文辞则以辞害意，乖戾矛盾之端，不胜枚举。"严复大有大难临头之感，后经郑孝胥从中疏解才安然无事。由此也不难看出这篇文章发表后的极大反响。

《救亡决论》一文则就废除八股取士的科举制的主张作了更为透彻的发挥和阐释。文章开首就说："天下理之最明而势所必至者，如今日中国不变法则必亡是已，然而变将何先？曰：莫亟于废八股。"②接着，严复力陈八股取士的科举制的三大弊害：一是"锢智慧"，二是"坏心术"，三是"滋游手"。他以为"然则救亡之道当何如？曰：痛除八股而大讲西学，则庶乎其有瘳耳。东海可以回流，吾言必

---

①　《辟韩》，《严复集》第一册，第36页。
②　《救亡决论》，《严复集》第一册，第40页。

不可易也"。① 在对科举制度加以抨击后，严复又将锋芒转向传统旧学。他在清理中国"旧学"时将其分为三大门类——宋学义理、汉学考据和辞章。关于辞章和汉学考据，严复这样斥责道：

> 自有制科以来，士之舍干进梯荣，则不知焉所事学者，不足道矣。超俗之士，厌制艺则治古文词，恶试律则为古今体；鄙摺卷者，则争碑版篆隶之上游；薄讲章者，则标汉学考据之赤帜。于是此追秦汉，彼尚八家，归、方、刘、姚，恽、魏、方、龚；唐祖李、杜，宋祢苏、黄；七子优孟，六家鼓吹。魏碑晋帖，南北派分，东汉刻石，北齐写经。戴、阮、秦、王，直闯许、郑，深衣几幅，明堂两个。钟鼎校铭，珪琮著考。秦权汉日，穰穰满家。诸如此伦，不可殚述，然吾得一言以蔽之，曰：无用。②

对于宋学义理，严复如是评价：

> 于是侈陈礼条，广说性理。周、程、张、朱，关、闽、濂、洛。学案几部，语录百篇。《学蔀通辨》《晚年定论》。关学刻苦，永嘉经制。深宁、东发，继者顾、黄，《明夷待访》、《日知》著录。褒衣大袖，尧行舜趋。诡诡声颜，距人千里。灶上驱虏，折箠笞羌。经营八表，牢笼天地。夫如是，吾又得一言以蔽之，曰：无实。③

"无用""无实"，这是严复对当时"官学"的总结。而那些祖述古文辞赋和唐宋八大家的古文家们，那些宗奉许慎、郑玄的汉学家

---

① 《救亡决论》，《严复集》第一册，第43页。
② 《救亡决论》，《严复集》第一册，第43、44页。
③ 《救亡决论》，《严复集》第一册，第44页。

们，那些承继程、朱而"广说性理"的义理考辨之士们，在他笔下也都成了"侏儒小丑"一类的人物。

严复的上述四篇论文成为他一生思想发展的重要界标，戊戌维新运动期间，他的文化活动和思想阐释大都可从这里找到根由。这些文章在当时发表后，为戊戌维新思潮的兴起发挥了重要的先导作用。如将这四篇论文置于整个近代文化学术史来看，它们也为后人开辟了一条新路。对此，冯友兰先生曾有过高度评价："严复在《论世变之亟》中提出政治和学术两点，在《救亡决论》中他只提到学术一点，这说明他认为学术的改变是最根本的。这不是他迂阔，二十多年后的新文化运动正是这样说和这样做的，文化是一个外来的名词，如果用中国的旧名词，那就是学术。严复的《救亡决论》中所提出的主张，如果发展为一个运动，就可以成为新学术运动。新文化运动提出'民主与科学'这个口号，指出此二者是西方的'长技'的根本。上面所说的严复的四篇文章虽然没有说得这样明确，但有这个意思。"① 客观评析严复这些文章所表述的思想主张和理论倾向，可以说，冯友兰先生的这一评价并不过誉。

二　严、康学术思想之分野

严复与康有为均是戊戌维新时期走上历史舞台并发出耀眼光辉的两位启蒙思想大师。他们的共同之处是都力促清朝进行变法维新，以期变革图存。有趣的是，同属于维新阵营的两位主要代表却在当时并未真正进行过合作，甚至未发生直接接触。冯友兰先生对这种状况有过一段评述："那时（指1895年），严复的影响已经很大，声望很高，为什么康有为不找严复合作呢？严复既然主张变法，为什么也不找康

---

① 　冯友兰：《中国哲学史新编》第六册，北京：人民出版社，1989年版，第159页。

有为合作呢？这两个大人物谁也不找谁，谁也不提到谁，这两个人好像是并世而不相知，这是为什么呢？原来这两个人并不是'志同道合'，而是志同道不合。他们都主张变法，这是志同，但是变法的内容不同，这是道不合。因为志同，谁也不批评谁，因为道不合，谁也不拥护谁，所以就似乎是并世而不相知了。"① 那么，严复与康有为的思想，特别是学术思想，究竟有什么歧异呢？

（一）"格义"方式的不同。所谓"格义"是指在两种文化接触的时期，接受外国文化的人们喜欢把所接受的外国文化的某一方面，比附本国文化的某一方面。例如魏晋时期，谈佛学的人喜欢把佛学比附于老庄，这种比附在当时称为"格义"。

近代中国是中西文化激烈撞碰和交融的时代。处在这一历史时期的知识分子为了更好地理解世界大势，适应时代潮流，有时候利用过去解释现在，或用现在解释过去。换句话说，他们将外来的西方文化与中国本土文化联系起来，使之变成中国人可以理解的东西。这样，他们或以中国文化解释西方文化，或以西方文化解释中国文化，这种解释与评论是中西文化接触的产物，它构成中国近代文化思想史、学术史的重要内容。

一般来说，五四运动以前中国知识分子的"格义"方式主要是运用中国传统文化的观点分析、吸取西方文化，用中国传统文化的模式去套用西方近世文化；五四运动以后，人们的主要倾向则是借用西方文化的观点评析、批判中国传统文化，用西方文化的模式去解释中国传统文化。前者实质上从旧文化的立场批评或赞赏新文化，后者则用新文化批评或赞赏旧文化。②

康有为在提出维新变法的各项主张时，披着"公羊三世说"的外

---

① 冯友兰：《中国哲学史新编》第六册，第 161 页。
② 参见冯友兰：《中国哲学史新编》第六册，第 124、125 页。

衣，宣传社会进化论，以"托古改制"的方式宣传其变法政治理论。他把公羊三世比附为君主、君民共主、民主三种社会制度，认为人类社会按照这一顺序进化。他竭力改装孔子为变法服务，说孔子主张平等、民主，"所谓民者，民主之谓，孔子称民盖予知民主"。[①] 他煞费苦心地把孔子说成是"托古改制"的大师，说先秦诸子无不借用三代圣人之名，宣传自己的政治主张；孔子也是借尧、舜、文王之名，阐发自己的政治主张，诸子之所以采用曲折的方式表述自己的政治要求，因为"布衣改制，事大骇人，故不如与之先王，既不惊人，自可避祸"。[②] 康有为常与人说明，他所要做的，并不是采用西方新文化，倒是实现孔丘的教义；他并不排拒外来文化，倒是能欣赏它们的价值。

不过，他的赞赏只以合乎据说是孔丘的三世教义为限。他是以旧释新，以中国固有文化的眼光去批评外来的西方文化。

追根究源，康有为的"托古改制"思想是由"西学中源"说发展而来。甲午战争以前，封建顽固派反对向西方学习，主要理由有二：第一，学习西方就是"以夷变夏"，故要严防"夷夏之大变"；第二，学习西方"奇技淫巧"违背历古圣贤重道不重器的遗训，而破坏"夷夏之大防"，不遵守先圣先贤遗教就是非圣无法。鉴于这种情况，思想先进的知识分子则力图证明：西方技术、文字、议会等政制教艺无不源于中国。于是，西方文字为仓颉之兄佽庐所发明，格致（物理）出于墨子，数学源于《周髀》，"黄帝明堂之议，实即今议院之权舆"等说法，也就应运而生了。西方输入中国文化和科技，遂成今日之富强。既然如此，学习西方正是"礼失求野"，绝不是"以夷变夏"。康有为受"西学中源"说影响，称"近年西政西学，日新不已，实则中国圣经之义，议院实谋及庶人，机器则开物利用，历代子史百书著

---

① 康有为：《春秋董氏学》，楼宇烈整理，北京：中华书局，1990 年版，第 25 页。
② 康有为：《孔子改制考》，北京：中华书局，1958 年版，第 267 页。

述，亦多有之，但研究者寡，其流渐埋，正宜恢复旧学，岂可让人独步？"[1]19世纪末，孔子仍是一般士大夫心目中的偶像，康有为借用他的权威来为自己服务，其意就是要获得更大的支持。

严复所走的路子与康有为相反。他是站在西学的立场，从西学的观点把握中学，并以中学对西学作"格义"。试援一例：

> 司马迁曰："《易》本隐而之显，《春秋》推见至隐。"此天下至精之言也。始吾以谓本隐之显者，观象系辞以定吉凶而已；推见至隐者，诛意褒贬而已。及观西人名学，则见其于格物致知之事，有内籀之术焉，有外籀之术焉。内籀云者，察其曲而知其全者也，执其微以会其通者也。外籀云者，据公理以断众事者也，设定数以逆未然者也。乃推卷起曰：有是哉，是固吾《易》《春秋》之学也。迁所谓本隐之显者，外籀也；所谓推见至隐者，内籀也。其言若诏之矣。[2]

在严复看来，特殊的事物是"显"，一般的规律是"隐"。《周易》讲一般的规律，把它应用到特殊的事物，这是从一般到特殊，即由"隐"至"显"。《春秋》记载诸侯各国历史中的特殊事例，从中找出规律，作为"春秋大义"，这是从特殊到一般，"推见至隐"。西方的逻辑学有演绎法和归纳法范畴。严复认为演绎法从一般到特殊，这是《周易》之学；归纳法从特殊到一般，则是《春秋》之学。他在解释中国传统经典中的这对范畴时，大体是采用西方逻辑学的方法。

严复已经意识到，中西学术不仅仅是民族之争，而且是时代之差，也就是古今之别。因此，他指出，西学是西方人实际生活的产物，"西

---

① 康有为：《两粤广仁善堂圣学会缘起》，载姜义华、吴根梁编校《康有为全集》第2册，上海：上海古籍出版社，1990年版，第621页。

② 《天演论·自序》，《严复集》第五册，第1319、1320页。

学中源"论不过是"扬亡抑人，夸张博雅"，"于实际从未讨论"的幼稚可笑的议论。①救补的办法就是"以西释中""以今释古"。他说："虽然，由斯之说，必谓彼之所明，皆吾中土所前有，甚者或谓其学皆得于东来，则又不关事实适用自蔽之说也。夫古人发其端，而后人莫能竟其绪；古人拟其大，而后人未能议其精，则犹之不学无术未化之民而已。祖父虽圣，何救子孙之童婚也哉！大抵古书难读，中国为尤。二千年来，士徇利禄，守阙残，无独辟之虑。是以生今日者，乃转于西学，得识古之用焉。此可为知者道，难与不知者言也。"②由于严复的格义方式是"以西释中"，故在他的文章中，达尔文、斯宾塞、牛顿、柏拉图、赫胥黎等西方学者的名字大量出现，他们的思想也随时被发挥和介绍；相形之下，中国孔孟的语录则很少被引用。实际上，他花费大量精力投身翻译，也可以说是他的"格义"观的体现。

人所皆知，近代以降，文化史上所出现的中西之分，本质上是古今之争。以中学为主，对西学进行格义，实际上是以古释今，这是一种传统的思维方式；以西学为主，对中学进行格义，本质上是以今释古，则是一种近代的思维方式。

在中西文化的冲撞和融会中，严复当时独树一帜，能以今释古，这是其超出同侪的地方，也是他比康有为高明之处。虽然他的解释不免有牵强附会之处，但在当时毕竟开启了一条新路，以后，"五四"新文化人大体是沿着他的这个方向发展。

（二）对居于"官学"地位的经学的态度有别。由于两人的"格义"不同，因此双方对经学的态度自然也产生了裂缝。

康有为尚未摆脱"中体西用"思想的桎梏，甲午战争前后一段时间，他在万木草堂"以孔学、佛学、宋明学为体，以史学、西学为用"

---

① 《救亡决论》，《严复集》第一册，第52页。
② 《天演论·自序》，《严复集》第五册，第1320、1321页。

教导学生。①1895 年，他在《上海强学会章程》中道明，学习中西各门学问"皆以孔子经学为本"。戊戌变法时，康有为再次提出"经学"为变法之本："窃谓今日，非维持人心，激励忠义，不能立国，而非尊崇孔子无以维人心而厉忠义。此为变法之本。"康有为授意梁启超为御史宋伯鲁所起草的奏稿中明确地指出："夫中学体也，西学用也，无体不立，无用不行，二者相需，缺一不可。"②故此，康有为提出要立孔教，"使人知君臣父子之纲，家知仁恕忠爱之道"。③康有为的变法思想是以今文经学为武器，他认为儒家最重要的经典是《周易》与《春秋》。他说：《周易》"专明变易之义"，"孔子之道，至此而极矣"。他极为欣赏《周易·系辞》中的这一段话："穷则变，变则通，通则久。"并以此来阐释和建构自己的变法理论。可以说，康有为的学问范围基本上仍以传统学术为主。

严复则激烈批评"中体西用"的思维模式，他在《天演论》的译序中就说："西学之事，问涂日多，然亦有一二巨子，诡然谓彼之所精，不外象数形下之末；彼之所务，不越功利之间。逞臆为谈，不咨其实。"④对先前的洋务派"西学"观提出了批评。随后，他在《与〈外交报〉主人书》中明确指出，"体""用"不可分割，一个国家的政教学术就好像具备各种器官的生物，它的各个组成部分是完整的统一物。它们的功能（"用"）与其结构（"体"）不能分开，不能把马的四个蹄子加在牛的身上，"有牛之体则有负重之用，有马之体则有

---

① 梁启超：《康有为传》，载翦伯赞等编中国近代史资料丛刊《戊戌变法》第 4 册，上海：上海人民出版社，1961 年版，第 9 页。

② 康有为：《奏请经济岁举归并正科并各省岁科试迅即改试策论折》，载汤志钧编《康有为政论集》上册，北京：中华书局，1981 年版，第 294 页。

③ 康有为：《请商定教案法律厘正科举文体，听天下乡邑增设文庙，谨写〈孔子改制考〉，进呈御览以尊圣师而保大教折》，载《杰士上书汇录》卷二。

④ 《天演论·自序》，《严复集》第五册，第 1321 页。

致远之用，未闻以牛为体以马为用者也"。①"故中学有中学之体用，西学有西学之体用"，如果"合而为一物"，连道理名义都讲不通，更不要说能行得通了。

严复对传统经学，不管是汉学考据，还是宋明理学都直截了当地给予斥责。所谓汉学考据，"一言以蔽之，曰：无用"；所谓程朱理学、永嘉经制，黄宗羲的《明夷待访录》、顾炎武的《日知录》，"一言以蔽之，曰：无实"。且其"所托愈高，去实滋远，徒多伪道，何裨民生也哉！故由后而言，其高过于西学而无实；由前而言，其事繁于西学而无用。均之无救危亡而已矣"。②

康有为深受陆王心学的影响，他认为陆王心学"直捷明诚，活泼有用"，有利于发扬主观能动性。他说："欲救亡无他法，但激励其心力，增长其心力，念兹在兹，则爝火之微，自足以争光日月，基于滥觞，流为江河，果能四万万人人人热愤，则无可不为者，奚患于不能救。"③严复则与之相反，他对陆王心学持严厉批判的态度。他说："夫陆王之学，质而言之，则直师心自用而已。自以为不出户可以知天下，而天下事与其所谓知者，果相合否？不径庭否？不复问也。自以为闭门造车，出而合辙，而门外之辙与其所造之车，果相合否？不龃龉否？又不察也。……忘言性求故……强物就我。后世学者，乐其径易，便于惰窳敖慢之情，遂群然趋之，莫之自返。其为祸也，始于学术，终于国家。"④

对于传统儒家经典，严复也予以有力批评。他说："六经五子以君子而束缚天下，后世其用意虽有公私之分，而崇尚我法，劫持天下，使天下必从己而无或敢为异同者则均也。因其劫持，遂生作伪；

---

① 《与〈外交报〉主人书》，《严复集》第三册，第558、559页。
② 《救亡决论》，《严复集》第一册，第44页。
③ 《京师保国会第一集演说》，《康有为政论集》上册，第241页。
④ 《救亡决论》，《严复集》第一册，第44、45页。

以其作伪，而是非淆、廉耻丧，天下之敝乃至不可复振也。"①六经系指《诗经》《书经》《礼经》《乐经》《易经》《春秋》，五子则指宋朝道学家周敦颐、程颐、程颢、张载和朱熹，他们在清朝居有正统地位，尤其是朱熹集注的四书为钦定的士人必读书，科举考试亦以其为参考，故批判"六经五子"实质上是对正统思想和官方意识形态的挑战。

由于对传统文化的历史判断有明显差异，自然在现实的价值判断上也会作出不同反应。康有为上了一道奏折——《请尊孔圣为国教，立教部、教会，以孔子纪年，而废淫祀折》，明确提出"教旨"方面的改革，要求立孔教为国教。他说："窃惟孔子之圣，光并日月；孔子之经，流亘江河；岂待臣愚，有所赞发。惟中国尚为多神之俗，未知专奉教主，以发德心。"他认为西方的文明国家都是信一神教，落后的国家则信多神教。中国民间信仰还是多神教，故为西方国家所笑话，所以他认为也要建立一个一神的宗教。"夫大地教主未有不托神道以令人尊信者，时地为之。若不假神道而能为教主者，惟有孔子，真文明世之教主，大地所无也。乃刘歆起，伪作古文经，托于周公，于是以六经为非孔子所作，但为述者。唐世遂尊周公为先圣，抑孔子为先师，于是仅以孔子为先师，于是仅以孔子为纯德懿行之圣人，而不知为教主矣。""遂令中国诞育大教主而失之，岂不痛哉！臣今所编撰，特发明孔子为改制教主，六经皆孔子所作，俾国人知教主，共尊信之。"②康有为不仅这样说，而且还照此去做。嗣后，他就发起成立了保教会。

严复对康有为的做法颇不以为然。他说："今日更有可怪者，是一种自鸣孔教之人，其持孔教也，大抵于（与）耶稣、谟罕争衡，以

---

① 《救亡决论》，《严复集》第一册，第54页。
② 康有为：《请尊孔圣为国教，立教部、教会，以孔子纪年，而废淫祀折》，中国近代史资料丛刊《戊戌变法》第2册，第234页。

逞一时之意气门户而已。不知保教之道，言后行先则教存，言是行非则教废。诸公之所以尊孔教而目余教为邪者，非以其理道胜而有当于人心多耶？……以此而云保教，恐孔子有知，不以公等为功臣也。"[1] 他之所以反对设立保教会，主要理由是孔子学说流传至今，已发展成多种流派，可以说纷纭复杂，设立保教会无所适从，不知保哪一派。

"据史以观，则知历代同奉孔教以为国教。然二千年来，改变极多。西汉之孔教，异于周季之孔教；东汉后之孔教，异于西汉之孔教；宋后之孔教，异于宋前之孔教。国朝之孔教，则又各人异议，而大要皆不出于前数家。故古今以来，虽支派不同，异若黑白，而家家自以为得孔子之真也。夫孔教之行于中国，为时若此之久，为力若此之专，即中国人之斤斤与外人相持，亦均以新法之有碍孔教为辞，若欲以国殉之者。"[2] 自然，设孔教又有何益？！

（三）对西学的理解程度和兴趣所在不同。康有为对西学的把握较为肤浅，有时甚至是误解；严复对西学精义的阐释相对要全面、深刻。

康有为对于西方近代学术源流缺乏基本的了解，他之寻求"西学"主要是为了变法决策寻找理论依据，因此，他对西学的介绍侧重在政治理论方面。他提出"立宪法，开国会"，"设议院以通下情"，但他对西方的君主立宪制和国会制的实质却欠缺基本的了解。他替当时的一个内阁学士写了一篇奏稿，内中说："臣窃闻东西各国之强，皆以立宪法开国会之故。国会者，君与国民共议一国之政法也。盖自三权鼎立之说出，以国会立法，以法官司法，以政府行政，而人主总之，立定宪法，同受治焉。人主尊为神圣，不受责任，而政府代之。东西各国，皆行此政体。故人君与千百万之国民，合为一体，国安得不强？

---

① 《有如三保》，《严复集》第一册，第82页。
② 《保教余义》，《严复集》第一册，第83、84页。

吾国行专制政体，一君与大臣数人共治其国，国安得不弱？盖千百万之人，胜于数人者，自然之数矣。""伏乞上师尧舜三代，外采东西强国，立行宪法，大开国会，以庶政与国民共之，行三权鼎立之制，则中国之治强，可计日待也。"①这里提出的问题是光绪帝如何将政权下放，以求君臣上下同心协力抵抗外辱，达到救国强国的目的。有趣的是，康有为当时主张下放政权，但不主张全部下放政权。他所理解的君主立宪并不是西方已实行的君主立宪制，君主立宪制的实质是君主把统治权全部交给内阁，而自己居于一个有名无实的虚位。最早实施这一制度的是英国，后来日本等国也起而模仿。在戊戌维新时期，康有为还不知道"虚君"是君主立宪制的实质。他虽已提出"三权分立""宪法"等名词，也仅限于谈谈而已，并无实行之意。他所理解的君主立宪制的真正内容是"君民合治"，所谓"君民合治"，也就是介乎君主和民主之间的君民共主。这也可以说得上是一种中国特色的君主立宪制构想。即使如此，戊戌变法也未能做到这一点。民国成立以后，康有为结束在国外的流亡生活，回国参政，提出"虚君共和"，以示与孙中山为代表的民主派相对抗，然而这一口号除了为封建的遗老遗少所利用外，已无任何历史进步意义。

严复对西方近代科学发展背景有比较系统的了解，他之评介"西学"主要是为了更新中国士人的思维方式，所以，他对西学的介绍侧重在哲学理论和科学方法上。

关于西方近代的科学精神，他说："一理之明，一法之立，必验之物物事事而皆然，而后定之为不易。其所验也贵多，故博大；其收效也必恒，故悠久；其究极也，必道通为一，左右逢源，故高明。方其治之也，成见必不可居，饰词必不可用，不敢丝毫主张，不得稍行

① 康有为：《请定立宪开国会折》，中国近代资料丛刊《戊戌变法》第2册，第236、237页。

武断，必勤必耐，必公必虚，而后有以造其至精之诚，践其至实之途。"①科学精神不仅是一种实事求是的精神，而且也是对人的思维的一种严格训练。他说："且西士有言，凡学之事，不仅求知未知，求能不能已也。学测算者，不终身以窥天行也；学化学者，不随在而验物质也；讲植物者，不必耕桑；讲动物者，不必牧畜。其绝大妙用，在于有以炼智虑而操心思，使习于沈者不至为浮，习于诚者不能为妄。是故一理来前，当机立剖，昭昭白黑，莫使听荧。凡夫恫疑虚猲，荒渺浮夸，举无所施其伎焉者，得此道也，此又《大学》所谓'知至而后意诚'者矣。"②这里所批评的"恫疑虚猲，荒渺浮夸"，正是传统士人治学所存的严重缺失。

严复对近代西方科学发展源流作了回顾。西洋"制器之备，可求其本于奈端（牛顿）；舟车之神，可推其原于瓦德（瓦特）……而二百年学运昌明，则又不得不以柏庚氏（培根）之摧陷廓清之功为称首。学问之士，倡其新理，事功之士，窃之为术，而大有功焉。……至于晚近，言学则先物理而后文词，重达用而薄藻饰。且其教子弟也，尤必使自竭其耳目，自致其心思，贵自得而贱因人，喜善疑而慎信古。其名数诸学，则借以教致思穷理之术；其力质诸学，则假以导观物察变之方，而其本事，则筌蹄之于鱼兔而已矣"。③严复当时所具备的这些近代科学知识不仅康有为不能及，而且在同时代人中也是凤毛麟角。

关于西方近代的科学方法，严复指出："大抵学以穷理，常分三际。一曰考订，聚列同类事物而各著其实。二曰贯通，类异观同，道通为一。"考订或称"观察"，或称"演验"。在聚列同类事物的时候，有些"非人力所能变换者，如日星之行，风俗代变之类"，对于

---

① 《救亡决论》，《严复集》第一册，第45页。
② 《救亡决论》，《严复集》第一册，第45页。
③ 《原强修订稿》，《严复集》第一册，第29页。

这些事物只能用"观察"之法；有些"可以人力驾御移易者，如炉火树畜之类"，对于这些事物则用"演验"之法。"考订既详，乃会通之以求其所以然之理，于是大法公例生焉。"古代中西学术大致只做到考订和贯通这两步，"故所得之大法公例，往往多误"，近代科学发明了一种补救方法——试验。"试验愈周，理愈靠实矣。"上述科学方法的三个层次从逻辑上来说就是"内导"和"外导"，也就是现代人们所说的归纳法和演绎法。"内导者，合异事而观其同而得其公例"，这就包括"考订"和"贯通"两层；"外导"则是用一个已有的公例作为前提，"合例、案、断三者，于名学中成一联珠"，由此推出"断案"，如果这个断案合乎事实，这就证明公例是正确的，所以外导是"印证愈多，理愈坚确也"。[①] 这实际上指的是试验。

严复上述对西方科学方法的介绍，可以说是抓到了近代科学的实质。在中国传统学术中，人们一般注意到"考订"（搜集材料）和"贯通"（寻求规律），但很少能进入第三层——"试验"。因而近代科学实验法与"中学"无缘。鉴于清代士人钻故纸堆的倾向，严复还特别强调，研究科学"第一要知读无字之书"。他说："赫胥黎言，'能观物观心者，读大地原本书；徒向书册记载中求者，为读第二手书矣'。读第二手书者，不独因人作计，终当后人；且人心见解不同，常常有误。而我信之，从而误矣，此格物家所最忌者。"[②] 他这里所说的"无字之书"，就是自然和社会本身。

（四）在治学方式上，康有为主要是治传统经学，严复则偏重于开拓新学。

梁启超在《清代学术概论》中谈及他的老师康有为时说："有为早年，酷好《周礼》，尝贯穿之著《政学通议》，后见廖平所著书，

---

① 《西学门径功用》，《严复集》第一册，第93、94页。
② 《西学门径功用》，《严复集》第一册，第93页。

乃尽弃其旧说。"转向今文经学。证以康有为《自编年谱》：1878 年，他"在九江礼山草堂从九江先生学。大肆力于群书，攻《周礼》《仪礼》《尔雅》《说文》《水经》之学"；1879 年，他"舍弃考据帖括之学，专意养心。既念民生艰难，天与我聪明才力拯救之，乃哀物悼世，以经营天下为志，则时时取《周礼》《王制》《太平经国书》《文献通考》《经世文编》《天下郡国利病全书》《读史方舆纪要》，纬划之。俯读仰思，笔记皆经纬世宙之言"；1880 年，"是岁治经及公羊学，著《何氏纠缪》，专攻何劭公者。既而自悟其非，焚去"，《公羊》是今文主要典籍，何休是东汉今文大师，康有为著《何氏纠缪》，表明他已转向今文经学；1886 年，他"又著《教学通议》成，著《韵学卮言》，既而弃之"。[①] 这里所截取的只是康有为早年的几个年份，说明康有为于经学下力甚勤，其经学根柢十分深厚。其后，他著《新学伪经考》《孔子改制考》，奠定了其在清代经学史上的地位。

查阅严复的年谱，除了他童年时代入私塾、读经书的那段经历外，我们无法再找到他师从经学大师的阅历，更找不到他留下的一部经学著作。他从十五岁考入福州船政学堂以后，其职业限定了他的主要兴趣不外乎近代自然科学和社会科学。据人们回忆，在 1895 年前，他翻译了斯宾塞的《群谊篇》、柏捷特的《格致治平相关论》和宓克的《支那教案论》（此三部译稿均佚）。[②] 这说明严复的兴趣已开始投入译事。而严复在 1898 年出版译著《天演论》，更是将其志趣表露无遗。

晚清学者俞樾曾说，学人士子在当时只有两条路可走，不是做攻古籍、"法先王"的"孟子之徒"，就是做就西学、"法后王"的"荀

①　康有为：《康南海自编年谱》，楼宇烈整理，北京：中华书局，1992 年 9 月版，第 7—10 页。

②　王蘧常：《严几道年谱》，《严复研究资料》，第 27 页。

子之徒"。① 如照此标准，在治学方式上，康有为颇似一个治经学、究古籍的"孟子之徒"；而严复则是一个攻西学、译洋著的"荀子之徒"。应该说明的是，康有为的经学研究既不同于传统意义上的经学研究，又超越了学术研究的范畴。他的《新学伪经考》和《孔子改制考》除了在经学史上引起了一场变革外，还为维新变法运动提供了理论依据。因此，尽管他与严复的治学方式和侧重点截然不同，但其指向意义却是殊途同归，都是为了推动一场维新运动。

严复和康有为之所以在学术思想和中西文化观上呈现出明显的分野，这与他们的早年经历和教育背景密切相关。康有为属于从传统文化壁垒中蜕化出来的士人，他虽受到西方文明冲击的刺激，对外来新鲜事物有所感触，要求维新变法，但他毕竟受到所受教育的限制；他饱受传统文化的熏陶，熟稔经、史、子、集，对有关西方的文化学术和社会政治只有间接的了解，因而他只能利用传统经史知识去发明新义，制造出"不中不西，即中即西"的新学问。严复则从少年时代进入船政学堂，学习西方语言文字、科学技术，随后又留学英伦，对西方社会政治有直接的经验，对近代科学文化有系统的学习，因而他能以全新的面目投入维新运动。对康、严之间的差别，梁启超后来有一段评价极为中肯：

> 盖当时之人，绝不承认欧美人除能制造能测量能驾驶能操练之外，更有其他学问。而在译出西书中求之，亦确无他种学问可见。康有为、梁启超、谭嗣同辈，即生育于此种"学问饥荒"之环境中，冥思枯索，欲以构成一种"不中不西即中即西"之新学派，而已为时代所不容。……

---

① 参见俞樾：《诂经精舍课艺第八集序》，载汤志钧编《章太炎年谱长编》上册，北京：中华书局，1979 年版，第 34 页。

时独有侯官严复，先后译赫胥黎《天演论》、斯密亚丹《原富》、穆勒约翰《名学》《群己权界论》、孟德斯鸠《法意》、斯宾塞《群学肄言》等数种，皆名著也。虽半属旧籍，去时势颇远，然西洋留学生与本国思想界发生关系者，复其首也。①

在戊戌维新时期，真正对当时的维新运动发生主导作用的是康有为的思想，严复的主张虽有影响，但不构成运动的主流。20世纪初，康有为的思想因其旧的色彩过于浓厚，已不为时代所容，故逐渐失去了原有的影响力。而严复的思想随着时代的进步，尤其是新学堂的兴办和大批留学生的派遣，逐渐得以传播，为广大新型知识分子所接受，进化论成为思想界的主流，西学成为众望所归的新学。因而两人在学术史上的地位，则代表着两个截然不同的学术类型，康有为的学术意味着旧学术时代的终结，严复的学术则预告了新学术时代的来临。这也是"五四"那一代人舍弃康有为，愿意奉严复为其思想圭臬的一个重要原因。

三 文化维新，教育救国

严复在《直报》上发表的四篇文章，在社会上引起了强烈的反响，他自己从此声名鹊起。也许是出于思想家好思不好动的天性，也许是出于对康有为等人维新思想及其活动的保留态度，严复并没有直接卷入维新派的政治活动。自甲午战争至戊戌政变的三年里，他守着北洋水师学堂总办的职位，其活动区域大体局限于天津，只是偶尔去过北京几次。这期间，严复与维新运动发生关联的活动主要是两件事：一

---

① 梁启超：《清代学术概论》，载朱维铮校注《梁启超论清学史二种》，上海：复旦大学出版社，1985年版，第79、80页。

是在天津创办《国闻报》，一是"应诏"会见光绪皇帝。

1897年11月，严复与王修植、夏曾佑等人在天津创办了一份具有维新倾向的日报——《国闻报》。该报登载国内外时事新闻，发表社论时评。除了日报之外，"略仿英国《泰晤士报》之例"，另辟有一种旬刊，名为《国闻汇编》。凡是"重要三事"，"其消息议论，足备留存考订者，皆登之十日合印之《汇编》"。这两份报纸各有职守，"大抵阅日报者，则商贾百执事之人为多，而上焉者或嫌其陈述之琐屑；阅旬报者，则士大夫读书之人为多，而下焉者或病其文字之艰深"。① 两份报纸各有自己的读者，其社会影响可谓相得益彰。

关于《国闻报》的创刊宗旨，它的发刊词明确宣布："阅兹报者，观于一国之事，则足以通上下之情；观于各国之事，则足以通中外之情。上下之情通，而后人不自私其利；中外之情通，而后国不自私其治。人不自私其利，则积一人之智力，以为一群之智力，而吾之群强；国不自私其治，则取各国之政教，以为一国之政教，而吾之国强。此则本馆设报区区之心所默为祷祝者也。"② 也就是说，创办《国闻报》的主要目的，一方面是要"通上下之情"，打破各个阶层壁垒森严的局面，发挥众人才智，造成一种讲求民主的气氛；一方面又要"通中外之情"，沟通中外文化交流，了解世界政治、经济、文化等各方面的发展大势，形成一种对外开放的格局。在当时，《国闻报》与《时务报》遥相呼应，成为北方最具影响力的维新报刊。

《国闻报》自创刊至维新运动失败（1897年11月—1898年9月），维持了不到一年，共发表四十二篇社论。据王栻考证，内中有二十七篇为严复所撰。③ 这些文章笔调尖锐、泼辣，显示了严复炽热的爱国

---

① 《〈国闻报〉缘起》，《严复集》第二册，第454页。
② 《〈国闻报〉缘起》，《严复集》第二册，第455页。
③ 参见王栻：《严复在〈国闻报〉上发表了哪些论文》，《严复集》第二册，第421—452页。

主义热情和对维新变革的强烈向往。

19世纪末，帝国主义掀起瓜分中国的狂潮。1897年11月，《国闻报》创办不到一个月，就发生了胶州湾事件，德国侵占我国胶州湾，守卫当地的清朝文武官员不作任何抵抗，便退出阵地。为此，严复特撰写《驳〈泰晤士报〉论德据胶澳事》《论胶州章镇高元让地事》《论胶州知州某君》等文章，一方面严厉谴责德国的侵略行径是"盗贼野蛮"，是"海盗行劫，清昼攫金"；一方面愤慨于清朝文武官吏临阵脱逃的可耻行为。德国与清朝本来缔有和约，然而"谈笑未毕，鞭楚相随，夺我要隘，毁我电线，逼我守土之官，逐我驻防之兵，俨然以敌国相待"。① 这种"背公理，蔑公法"的行为，实与"海盗行动，清昼攫金"无异。而据守胶州的总兵章某在德国人的胁迫下，"葸懦畏死，而致外人视之如犬彘也"。② 严复怒斥这种贪生怕死的退缩行为。然而，这不过是腐败的清朝军队的缩影。"中国兵官，大都纷华靡丽，日事酗嬉，以幸国家之无事。一旦有事，其不败者谁哉！"③ 武官退阵脱逃，文官则弃职而去。胶州知州某君奴颜婢膝、拱手让地，玩忽职守。奇怪的是这并非个别现象，是整个官场的典型代表。他们"慈祥恺悌，恩如父母，非爱民也，为其所求耳；严刑峻法，恶过焰摩，亦非有仇于民也，亦为其所求耳；苟苴所及，上穷碧落，下入黄泉，非好施也，为其所求耳；胁肩耸体，媚于优倡，排挤夤缘，幽于鬼蜮，非不惮劳也，俱为其所求耳"。他们在官场混惯了，"既熟思之既深，始为之犹有所苦，继则忘疲，终则与之为化，而若有味存焉。若此之人，其形体虽存，其人心已死，其不知人间有羞耻事久矣。一旦而有非常之变，彼之心目，安能辨来者为敌人，而我当为国而拒之哉！"④

①　《驳英〈泰晤士报〉论德据胶澳事》，《严复集》第一册，第56页。

②　《论胶州章镇高元让地事》，《严复集》第一册，第57页。

③　《论胶州章镇高元让地事》，《严复集》第一册，第58页。

④　《论胶州知州某君》，《严复集》第一册，第60页。

这些官吏们只知"请安、磕头、办差、乞怜""夫以数千年之教化，以成今日之风俗，而遂有如此之人才"。①这真是一件极为可悲的事了。严复结合实际情况，抨击了整个政治机构中的腐败现象，并从深层挖掘造成这些现象之原因，这是其维新变法思想的进一步展开。

中国封建王朝时期，官僚机构渗透了腐臭味，士人阶层也相差无几。严复撰写了一篇《道学外传》，生动描绘了当时士大夫们的丑恶形象：

> 自明以八股文取士，而义必限以朱注，迄于今日，六百余年。遂至无论何乡，试游其地，必有面带大圆眼镜，手持长杆烟筒，头蓄半寸之发，颈积不沐之泥，徐行偻背，阔颔扁鼻，欲言不言，时复冷笑，而号为先生长者其人者。观其人，年五六十矣；问其业，以读书对矣；问其读书始于何年，则又自幼始矣。……试入其室，笔砚之外，有《四书味根录》《诗韵合璧》《四书典林》，无他等书。其尤博雅者，乃有《五经汇解》之经学，《纲鉴易知录》之史学，《古文观止》之古文，《时务大成》之西学。微问之曰："先生何为乐此？"答曰："国家之功令在是也。"问曰："功令脱改，先生奈何？"答曰："功令曷为而改哉！天下之文，未有时文若者，惟时文之义理格律乃能入细，凡文之不从时文出者，尽卤莽灭裂耳。且功令若改，则国家将亡矣。汝毋为此亡国之言。"问曰："然则，先生于时文观其深乎？"答曰："然。余之文崇理法。"问曰："不识时文之理法，上帝所令乎？教主所制乎？国宪所颁乎？且时文之义理，即圣门之义理乎？"则色然而不应。知其怒，哀其既老，思有以慰之，曰："先生之齿长矣，岁所入似若为丰矣，盍谋所以娱此暮年者。"答曰："予不敢稍纵也，将以遗之子孙。"

---

① 《论胶州知州某君》，《严复集》第一册，第60页。

问曰："度先生之力，即极约，量不能致千万金，子孙何贤，何以此为？子孙而赖此，则又非先生之所望矣。"则又色然而不应。知其不可告，思以他辞乱之，曰："先生亦阅报乎？"答曰："亦偶阅之。然今日之报，即今日天下之乱民也。西人之来，谋利而已，本无大志；且穷奢极欲，衰将及之。而各报乃日日以瓜分为言，是不啻导西人之至，而胁中国以必从，愚而自用，贱而自专，灾必及之矣。况民主者，部落简陋之习也，各报艳称之，不知支那即改民主，汝未必即伯理玺天德；支那即开议院，汝未必即议员。若支那真瓜分，吾辈衣食自若也，汝胡以此哓哓为。甚矣！各报之为今日天下之乱民也。"于是问者亦遂不敢复请。①

这是一幅绝妙的道学先生肖像画。既不做作，也非夸张。当时士大夫阶层的实际情形就是如此。"夫学术之归，视乎科学；科举之制，董以八股；八股之义，出于集注；集注之作，实惟宋儒；宋儒之名，美以道学。"这些由宋明儒学和八股文章造就出来的迂夫子，真是可怜可笑可恨可悲！令人可悲的是"支那积二千年之政教风俗，以陶铸此辈人材！为术密矣，为时久矣"。他们全是一些"生为能语之牛马，死作后人之僵石"的废物。他们正是"亡国致祸"的根源。

既然明代以来支配意识形态领域的科举制度已完全成为祸国殃民的痼瘤，自然应予革除。为此，严复提出了一套与传统学术有别的文化思想。

首先，严复认为，治学宜以学术为本，而不应以仕途为依归。传统科举制度把学校变成造就官宦的场所，士人治学莫不以入仕为依归，因而传统学术就其本质而言是以政治为本位，带有"治事"的性质，其本身欠缺独立的意义。严复觉察到这一问题，他在《论治学治事宜

① 《道学外传》，《严复集》第二册，第484、485页。

分二途》一文中指出："天下之人，强弱相柔，千殊万异，治学之材与治事之材，恒不能相兼。尝有观理极深，虑事极审，宏通渊粹，通贯百物之人，授之以事，未必即胜任而愉快。而彼任事之人，崛起草莱，乘时设施，往往合道，不必皆由于学。"[1] 政治学术不分，混同为一，这与一个国家的文明开化程度有关。"土蛮之国，其事极简，而其人之治生也，则至繁，不分工也。国愈开化，则分工愈密，学问政治，至大之工，奈何其不分哉！"[2] 严复认为，将学术政治混为一谈，不仅有碍于维新事业发展，而且窒息学术之生机。"今新立学堂，革官制，而必曰，学堂之学，与天下之官相应，则必其治学之材，幸而皆能治事则可，倘或不然，则用之而不效，则将疑其学之非，其甚者，则将谓此学之本无用，而维新之机碍，天下之事去矣。"[3] 严复力主将学术与政治分立，"有学问之名位，有政治之名位。学问之名位，所以予学成之人；政治之名位，所以予入仕之人"，各施其才，各有其应占之地位。

其次，严复强烈批判那种向后看的传统守旧思维模式，主张对新生事物持容忍的态度，使之获得应有的发展。

严复比较了中西之间对待新发明、新创造的态度。"尝考欧人之富强，由于欧人之学问与政治。当其声光化电动植之学之初发端时，不过一二人以其余闲相论讨耳。……其始一童子之劳，锲而不舍，积渐扩充，遂以贯天下之奥，究造化之原焉。"[4] 但是此类事如发生在中国，"以若所为，若行之中国，必群目之曰呆子""其菲薄揶揄，不堪视听，或微词婉讽，或目笑不言，始事者本未有心得之真，观群情如此，必自疑其所学之非，而因以弃去。故不必有刀锯之威，放流

---

① 《论治学治事宜分二途》，《严复集》第一册，第 89 页。
② 《论治学治事宜分二途》，《严复集》第一册，第 89 页。
③ 《论治学治事宜分二途》，《严复集》第一册，第 89 页。
④ 《论中国之阻力与离心力》，《严复集》第二册，第 466 页。

之祸，仅用呆狂二字，已足沮丧天下古今人材之进境矣"。①中西方对待新生事物的差异造成的结果大相径庭。在西方社会"天下之善政，自民权议院之大，以至洒扫卧起之细，当其初，均一二人托诸空言，以为天理人心，必当如此，不避利害，不畏艰难，言之不已；其言渐著，从者渐多，而世事遂不能不随空言而变"，②进而新思潮代替旧思潮，时势为之转移。中国社会则另有一番情形，"人材既无进境，则教宗政术，自然守旧不变，以古为宗。夫数千年前人所定之章程，断不能范围数千年后之世变，古之必敝，昭然无疑，更仆难终，不能具论。综其大要，不过曰：政教既敝，则人心亦敝而已。人心之敝也，浸至合群之理，不复可言，不肖之心，流为种智，即他人之善政，而我以不肖之心行之，既有邪因，必成恶果，守旧之见，因之益坚"。③由于整个社会形成了一种扼杀新生事物的机制和气氛，所以整个社会循规蹈矩，固守旧见。"士林无横议，布帛菽粟之谈，远近若一，即有佻达，亦其小小。朝士彬彬，从容文貌，威仪繁缛，逾于古初。听天下之言，无疾言也；观天下之色，无遽色也；察天下之行事，无轻举妄动也。而二万里之地，四百兆之人，遂如云物之从风，夕阳之西下，熟视不见其变迁，逾时即泯其踪迹，其为惨栗，无以复逾。"④

再次，严复主张改变传统的教育结构，引进西方的教学内容和教学方法，使中国的教育渐次走向近代化。

严复认为传统学校已腐朽不堪，弊端百出，不能适应富国强兵的需要。他说："至于吾民，则姑亦无论学校已废久矣，即使尚存如初，亦不过择凡民之俊秀者而教之。至于穷檐之子，编户之氓，则自襁褓以

---

① 《论中国之阻力与离心力》，《严复集》第二册，第466、467页。
② 《论中国之阻力与离心力》，《严复集》第二册，第466页。
③ 《论中国之阻力与离心力》，《严复集》第二册，第467页。
④ 《论中国之阻力与离心力》，《严复集》第二册，第466页。

至成人，未尝闻有敦教之者也。"① 整个学校教育趋向保守，毫无新的刺激，因此"师无所为教，弟无所为学，而国家乃徒存学校之名，不复能望学校之效"。② 虽曾有所变动，但"其所课者，仍不离乎八股试帖，或诗赋杂体文"。③

为更新教学内容，严复主张加重自然科学在教学内容中的分量。他说："格致之事不先，偏颇之私未尽，生心害政，未有不贻误家国者也。是故欲为群学，必先有事于诸学焉。"④ 他还援引日本为例："日本年来立格致学校数千所，以教其民，而中国忍此终古，二十年以往，民之愚智，益复相悬，以与逐利争存，必无幸矣。"⑤ 中、日教育内容改革所呈现的差距，导致了国民智力相差悬殊的结果。在当时科举之风尚盛的情况下，严复极其重视自然科学的学习，这是难得的先见之明。

输入近代西方的自然科学，其必不可少的一条途径就是学习西文。然而，"自中土士大夫欲通西学，而以习其言语文字为畏途，于是争求速化之术，群起而谈译书"。⑥ 鉴于这种情况，严复驳斥了那种想靠他人译书来了解"西学"的懒怠想法，指出："且西书万万不能遍译，通其文字，则后此可读之书无穷，仅读译书，则读之事与译相尽，有志之士，宜何从乎？"⑦ 他还特别批评了鄙视学习西文的狭陋之见，"若以通他国语言为鄙事，则东西洋诸国当轴贵人，例通数国语言，而我则舍仓颉下行之字不能读，非本国之言语不能操，甚且直用乡谈，援

---

① 《原强修订稿》，《严复集》第一册，第30页。
② 《论治学治事宜分二途》，《严复集》第一册，第88页。
③ 《论治学治事宜分二途》，《严复集》第一册，第88页。
④ 《原强修订稿》，《严复集》第一册，第17页。
⑤ 《救亡决论》，《严复集》第一册，第49页。
⑥ 《论译才之难》，《严复集》第一册，第90页。
⑦ 《论译才之难》，《严复集》第一册，第90页。

楚囚之说以自解，孰鄙孰不鄙，必有能辩之者矣"。① 以后，严复多次强调学习西方的重要性，"至于十五以后，则必宜使习西文，英、法、德、意择一皆可。其所以必习西文者，因一切科学美术，与夫专门之业，彼族皆已极精，不通其文，吾学断难臻极，一也；中国号无进步，即以其文字与外国大殊，无由互换智识之故。惟通其文字，而后五洲文物事势，可使如在目前，资吾对勘，二也；通西文者，固不必皆人才，而中国后此人才，断无不通西文之理，此言殆不可易，三也；更有异者，中文必求进步，与欲读中国古书，知其微言大义者，往往待西文通达之后而后能之，此亦赫胥黎之言也，四也；且西文既通，无异入新世界，前此教育虽有缺憾，皆可得此为之补苴"。② 严复把通晓西文的重要性提到走向世界的高度来对待，并断言以后要成为人才，非精通西文不可。这在当时不能不说是极富远见的见解。

最后，严复还破除传统禁例，大力提倡女子教育，认为这是中国走向强盛的基础，也是中国教育迈向近代化的重要内容。他说："中国妇人，每不及男人者，非其天不及，人不及也。自《烈女传》《女诫》以来，压制妇人，待之以奴隶，防之以盗贼，责之以圣贤。"③结果使广大妇女陷入一种愚昧无知、任人宰割的悲惨境地。"故使国中之妇女自强，为国政至深之根本；而妇女之所以能自强者，必宜与以可强之权，与不得不强之势。禁缠足、立学堂固矣，然媒妁之道不变，买妾之例不除，则妇女仍无自立之日也。"④为此，严复亲自为《女子教育会》写序，为中国妇女的解放摇旗呐喊。

严复的这些思想主张，本质上是要推进中国学术、文化、教育由传统向近代转型，这自然会招来守旧势力的反对，甚至得罪许多人，

---

① 《论译才之难》，《严复集》第一册，第90页。
② 《论今日教育应以物理科学为当务之急》，《严复集》第二册，第285、286页。
③ 《论沪上创兴女学堂事》，《严复集》第二册，第468、469页。
④ 《论沪上创兴女学堂事》，《严复集》第二册，第469页。

但他已顾不上这些。他曾感慨报刊文章难做。中国办报三十多年了，"向见各报，其论事也，诡入诡出，或洋洋数千言，而茫然不见其命意之所在。其记事也，似是而非，若有若无，确者十一，虚者十九。方怪其何以若是，反其后经于世故者渐深，乃知人间世之情伪相攻，爱恶相取，崎岖险阻，不可方轨而驰也。彼之为此，盖有不得不然之道焉"。他自己不愿这样做，宁肯"就吾见闻，敬告天下"，如果一定要八面玲珑讨好，那就宁愿不办报。"则何如无此报馆之为愈乎？"①由此不难看出，戊戌维新时期，严复还保有朝气蓬勃的精神面貌。

在戊戌变法的一百多天里，维新派力量颇盛，严复遂被人推荐出山。当时贵州学政严修曾向光绪皇帝奏议，为提拔起用维新人才，应于八股取士的普通进士科之外，另辟一种特别的进士科——经济特科，凡在内政、外交、理财、军事、科技等方面有一技之长的人，无论已任未任，仿照博学鸿词科例，由上层官僚推荐。凡被推荐之人，即可参与考虑，录取后，其地位和安排与普通进士一视同仁。光绪帝采纳了这一建议，遂嘱内外大臣荐举，且令"俟咨送人数汇齐至百人以上，即可奏请定期举行特科"。②于是，各地官员纷纷推荐，被荐者二百多人，严复亦是其中一员。推举他的是顺天府尹胡谲芬和詹事府詹事王锡蕃。王称他是"通达时务"的人才，应该"量才器使"。推荐按语如是写道："北洋水师学堂总办严复，本船政驾驶学生，出洋学习，于西国典章名理之学，俱能探本溯源，精心研究，中学亦通贯群籍，著述甚富，水师情形，尤其所熟知专习。久在北洋供差，奉公之外，闭户寡合，其立品尤为高卓。"③在这种背景下，光绪帝诏令严复来京觐见。有关两人这次会见的情形，《国闻报》有详细记录：

① 《说难》，《严复集》第二册，第491、492页。
② 《清实录五七德宗景皇帝实录〔六〕》，北京：中华书局，1987年，第411、412页。
③ 王锡蕃：《奏保人才折》，中国近代史资料丛刊《戊戌变法》第2册，第375页。

上月二十九日严又陵观察蒙恩召见乾清宫，垂询办理海军并开办学堂事，甚为详细。语次，上问："本年夏间，有人参汝在天津《国闻报》主笔，其中议论可都是汝的笔墨乎？汝近来尚在《国闻报》馆主笔否？"严对曰："臣非该报主笔，不过时有议论交与该馆登载耳。"上又问："汝所上报之文，其中得意文章有几篇？"严对曰："无甚得意者，独本年正月间有《拟上皇帝书》一篇，其文颇长，当时分作六七日登报，不知曾蒙御览否？"上云："他们没有呈上来，汝可录一通进来，朕急欲观之。"严对曰："臣当时是望皇上变法自强，故书中多此种语，今皇上圣明，业已见之行事，臣之言论已同赘疣。"上曰："不妨，汝可缮写上来，但书中大意是要变什么法？"严对曰："大意请皇上于变法之先，可先到外洋一行，以联各国之欢，并到中国各处，纵人民观看，以结百姓之欢云云。"上微叹曰："中国就是守旧人多，怎好？"此外，垂问事甚多，约奏对三刻钟之久。严观察既退，遂回寓，将春间登报稿本上紧修缮，以备进呈，想日内已经御览矣。[1]

这是发生在 1898 年 9 月 14 日的事。事隔一周后，慈禧就发动了政变，严复的上皇帝万言书还未递到光绪帝手里，光绪就被幽禁于瀛台，严复也匆忙赶回天津。

　　严复的《拟上皇帝书》，言辞相对谨慎。他痛沉现状："臣窃尝自忘其愚贱，旷观时变，蚤夜以思，既深识大局之自为难图，又大愿陛下之不可不勉。得未变法之前，陛下之所亟宜行者三；既变法之后，

<hr>

　　① 参见《国闻报》光绪二十四年八月初四，中国近代史资料丛刊《戊戌变法》第 3 册，第 408 页。

陛下之所先宜行者四。"① 未变法前所亟宜实行的三事是："一曰联各国之欢""二曰结百姓之心""三曰破把持之局"。为什么要先做这三件事呢？"盖不联各国之欢，则侮夺之事，纷至沓来，陛下虽变法而不暇；不结百姓之心，则民情离涣，士气衰靡，无以为御侮之资，虽联各国之欢，亦不足恃；而不破把持之局，则摇手不得，虽欲变法而不能也。一其事在各国，二其事在万民，而三则在陛下之一心。"② 严复的这封上皇帝书，并没有什么实质性的变革要求，只是一些权宜之计，即使如此，随着戊戌变法的流产，也失去了其见诸实践的机会。

严复对维新派的政治活动持相对保留的态度，这与康有为、梁启超等人的积极参与形成了一定的反差。之所以造成这种现象，与他们之间的维新思路不同和前此所述的中西文化观不同密切相关。严复当时倾向"教育救国"，从思想文化下手，其具体主张就是"鼓民力""开民智""新民德"。这三者之中他又认为"以民智为最急"。他笃信斯宾塞的一句话："民之可化至于无穷，惟不可期之以骤。"他在《辟韩》等文中虽然宣传了卢梭的"民约论"，但并没有接受卢梭有关革命的观点。卢梭主张推翻封建君主专制，建立民主共和，以恢复人民主权。严复则认为，"然则及今而弃吾君臣，可乎？曰：是大不可。何则？其时未至，其俗未成，其民不足以自治也"，③ 以为中国彻底变革的条件仍不够成熟。相形之下，康有为、梁启超则急于求成。他们主张"速变"和"突变"。康有为主张政治、经济、教育、卫生、军事各方面都立即学习西方，使"庶政尽举，民心知戴"。④ 他认为非全变、骤变不为功。他说洋务派之失在于，"大率就一二事上变之，

---

① 《拟上皇帝书》，《严复集》第一册，第69页。
② 《拟上皇帝书》，《严复集》第一册，第77页。
③ 《辟韩》，《严复集》第一册，第34、35页。
④ 《上清帝第五书》，《康有为政论集》上册，第207页。

而不就本原之法变之，故枝枝节节，迄无寸效"。① 按他的方法变法，"若以中国之广土众民，近采日本，三年而宏规成，五年而条理备，八年而成效举，十年而霸图定矣"。② 严复则预计，中国欲达富强至少尚需六十年。③ 时间上的差距，表明严、康二人，一个有渐进思想，一个持突变观念。

严复热衷于"教育救国"，因而他对新兴教育事业极力支持。1896年，清朝授权严复在天津创办一家俄文馆，并任总办。俄文馆课程的设置、教师的聘请以及馆内其他工作，都由他亲自负责。1898年，严复曾两次应约，前往张元济在京创办的通艺学堂，为学生"考订功课，讲明学术"，"演讲西学源流旨趣，并中西政教之大源"。来听他讲课者，"除本学堂肄业诸生外，京官之好学者，相约听讲，不期而集者数十人"。于是"严（复）观察登台说法，口讲指画数点钟之久，孜孜不倦"。听众"有闻其绪论者，退而语人曰：西人之精义妙道，乃至如此，此真吾辈闻所未闻；或者严君别有心得，托之西人，亦未可知"。④ 严复对通艺学堂始终热情赞助，校名"通艺"二字即他所取；校中两名教习，教授英文、数学，其中一人就是他的族侄严君潜。在他的帮助之下，张元济将该校悉心打造成一个讲求西学、培养人才、设施俱全的新学堂。百日维新的一项重要措施就是创办京师大学堂，清廷曾一度决定以刑部主事张元济为总办，拟请严复为总教习。后因顽固守旧势力的阻挠，未能成为事实。但也可见，当时人们认为张元济、严复两人办理通艺学堂，具有一定经验，并且有资望来办理规模较大的京师大学堂。

---

① 康有为：《请御门誓众开制度局以统筹大局折》，《杰士上书汇录》卷二。

② 《进呈日本明治变政考序》，《康有为政论集》上册，第224页。

③ 《辟韩》，《严复集》第一册，第35页。

④ 参见《国闻报》光绪二十四年六月初三，中国近代史资料丛刊《戊戌变法》第3册，第412页。

　　戊戌维新的惨重失败，六君子洒血都门，使严复的心情极为悲痛。"伏尸名士贱，称疾诏书哀"[1]这两句诗，明确表明了他对六君子牺牲及光绪帝被囚禁的无比愤慨。但相对其他的维新派人物或被捕杀，或流亡异域而言，严复当时却安然无恙。究其原因，一说是荣禄袒护他，一说是他所办的《国闻报》背后有日本人支持，因而慈禧、荣禄未对严复轻举妄动。这些因素也许发生了作用，不过如就当时严复个人的情形来说，他与康、梁为代表的维新派并无密切的组织联系，思想上也有一定距离，行动上更无密切合作，他在政变后平安过关，自然也就不难理解了。

---

　　[1]　《戊戌八月感事》，《严复集》第二册，第414页。

第三章　辛苦移译：近世西学第一人

> "一名之立，旬月踟蹰；我罪我知，是存明哲。"严译的书所以能成功，大部分是靠着这"一名之立，旬月踟蹰"的精神。有了这种精神，无论用古文白话，都可以成功。
>
> ——胡适《五十年来中国之文学》

近代中国是中西文化激烈冲撞和相互交汇的时代，这个时代的中国文化、艺术和思想都发生了前所未有的变革，大量译介外国作品、介绍西方的科学知识和思想理论是当时知识界的一项重要活动。严复和林纾便是 19 世纪末 20 世纪初最负盛名的翻译家。1896 年，林纾翻译了法国文学家小仲马的小说《巴黎茶花女遗事》，使中国读者了解到西方大都市中青年男女的情感生活；1897 年，严复在《国闻汇编》上连载他所译的赫胥黎的《天演论》，让中国知识分子接触到当时最新的西方思想。两人都获得了巨大的成功。故康有为在一首诗中说："译才并世数严林。"① 对这个评价，严、林两人皆有异议。林纾虽译了170 多种外国文学作品，但他不屑于做个"翻译徒"，自许是古文高手，而康有为和后人却偏偏赞赏他的"译才"。严复则认为"康有为胡闹，天下哪有一个外国字不识的'译才'，自己真羞与为伍"。② 的确，

---

① 康有为：《林琴南先生写万木草堂图，题诗见赠，赋谢》，载《庸言》1913 年 3 月第 1 卷第 7 号"诗录"。

② 钱锺书：《林纾的翻译》，《旧文四篇》，上海：上海古籍出版社，1979 年版，第 92 页。

他所译的那些西方理论名著，别说不识外文的文人不能翻译，就是一般译才也无法胜任。严复的辩白是可以理解的，就他本人在近代翻译史上的地位及其贡献而言，确实是同时代的其他翻译家所无法匹敌的。

一 译事楷模，西学泰斗

严复在中国近代文化思想史上之所以拥有显赫的地位，很大程度与他对西学的译介分不开。梁启超曾指出，19 世纪末 20 世纪初，"时独有侯官严复，先后译赫胥黎《天演论》、斯密亚丹《原富》（*Inquiry into the Nature and cause of the Wealth of Nations*）、穆勒约翰《名学》《群己权界论》（*On Liberty*）、孟德斯鸠《法意》（*Del.espritdes Lois*）、斯宾塞《群学肄言》等数种，皆名著也。虽半属旧籍，去时势颇远，然西洋留学生与本国思想界发生关系者，复其首也"。[1] 五四运动前夕，鲁迅在一篇杂文中以热情的言辞称道严复"是一个 19 世纪末年中国感觉锐敏的人"。[2] 鲁迅所指的"感觉锐敏"，既不是指严复在康有为、梁启超"公车上书"以前，就写过批判封建专制、提倡实行民主政治的《论世变之亟》《救亡决论》《原强》及《辟韩》等文，也不是指严复与夏曾佑一起写过《国闻报馆附印说部缘起》，驳斥传统士人把小说贬低为"小道"的错误观点，高度评价了小说对天下人心风俗的影响超于经史之上，提高了小说的文学地位。它是指严复"先前认真的译过好几部鬼子书"，[3] 从而奠定了他在中国近代文化史上的地位。胡适谈及 19 世纪后半期中国知识界的情况时，也推许"严复是介绍

---

① 梁启超：《清代学术概论》，《梁启超论清学史二种》，第 80 页。
② 鲁迅：《热风·随感录二十五》，《鲁迅全集》第 1 卷，北京：人民文学出版社，1981 年版，第 295 页。
③ 鲁迅：《花边文学·趋时和复古》，《鲁迅全集》第 5 卷，第 536 页。

西洋近世思想的第一人"。① 毛泽东在总结中国近代民主革命经验时，也把严复和洪秀全、康有为、孙中山并列，称之为"在中国共产党未出世以前向西方寻求真理的一派人物"。② 近人对严复在译介西方思想中的先导作用都给予了充分的肯定。

的确，从维新变法运动（1898）到辛亥革命爆发（1911）以前的十余年间，也即在严复一生中精力最旺盛、学问造诣最为宏厚、思想和认识最为成熟的年代里，他将其主要精力投入翻译 18、19 世纪西方政治学、经济学、社会学、法学、哲学、逻辑学诸方面的代表性作品上，向中国知识分子系统地介绍了"西学"的精华，即其所说的西学"命脉之所在"。③ 他的这些具有成效的翻译工作，不仅使当时中国人耳目为之一新，发现了一片新的文化天地，而且为中国学术的更新和中国近代社会科学的创建奠定了重要基础。

现有的材料表明，严复共翻译了八部西方名著，时人称"严译名著"，1931 年、1981 年商务印书馆曾两度汇集出版，现据有关资料，将严复译著的大致情况列表如下：

书名	作者	原书出版年份	译述时间	译文出版时间（最初）	出版情况	字数
天演论（*Evolution and Ethics*）	赫胥黎（T.H. Huxley）	1894 年（英国）	1896 年	1897 年 12 月	1897 年 12 月—1898 年 2 月以《天演论悬疏》为名（署侯官严复达旨）在《国闻汇编》第 2、4—6 册刊载。1898 年 4 月题名《天演论》，由湖北沔阳卢氏慎始基斋木刻出版。1898 年 10 月，《天演论》由侯官嗜奇精舍石印出版。1905 年，《天演论》由商务印书馆排印出版。	近 6 万字（其中按语 30 条，约 1.7 万字）

① 胡适：《五十年来之中国文学》，《胡适文存二集》，上海：亚东图书馆，1924 年，第 113 页。
② 毛泽东：《论人民民主专政》，《毛泽东选集》第四卷，北京：人民出版社，1968 年 12 月版，第 1358 页。
③ 《论世变之亟》，《严复集》第一册，第 2 页。

（续表）

书名	作者	原书出版年份	译述时间	译文出版时间（最初）	出版情况	字数
群学肄言（*Study of Socliology*）	斯宾塞（H.Spencer）	1873年（英国）	1897—1903年	1897年12月	1897年12月—1898年1月题名《劝学篇》，载《国联汇编》第1、3、4册。1901年，《劝学篇》第一篇由南昌读有用书之斋作为"侯官严氏丛刻本"木刻出版。1902年，《群学》（即《劝学篇》）由杭州史学斋铅印出版。1903年4月，以《群学肄言》为书名，分4册由上海文明编译书局出版。同年，《订正群学肄言》由上海商务印书馆出版。	
支那教案论（*Missionaries in China*）	宓克（Alexand Michie）	1891年	1892年	1899年4月	由上海南洋公学译书院出版。	
原富（*Inquiry into the Nature and cause of the Wealth of Nations*）	亚当·斯密（Adam Smith）	1776年（英国）	1897—1900年	1901—1902年	分八册，由上海南洋公学（上海交大前身）译书院陆续出版。	约55万字（其中按语300余条，约8万字）
群己权界论（*On Liberty*）	穆勒（J.S.Mill）	1859年（英国）	1899年	1903年9月	由上海商务印书馆出版。	约8万字
社会通诠（*History of Politics*）	甄克思（E.Jenks）	1900年（英国）	1903年	1904年1月	由上海商务印书馆出版。	约11万字（其中按语18条，约4000字）
英文汉诂（*English gramma rexplained in Chinese*）	据英人马孙摩杰思等			1904年	由上海商务印书馆出版。	
穆勒名学（*A System Of Logic*）	穆勒（J.S.Mill）	1843年（英国）	1900—1902年	1905年	由金陵蒯氏金栗斋木刻出版前半部。1912年，由商务印书馆分三册铅印出版。1959年，三联书店出了新的标点本。	约29万字
法意（*DeL. espritdes Lois*）	孟德斯鸠（Baron de Monte squien）	1743年（法国）	1900(?)—1909年后	1904—1909年	分七册，由上海商务印书馆陆续出版。	约52万字
名学浅说（*Primer of Logic*）	耶方斯（W.S.Jevons）	1870年	1903年	1909年	由上海商务印书馆出版。1959年，三联书店出了新的标点本。	

书名	作者	原书出版年份	译述时间	译文（最初）出版时间	出版情况	字数
中国教育议	卫西琴（A. Westharp）			1914 年	载《庸言报》第2卷第3、4期。 同年，先后由天津庸言报馆和上海文明书局出版。	
欧战缘起	根据外国报刊的消息和社论编译			1915 年	载于送呈袁世凯阅览的资料集《居仁日览》，非卖品。	
《严译名著丛刊》（共八种）				1931 年	由商务印书馆汇集严译名著八种（《天演论》《原富》《群学肄言》《群己权界论》《社会通诠》《法意》《名学》《名学浅说》）而成。 1981 年重印，经校勘，并改为新式标点。	

在严复翻译的著作中，影响最大、使他最负盛名的，当推他所翻译的第一本书——《天演论》。它是英国生物学家赫胥黎的论文，可译为《进化与伦理学》，其主要内容是宣传生物进化论。可以说，进化论之输入中国，是从严复翻译该书开始。《天演论》译成出版后，立刻轰动一时，在社会上产生巨大的反响。一年内，即出现了湖北沔阳木刻刊行的版本和天津嗜奇精舍的石印版本。1905 年商务印书馆出版后，到 1921 年就印行了二十版。这本书对社会影响之广，渴求新思想的人士对此书倾慕之热情，由此可见一斑。在晚清文坛据有重要地位的桐城派古文大家吴汝纶阅读了译稿后，倾倒之情油然而生，他致书严复说：

> 得惠书并大著《天演论》，虽刘先主之得荆州，不足为喻。比经手录副本，秘之枕中。盖自中土翻译西书以来，无此宏制。匪直天演之学，在中国为初凿鸿濛，亦缘自来译手，无似此高文

雄笔也。[①]

> 前读《天演论》，以赫胥氏名理，得我公雄笔，合为大海东西奇绝之文，爱不忍释，老懒不复甄录文字，独此书则亲书细字，录副袭藏，足以知鄙人之于此文，倾倒至矣！[②]

吴汝纶欣然为严译《天演论》作序文。至于当时维新派的其他人物，更是对它称羡不已。康有为一向自视甚高，目空一切，但从梁启超处看到《天演论》译稿后，亦谓"眼中未见此等人"，承认严译《天演论》为"中国西学第一者也"。梁启超一直钦佩严复，他是较早读到《天演论》译稿的人，随后推荐给康有为看，《天演论》还未正式出版，他就加以宣传，并根据《天演论》做文章。所以，《天演论》在正式出版之前，就已誉满主张维新的士大夫间。及至1898年出版以后，其社会影响就更深远了。当时，小学教师往往拿这本书作为课堂教本，中学教师则用"物竞天择，适者生存"做作文题目，青年们也不顾长辈的反对，偷偷地阅读《天演论》。事实上，不过几年，《天演论》便变成志士仁人救国理论的根据，而"物竞天择""适者生存"等新名词，也成了社会上最流行的口头禅。许多人甚至将这些名词作为他们自己或子女的名字。胡适、鲁迅对这段心路历程有很生动的描绘，胡适在《四十自述》中说：

> 《天演论》出版之后，不上几年，便风行到全国，竟做了中学生的读物了。读这书的人，很少能了解赫胥黎在科学史和思想史上的贡献。他们能了解的只是那"优胜劣败"的公式在国际政

---

① 《吴汝纶致严复书（二）》，《严复集》第五册，第1560页。
② 吴生编：《桐城吴先生（汝纶）日记》"西学下第九"，《近代中国史料丛刊》第三十七辑，台北：文海出版社，1969年版，第703页。

治上的意义。在中国屡次战败之后，在庚子辛丑大耻辱之后，这个"优胜劣败"的公式，确是一种当头棒喝，给了无数人一种绝大的刺激。几年之中，这种思想像野火一样，延烧着许多少年人的心和血。"天演""物竞""淘汰""天择"等等术语，都渐渐成了报纸文章的熟语，渐渐成了一班爱国志士的"口头禅"。还有许多人爱用这种名词做自己或儿女的名字，陈炯明不是号竞存吗？我有两个同学，一个叫做孙竞存，一个叫做杨天择。我的名字也是这种风气底下的纪念品。[①]

鲁迅回忆自己少时在南京求学的情形：

> 看新书的风气便流行起来，我也知道了中国有一部书叫《天演论》。星期日跑到城南去买了来，白纸石印的一厚本，价五百文正。翻开一看，是写得很好的字，开首便道：
> "赫胥黎独处一室之中，在英伦之南，背山而面野，槛外诸境，历历如在几下。乃悬想二千年前，当罗马大将恺撒未到时，此间有何景物？计惟有天造草昧……"
> 哦！原来世界上竟还有一个赫胥黎坐在书房里那么想，而且想得那么新鲜？一口气读下去，"物竞""天择"也出来了，苏格拉第、柏拉图也出来了，斯多噶也出来了。[②]

胡适、鲁迅的上述回忆，颇具代表性，同时期大多数青年知识分子都经历了类似的思想历程。一句话，《天演论》是 19 世纪末 20 世纪初启蒙中国青年的理论教科书。

---

① 胡适：《四十自述·在上海（一）》，上海：亚东图书馆，1947 年第 8 版，第 99 页。
② 鲁迅：《朝花夕拾琐记》，《鲁迅全集》第 2 卷，北京：人民文学出版社，1981 年版，第 295、296 页。

　　为什么严译《天演论》能成为一本畅销书，能在当时产生轰动一时的社会效应？康有为赋诗"译才并世数严林"，林纾翻译的作品体裁是小说，自然容易引起读者的兴趣，而严复所译则都是理论著作，不是消遣读物，但它同样吸引了相当数量的读者，并引起人们严肃认真的思考，其故安在？这得从19世纪下半期西学输入状况谈起。在《天演论》出版以前，人们所接触到的西学书籍，只是江南制造局和广学会传教士所出版的一些译著，它们大致分为三类："第一类是宗教的书，最重要的是《新旧约全书》的各种译本。第二类为科学和应用科学的书，当时称为'格致'的书。第三类为历史、政治、法制的书，如《泰西新史揽要》《万国公法》等书。"① 这些书当然不能满足人们追求新知、了解世界大势的要求。甲午战争以后，从鸦片战争以来积累的民族矛盾，已使人们对中国的前途和命运深感忧虑，恰好在《天演论》出版的那一年——1898年，德国、沙俄、英国、法国、日本等帝国主义国家争先恐后地掠夺"势力范围"，要求租借地与筑路权，中国面临西方列强"瓜分豆剖"的严重局面。中国的每一个爱国志士都不禁要提出这么一个问题：中国是真的要亡国了吗，还是可以奋发图强、重新振兴呢？《天演论》就回答了这一问题。它告知人们：中国面临真正的民族危机，因为侵略中国的国家，无论在德、智、力诸方面，都要比中国具有优势，根据《天演论》中"优胜劣败"的规律，中国将要灭亡了！但是该书又诱导人们：人们只要"任天而治"，按照历史规律运动，迈上近代化的轨道，人治日新，国家就可永存，种族就可免于灭亡之险。严复借着《天演论》的翻译而呼吁：只要发愤自强，中国仍可得救，存亡生死之权仍旧操之于我。《天演论》就这样在民族危难中敲起了"救亡"的警钟。

　　但是仅有外部的社会氛围是不够的，如果没有严复在翻译上所下

---

　　① 胡适：《五十年来中国之文学》，《胡适文存二集》卷二，第113页。

的工夫，要在读者中产生深刻影响并满足他们的好奇心也不易做到。我们先从微观上找一个例子，也许有助于我们对严译的认识。当代著名翻译家王佐良先生曾将严译《天演论》与赫胥黎原著作了比较，发现严复对原著作了戏剧化的文字处理，试以开场白为例，译著为：

> 赫胥黎独处一室之中，在英伦之南，背山而面野，槛外诸境，历历如在几下。乃悬想二千年前，当罗马大将恺撒未到时，此间有何景物？计惟有天造草昧，人功未施，其借征人境者，不过几处荒坟，散见陂陀起伏间。无灌木丛林，蒙茸山麓，未经删治如今日者，则无疑也。

再看原文：

> It may be safely assumed that，two thousand years ago，before Caesar set foot in southern Britain, the whole countryside visible from the windows of the room in which I write，was in what is called "the state of Nature". Except, it may be，by raising a few sepulchral mounds，such as those which still，here and there，break the flowing contours of the downs，mans hands had made no mark upon it; and the thin veil of vegetation which overspread the broad-backed heights and the shelving sides of the combs was unaffected by his industry.

两相对照，就可以发现严复是把整段原文拆开而照古文习见的方式重新组句，原文里的复合长句在译文里变成了若干平列短句，主从关系不见了，读起来反而更加流畅，原文里的第一人称"I"在译文里变成了第三人称"赫胥黎"，这就使译文读起来像中国古代的说部与史书，史书的开头往往是太史公曰、臣光曰之类。再从风格上看，原文系理论著作，故开头就一本正经，而译文则比较戏剧化，将人们置身于某种历史场景之中。严复之所以要作这样的文字处理，其中一个原因是他要把此书译成一本有强烈的历史意识的著作，所以他也就调动他所掌握的种种风格手段来增强读者的历史感。这对于一部纵论人类亿万年来通过物竞天择的无情斗争而演化到今天的重要著作，无疑是完全适合的。①

从整体上来把握严复的翻译，它确实不同于一般的译品，其超出同侪之处表现在：第一，严复对于原著有一番严格的审读和研究。严复是一位启蒙思想家，他译书的目的就是借助译介"西学"的声势，沟通中西文化，宣传自己的思想主张，启迪人们走上救亡图存的道路。他在《天演论》的序中如是说："风气渐通，士知弇陋为耻。西学之事，问涂日多。然亦有一二巨子，诋然谓彼之所精，不外象数形下之末；彼之所务，不越功利之间。逞臆为谈，不咨其实。讨论国闻，审敌自镜之道，又断断乎不如是也。"这是他的卓识。"自从《天演论》出版（1898）以后，中国学者方才渐渐知道西洋除了枪炮兵船之外，还有精到的哲学思想可以供我们的采用。"② 第二，严复翻译的著作都是反映西方资本主义社会政治、经济及其价值观念中富有代表性的作品，它们共同构筑了一个比较系统的思想体系，大体反映了资本主义社会的文化背景和理论基础。这对中国人认识西方，看清世界大势，具有震撼心灵的启蒙作用。因此，严复不是一般意义上的翻译家，胡适称其为"介绍西洋的近世思想的第一人"，可谓恰如其分。

严复译书不仅以启蒙为职志，而且将之作为一项学术工作来做。凡与原书有关的书，他都涉猎。他所作按语，旁征博引，解说详明，

---

① 参见王佐良：《严复的用心》，载商务印书馆编辑部编《论严复与严译名著》，北京：商务印书馆，1982 年版，第 23—25 页。

② 胡适：《五十年来中国之文学》，《胡适文存二集》卷二，第 114 页。

或批评原著，或阐发意旨，或触类旁通，或中西对比。这对读者理解原著和译者的思想，自然有极大的帮助。"通观翻译史上，关于选择原书一层，处处顾到，如像严复的，实未之见。"①

作为一个翻译家，严复被人们称誉且被后人引为典范的还有他一丝不苟的翻译态度。严复译著不多，字数也不过一百七十多万字，②他所译的八种著作，只有《原富》《法意》《群学肄言》《社会通诠》四书系取原书全译。《群己权界论》不过是长篇论文。《天演论》也只是赫胥黎著《进化论与伦理学》中的导论和其中两节。至于《穆勒名学》尚不及原书一半。故严氏的译本与同时期林纾的译书相比，在数量上明显见少。但在质的方面，林纾的译作却绝不可与严译同日而语，这也是严复羞与林纾为伍的原因。如从翻译的态度和译品的高低比较林、严两人，严复也远在林纾之上。严复译书，字字推敲，句句勘酌，可谓煞费苦心，以他自己的话说就是"一名之立，旬月踟蹰""字字用戥子称出"，用功之精尤为后人所推重。他自己提出"信、达、雅"的翻译标准，常被后人称道，在近代翻译史上，几乎成为一个不可移易的翻译原则。严复首次系统谈及自己的翻译观时，有一精辟的见解：

译事三难，信、达、雅。求其信已大难矣。顾信矣不达，虽译犹不译也，则达尚焉。

……此在译者将全文神理，融会于心，则下笔抒词，自然互备。至原文词理本深，难于共喻，则当前后引衬，以显其意。凡此经营，皆以为达，为达即所以为信也。

《易》曰："修辞立诚。"子曰："辞达而已。"又曰："言之无文，行之不远。"三者乃文章正轨，亦即为译事楷模。故信、

① 贺麟：《严复的翻译》，《论严复与严译名著》，第32页。
② 据王栻《严复与严译名著》一文统计。

达而外，求其尔雅。此不仅期以行远已耳。实则精理微言，用汉以前字法、句法，则为达易；用近世利俗文字，则求达难，往往抑义就词，毫厘千里。审择于斯二者之间，夫固有所不得已也，岂钓奇哉！①

严复提出的这三个标准，虽少有人能做到，但对中国近现代翻译界的影响极大，在此之后从事翻译工作的人几乎都不免以之为标准来要求自己。

严复本人的译作是否已做到信、达、雅兼备呢？他每译一书是否忠实地遵守自定的标准呢？后人对此臧否不一。最早对他的译著作出评价的是吴汝纶，他说："今西书虽多新学，顾吾之士以其时文、公牍、说部之词，译而传之，有识者方鄙夷而不知顾，民智之瀹何由？此无他，文不足焉故也。文如几道，可与言译书矣。……今赫胥黎氏之道……严子一文之，而其书乃骎骎与晚周诸子相上下，然则文顾不重耶。"② 对严氏译文大加赞赏。

蔡元培先生认为："他（指严复）的译文，又都是很雅驯，那时候的学者，都很读得下去。所以他所译的书，在今日看起来，或嫌稍旧；他的译笔，也或者不是普通人所易解。但他在那时候选书的标准，同译书的方法，至今还觉得很可佩服的。"③ 承认严译在当时雅而且达，但或非今日普通人所易解。

胡先骕说："严氏译文之佳处，在其殚思竭虑，一字不苟，'一名之立，旬月踟蹰'。故其译笔信雅达三善俱备。吾尝取《群己权界论》《社会通诠》，与原文对观，见其义无不达，句无剩义。……要

---

①　《天演论·译例言》，《严复集》第五册，第 1321、1322 页。

②　吴汝纶：《天演论·吴序》，《严复集》第五册，第 1318 页。

③　《五十年来中国之哲学》，载高平叔编《蔡元培全集》第四卷，北京：中华书局，1984 年版，第 351、352 页。

为从事翻译者永久之模范也。"①

王佐良对严复的翻译给予了高度评价。他认为:"在翻译实践上,严复不斤斤于求得与原文的形似,而着意使译文合乎中国古文传统的体式。例如他翻译赫胥黎的《天演论》,往往以单句译复句,以平列代主从,改第一人称为第三人称,化平实的叙述为生动的敷演,用意在于以传统的史家笔法移译这部论人类进化的名著,以增强读者的历史感。另一方面,严复对于科学术语的翻译则勇于创新,而又丝毫不苟。他所立的某些译名一直沿用至今。"②

否定严译的也大有人在。傅斯年就说:"严几道先生译的书中,《天演论》和《法意》最糟……这都因为他不曾对于原作者负责任,他只对于自己负责任。"又说,"严几道先生那种'达旨'的办法,实在不可为训,势必至于改旨而后已。"③

张君劢对严译批评道:"以古今习用之语,译西方科学中之义理。故文字虽美,而义转歧混。"又说,"总之,严氏译文,好以中国旧观念,译西洋新思想,故失科学家字义明确之精神。"④

上述对严译评价的歧议,与其说是对严译本身的争议,不如说是对翻译标准的看法不同,倾向意译的肯定严译的价值,坚持直译的则否定严译的路子。关于翻译标准的争论,即意译与直译的争论,一直延续到当代,至今难分轩轾。但严译在文坛的影响力却是不争的事实。

不管人们如何评判严译,严复自己确曾对译作下了很大的工夫和气力,他称自己译书"步步如上水船,用尽气力,不离旧处,遇理解

---

① 贺麟:《严复的翻译》,《论严复与严译名著》,第 33 页。

② Wang Zuoliang(王佐良):*Two Early Translatiors Reconsidered*,《外语教学与研究》1981 年第 1 期。

③ 傅斯年:《译书感言》,原载 1919 年 3 月 1 日《新潮》第 1 卷第 3 号。

④ 张嘉森:《严氏复输入之四大哲学家学说及西洋哲学之变》,申报馆《最近五十年》,上海:申报馆,1923 年版,第 1 页。

奥衍之处，非三易稿，殆不可读。而书出以示同辈，尚以艰深为言；设其轻心掉之，真无一字懂得矣"。①凭借他深邃的思想见解、深厚的中西文字功底和锲而不舍的勤奋精神，他的译作也非一般译者所能几及。后人在论及近代中国文学史、哲学史、思想史、学术史时，都不能不给严译名著留下一个重要的位置。鲁迅对此深有感触地说："现在严译的书都出版了，虽然没有什么意义，但他所用的工夫，却从中可以查考。据我所记得，译得最费力，也令人看起来最吃力的，是《穆勒名学》和《群己权界论》的一部作者自序，其次就是这论，后来不知怎地又改称为《权界》，连书名也很费解了。最好懂的自然是《天演论》，桐城气息十足，连字的平仄也都留心。摇头晃脑的读起来，真是音调铿锵，使人不自觉其头晕。这一点竟感动了桐城派老头子吴汝纶，不禁说是'足与周秦诸子相上下'了。"②历来对文言文持贬责态度的胡适也认为严译是功力之作，他说："严复的英文与古中文的程度都很高，他又很用心，不肯苟且，故虽用一种死文字，还能勉强做到一个'达'字。他对于译书的用心与郑重，真可佩服，真可做我们的模范。他曾举'导言'一个名词作例，他先译'卮言'，夏曾佑改为'悬谈'，吴汝纶不赞成；最后他自己又改为'导言'。他说，'一名之立，旬月踟蹰；我罪我知，是存明哲'。严译的书，所以能成功，大部分是靠着这'一名之立，旬月踟蹰'的精神。有了这种精神，无论用古文白话，都可以成功。后人既无他的功力，又无他的精神；用半通不通的古文，译他一知半解的西书，自然要失败了。"③又说，"严复的译书，有几种——《天演论》《群己权界论》《群学肄言》——在原文本有文学的价值，他的译本在古文学史也应该占一个很高的地位。"

---

① 《与张元济书（二）》，《严复集》第三册，第527页。
② 鲁迅：《二心集·关于翻译的通信》，《鲁迅全集》第4卷，第380、381页。
③ 胡适：《五十年来中国之文学》，《胡适文存二集》卷二，第116页。

严复在谈到《天演论》的翻译过程时，也说："不佞此译，颇贻艰深文陋之讥，实则刻意求显，不过如是。"[①] 又称，"海内读吾译者，往往以不可猝解，訾其艰深，不知原书之难，且实过之，理本奥衍，与不佞文字固无涉也。"[②] 他所附加的按语小注，也有助于读者对原著的了解。他有一部分译作，如《天演论》《原富》等，偏重意译，对此他有明白交代。"译文取明深义，故词句之间，时有所傎到附益，不斤斤于字比句次，而意义则不倍本文。"又承认这种译法不可为训，"题曰达旨，不云笔译，取便发挥，实非正法"。[③] 这种实事求是的态度，也可说不背"信"字；他另一部分译作，如《群学肄言》，略近直译，较少讥议。

　　严复对自己的译作颇为自负。《天演论》出版后一年，他说："有数部书，非仆为之，可决三十年中无人为此者。"事实也确是这样，严译名著问世前，没有一本适应时代需要的"新学"书出现。以后，严译《原富》《法意》等西方名著也长期不见新译本问世。由此我们也不难得出结论，严复在中国近百年的翻译史上是系统译介西方近世名著的第一人。他的译著、他在翻译方面的理论观点和实践经验，是我国翻译工作者的一笔宝贵遗产。

二　严译展现的"西学"世界

　　严复翻译西方名著，是经过一番慎重考虑和精审才定夺译著，故每译一书都含有其深刻的用意。或根据时势的需要，对症下药；或选择他所信奉的理论原著，为之布道；或填补士人阶层的知识空白，提倡新知。他绝不是无的放矢，视翻译为玩意儿。蔡元培先生对此曾分

---

① 　《天演论·译例言》，《严复集》第五册，第 1322 页。
② 　严译名著丛刊《群己权界论》译凡例，北京：商务印书馆，1981 年版，第 3 页。
③ 　《天演论·译例言》，《严复集》第五册，第 1321 页。

析道："严氏译《天演论》的时候，本来算激进派，听说他常常说'尊民叛君，尊今叛古'八个字的主义。后来他看得激进的多了，反有点偏于保守的样子。他在民国纪元前九年，把他四年前旧译穆勒的 *On Liberty* 特避去'自由'二字，名作《群己权界论》。又表示他不赞成汉人排满的主张，译了一部甄克思的《社会通诠》，自序中说'中国社会，犹然一宗法之民而已'。严氏介绍西洋哲学的旨趣，虽然不很彻底，但是他每译一书，必有一番用意。"[①] 严复自己也毫不掩饰这一点，他为译著《原富》所写的"译事例言"，就是一个明证：

> 计学以近代为精密。乃不佞独有取于是书，而以为先事者，盖温故知新之义，一也；其中所指斥当轴之迷谬，多吾国言财政者之所同然，所谓从其后而鞭之，二也；其书于欧亚二洲始通之情势，英法诸国旧日所用之典章，多所纂引，足资考镜，三也；标一公理，则必有事实为之证喻，不若他书勃窣理窟，洁净精微，不便浅学，四也。[②]

这是严译的一个特色，也是他的译著在当时取得巨大影响的一个重要原因。

有趣的是，作为中国启蒙思想家的严复，他所选择的西方名著，大都并非17、18世纪西方启蒙思想家（孟德斯鸠除外）的理论著作，而是19世纪西方社会进化论、自由主义经济学理论、功利主义和实证主义的代表作。这些理论是西方社会工业化后的产物，它们与其说是对启蒙理论的发展，不如说是对启蒙思想的反动。严复信奉他们的思想，自然也对西方启蒙思想家（特别是卢梭的学说）持贬斥的态度。

---

① 蔡元培：《五十年来中国之哲学》，《蔡元培全集》第四卷，第353页。
② 严译名著丛刊《原富》上册，第9页。

严复的这一思想特点，亦即用西方的后启蒙思想的理论作中国的思想启蒙，对中国社会的影响如何，我们暂且不论，但它多少表明了中国近代思想发展的早熟。后来"五四"新文化人在从事启蒙工作时，也带有这一特点。

赫胥黎《进化论与伦理学》出版于1894年。严复翻译该书当在1896年，正式出版于1898年，为湖北沔阳卢氏慎始基斋本。该书从翻译到定稿，前后共经三年时间，其中又有多次修改，内容变化很大。不仅表现在文字的增删、润色上，更重要的是表现在严复为该书所加的大量按语中。现存中国历史博物馆的《天演论》手稿及陕西"味经"本《天演论》，就是严复早期的翻译品，其中卷上《厄言》十八篇，没加严复一条按语，而慎始基斋本却把十八篇《厄言》改名为《导言》，并增加了十六条按语。手稿卷下有《论》十七篇，按语九条（其中一条为补写）；慎始基斋本则有按语十二条，比手稿多三条。就研究严复的思想来说，我们应主要依据严复的按语。严复翻译是以"信""达""雅"为原则，因而严复所译《天演论》与原著《进化论与伦理学》相比，文句次序虽有所不同，但没有违背赫胥黎的本意。至于严复如何看待赫胥黎的思想，则只能通过他所附加的按语表现出来。严复在《译例言》中对自己所加按语的原因亦有所交代："今遇原文所论，与他书有异同者，辄就之剪陋所知，列入后案，以资参考。间亦附以己见。"那么，严复在《天演论》按语中究竟是如何阐述自己思想的呢？

严复表明了自己推崇斯宾塞"天人会通论"的思想倾向，称赞它思想宏阔、结构严谨，"举天、地、人、形气、心性、动植之事而一贯之"，是欧洲晚近的绝作。严复认为，斯宾塞把进化论思想从生物学领域推广到"农商工兵，语言文学之间"，从自然领域推广到社会生活，揭示了人群进化的"公例"。这一公例就是"国之强弱贫富治乱者，其民力、民智、民德三者之征验也，必三者既立而后其政法从之。于是一政之举，一令之施，合于其智、德、力者存，违于其智、德、力者废"①"未有三者备而民生不优，亦未有三者备而国威不奋者也"。② 根据这一公例，严复看到今日中国在物竞激烈的世界中已处于劣势地位，面临亡国灭种的危险，民智、民力、民德都不如西方资本主义列强，这正是中国积弱不振的根源。

既然严复赞扬斯宾塞的观点，为什么却借助赫胥黎的著作来宣传他的思想呢？众所周知，1859 年达尔文发表震动世界的名著《物种起源》，提出进化论理论，开创了近代生物学。此后，进化论思想迅速在西方知识界传播。赫胥黎等英国生物学家成为这一学说的坚决捍卫者，斯宾塞则受启于生物进化论，将之扩展到人类社会生活领域，1862 年，他发表《第一原理》(*First Principles*)；1896 年最终完成了"综合哲学体系"（*A System of Synthetic Philosophy*），成为社会达尔文主义的主要代表。严复留学英国期间及其学成归国后，一直专注于进化论的探讨。在进化论理论学说中，严复对它有关人类行为的描述有着浓厚的兴趣，而对其生物学方面的阐说并不重视，斯宾塞的著作自然成了他热衷的读物。斯宾塞"综合哲学体系"中的《第一原理》、《生物学原理》（*The Principles of Biology*）、《社会学原理》和《伦理学原理》（*The Principles of Ethics*）等书，严复都曾涉猎过。

只是"综合哲学体系""卷帙綦繁，移译之功更巨"③"其文繁衍奥博"④，又涉及哲学、物理、化学、生物、心理、社会、伦理、逻辑等许多学科，"以其书之深广，而学者之难得其津涯也"。⑤ 翻译如此庞杂的著作，对严复来说确实十分艰辛。即便是翻译"综合哲学体系"中的一部《社会学原理》，严复也认为"斯宾塞《群学》乃

---

① 《原强修订稿》，《严复集》第一册，第 25 页。
② 《原强修订稿》，《严复集》第一册，第 18 页。
③ 《与汪康年书（三）》，《严复集》第三册，第 507 页。
④ 《天演论·卷上·导言二 广义》，《严复集》第五册，第 1327 页。
⑤ 《译〈群学肄言〉自序》，《严复集》第一册，第 123 页。

毕生精力之所聚，设欲取译，至少亦须十年，且非名手不办"。① 因此像斯宾塞"综合哲学体系"这样的"大书"，"移译之功更巨"② "不可猝译"③。严复对翻译的审慎限制了他对译书的选择。所以他除了在《国闻报》上发表了两章《群学肄言》的译文外，对斯氏的其他著作都不敢贸然动手翻译。

鉴于上述原因，严复只好另找一部介绍达尔文主义的著作，以实现自己的夙愿。有趣的是，赫胥黎的《天演论》满足了严复的要求。首先，赫胥黎的这部著作以"简短、生动和几乎是诗一般的描述"，论述了达尔文的理论要旨，这便于严复借题发挥。其次，赫胥黎的这部著作着重对人类处境进行探讨。它几乎涉及了人类思想的全部历史，从古代希腊、罗马的哲学思想到近代西方的各种思想流派，再到古代东方印度的佛教，都被纳入他的理论框架中加以讨论。赫胥黎的彻底反斯宾塞的基本精神为严复提供了一个捍卫斯宾塞观点的绝妙机会。所以，严译《天演论》即由两部分组成：赫胥黎著作的意译和用来反对赫胥黎"斯宾塞观"的评注。④

赫胥黎反对将宇宙进化的理论运用到社会政治领域，提倡人类伦理观，强调社会的发展并非一个自然进化的过程，而是一个伦理进化的过程。而斯宾塞则认为进化是自然界不争之事实，而人世的仪礼，乃是人类的一种园艺工作，和宇宙发展过程并不相悖。严复赞成斯宾塞的理论，在宗教观、宇宙观、伦理观和社会历史观上表露无遗；不管其态度是维护传统或反传统，他的思想都深深打上了斯宾塞主义的烙印。

---

① 《与张元济书（二）》，《严复集》第三册，第 527 页。

② 《与汪康年书（三）》，《严复集》第三册，第 507 页。

③ 《天演论·卷上·导言二 广义》，《严复集》第五册，第 1327 页。

④ Benjamin Schwartz, *In Search of Wealth and Power:Yen Fu and the West*（Cambridge, Mass.: The Belknap Press of Harvard University, 1964）, pp.101-103.

在宗教上，严复认为传统佛道或宋儒理学的义理，也就是他所称的"不可思议"与斯宾塞的"不可知论"（Unknowable）相通。斯宾塞认为世界一切复杂、异种、有组织的事物皆来自"不可知"，老子也表示"万物"皆源于"无"。虽然斯宾塞坚持有非人类的理智与语言所可触及的"不可知"，释迦牟尼也声称"奥谛"（Ultimate）乃不可言语，《道德经》开宗明义亦谓"道可道，非常道"。尽管如此，严复还是积极地去探索奥义的存在。

斯宾塞提倡"不可知论"，表明他已穷尽事物的奥理，因而拒斥一切"可知论"；严复提出"不可思议"，但其观点与斯氏稍有区别。他认为斯氏的"不可知论"即佛教之涅槃、宋儒理学的"万物本体"，达到了真正的宗教意境。他说"故世人不知，以谓佛道若究竟灭绝空无，则亦何有慕！而智者则知，由无常以入长存，由烦恼而归极乐，所得至为不可言喻"。① 对他来说，"不可思议"的观念会产生宁谧与慰藉的心情，亦是他汲取西方思想的一个准则。此时严复的内在世界存在两面性：一面倾向于寻求富强，崇尚活力、斗争、自强；一面又在一种根本否定整个现象世界及其运动的神秘世界里，寻求对痛苦生活的慰藉和逃避。

须加指出的是，对社会进化论的信仰和佛学的兴趣同时并存的大师，并非严复一人。与他同时代的人物，如康有为、梁启超、谭嗣同、章太炎、王国维等，都对佛学兴趣盎然，虽然彼此动机各不相同，不过似乎有一种动力驱使他们在儒学之外寻找依托，作为维系社会伦理的准则。

在宇宙观上，赫胥黎基于伦理的立场，认为宇宙完全漠视生灵万物；同时他也反对传统的基督教，因为基督教无视一个人的价值。同样是人，不应有适者与不适者之分，这正是他与斯宾塞的歧异之处。

① 严译名著丛刊《天演论》卷下，第 74 页。

严复从神秘的泛神论和社会达尔文主义出发，对赫胥黎的观点作了驳正。当他读到赫胥黎攻击"自然的非道德性"时，他记起了《老子》中"天地不仁，以万物为刍狗"这句名言。但19世纪西方人道主义并没有因此反对自然规律，而"老子所谓不仁，非不仁也，出乎仁不仁之数"。①老子的恻隐之心并非悲观，而是愉悦，他欲与永恒的"道"同一，而不愿随万物而幻灭。如果个人的生存并不具任何价值，那么赫胥黎反对"不可知论"的论点就不能成立，因此严复不能同意赫氏通过"微观世界的原子去发现无限宏观世界的基因"的论调，愿将斯宾塞的"不可知论"视为宗教、科学的源泉；在科学方面，他承认达尔文的"社会进化论"可以解释人类社会。

在社会观上，严复强烈反对赫胥黎将宇宙和人类进程相分割的观点，他认为，"赫胥黎保群之论，可谓辨矣。然其谓群道由人心善相感而立，则有倒果为因之病，又不可不知也。盖人之由散入群，原为安利，其始正与禽兽下生等耳，初非由感通而立也。夫既以群为安利，则天演之事，将使能群者存，不群者灭；善群者存，不善群者灭。善群者何？善相感通者是。然则善相感通之德，乃天择以后之事，非其始之即如是也。其始岂无不善相感通者？经物竞之烈，亡矣，不可见矣。赫胥黎执其末以齐其本，此其言群理，所以不若斯宾塞氏之密也"。②在这里，赫胥黎虽然承认"自我主义"（Self-assertion）在人类经济生活中所起的作用，不过他认为这是兽性的表现，必须以社会伦理的力量加以控制。然而斯宾塞却引导严复把人类自主的本能当作进化的动力而予以特别尊重。严复像斯宾塞一样，认可以社会道德推动群众和个人发挥潜能，实现自我价值，是人类进化必然的现象；他并没有以进化论来反对社会发展的现象，而是以社会存在的事实来确证进

---

① 严译名著丛刊《天演论》卷下，第61页。
② 《天演论·卷上·导言十三　制私》，《严复集》第五册，第1347页。

化论。

赫胥黎与斯宾塞之间的哲学争端，主要是围绕自然世界和人类社会的关系问题来展开。赫胥黎认为自然过程和社会过程是相互分离的，而斯宾塞则坚持将两者整合为一。他们两人的争议，使严复在思想中产生了许多熟悉的联想，他回忆起中国古代思想家们的争论，荀子和孟子不是也有过类似的争论？赫胥黎认为人类企图在宇宙间建立一套高超的伦理道德体系是徒劳无功的，这一观点颇似中国古代思想家荀子和柳宗元的论调。荀子是一个"性恶论"者，他否认世界有道德的存在。严复曾指出：

> 前篇皆以尚力为天行，尚德为人治。争且乱则天胜，安且治则人胜。此其说与唐刘、柳诸家天论之言合，而与宋以来儒者，以理属天，以欲属人者，致相反矣。大抵中外古今，言理者不出二家，一出于教，一出于学。教则以公理属天，私欲属人；学则以尚力为天行，尚德为人治。①

严复把近代西方和古代中国的思想家们放在一起加以讨论，其目的是为了阐明人类思想的共通性，以代替中西文化二分法。他以大家熟悉的事物（中国传统文化）解释大家不熟悉的事物（西方近代文化），其动机自然是为了启蒙，因而他使用的大多数术语、词汇本身就和先秦、宋代的思想流派有着内在联系。但在他的思想深处，还有一种观念支配他这样，这就是他认为人类思想的共通性不因时空或文化背景不同而有差异。因此，人们没有必要预设理由，认为为什么赫胥黎在某些问题上不应该赞同荀子、柳宗元而反对斯宾塞、老子和朱熹。

---

① 《天演论·卷下·论十六 群治》，《严复集》第五册，第1395页。

人类生存的价值是植根于自然中，还是与自然进程互相冲突呢？这是中西文化都会遇到的问题。斯宾塞虽处在一个新时代，但他同中国古代的老子和朱熹一样，完全以自然规律为基准。他认为自然中包含着内在的规律，它自主地发生作用，并对人类产生影响。理学家们则认为自然世界表现的乃是一种否定的（negative）、抑制的（inhibitory）伦理观。荀子和赫胥黎不承认自然过程和社会伦理有什么关联，因为自然本身并不是一种道德。斯宾塞则认为人类世界肯定存在"自主的道德"和"正当的权利"，正是为了追求这一切，人类才创造出各种各样的社会结构。

如果说严复服膺社会达尔文主义的话，那么他会发现是斯宾塞，而不是赫胥黎为社会达尔文主义提供了诸方面的诠释。他为斯宾塞所创造的这个思想体系所深深吸引。"有斯宾塞尔者，以天演自然言化，著书造论，贯天地人而一理之。此亦晚近之绝作也。"[1]"苟善悟者深思而自得之，亦一乐也。"[2]可见，严复之所以翻译《天演论》，其目的是借题发挥，将斯宾塞的思想体系推介给中国读者。

在某些按语中，严复也表示同意赫胥黎的某些观点，但与肯定斯宾塞理论体系并不矛盾。例如，《天演论·卷上·导言八 乌托邦》按语称赞赫胥黎"圣人知治人之人，固赋于治于人者也""欲郅治之隆，必于民力、民智、民德三者之中，求其本也"。赫胥黎主张瀹民智，治国从教民始，固然十分正确，而斯宾塞同样具有这种思想，严复已在多处进行了阐述。又如赫胥黎认为，保群自存之道"不宜尽去自营"，即需要在一定程度内保护个人的自由权。严复极同意这一观点，但又认为斯宾塞《伦理学原理》中《群谊》一篇即为此而作。与之相比，赫胥黎之说"其义隘矣"。[3]

---

① 《天演论·自序》，《严复集》第五册，第1320页。
② 《天演论·卷上·导言二 广义》，《严复集》第五册，第1328页。
③ 《天演论·卷上·导言十四 恕败》，《严复集》第五册，第1348页。

综前所述，严复翻译《天演论》的主要宗旨是为了引申人们对斯宾塞学说的理解；他传播斯宾塞社会进化论，是为打破"天不变，道亦不变"的守旧论调；他介绍斯宾塞用智、力、德衡量民族优劣与否的理论，是为了使国人认识到中、西之间的差距；他力倡"任天"，反对"与天争胜"，乃是说明社会进步是历史的必然。总之，他介绍的斯宾塞社会理论不是照本宣科，而是根据自己的思考和时势的需要有所取舍和发挥。

寻求富强是萦绕在严复脑海中的一个思想主题。他很早就意识到经济学的重要性。英国作为发达资本主义国家，给严复留下的印象是极其深刻的，他希望透过自己亲眼所见的具体事实，把握其更深层的原因，这就促使他把注意力投入到经济学中来。在英国资本主义工业化过程中，占支配地位的经济理论是古典经济学，严复认为，"晚近欧洲富强之效，识者皆归功于计学。计学者，首于亚丹·斯密氏者也。其中亦有最大公例焉，曰：'大利所存，必其两益。损人利己非也，损己利人亦非；损下益上非也，损上益下亦非。'其书五卷数十篇，大抵反复明此义耳。"[1] 这正是严复选择古典经济学的主要代表亚当·斯密的著作作为自己译介对象的一个重要原因。

吸引严复选择介绍亚当·斯密经济学理论的另一个原因是斯氏运用的研究方法，斯密主要是采用归纳法论证他的大部分观点，这同穆勒关于科学的自然进化观点相一致。

此二百年来，计学之大进步也。故计学欲窥全豹，于斯密《原富》而外，若穆勒、倭克尔、马夏律三家之作，毕宜移译，乃有以尽此学之源流，而无后时之叹。[2]

---

[1] 《天演论·卷上·导言十四 恕败》，《严复集》第五册，第 1349 页。
[2] 《译斯氏〈计学〉例言》，《严复集》第一册，第 98 页。

《原富》是一部经济学基本原理著作，所以严复由此入手。不过，严复在按语中也表示亚当·斯密以后，西方资本主义经济有了很大的发展，他的某些理论已不合时宜，李嘉图（Pavid Ricardo）、穆勒、麦庚斯（Rogers）就进一步发展了他的理论。因此，严复的译著连同他所作的按语，大体提供了西方古典经济学的基本概貌。

亚当·斯密并非一个重商主义者，而重商主义是西方资本主义经济发展的主要思想动力。那么，严复主要是从哪一个角度推崇亚当·斯密呢？亚当·斯密是自由经济的鼓吹者，重视个人主义在经济领域的重要性。他认为"国富"是社会群体所创造出来的财富。严复并不否认个人利益，但认为群体、国家的利益高于一切，"国富"应包括国家的财富和权力。

在《原富》最后一章《论国债》中，论及国债的问题，亚当·斯密表示，人民投资国债而政府以岁入偿还的方式，只有在商业与生产达到相当程度的社会才可能实现，而战争是造成投资增加的主要因素。当他把"持续性的长期借款"看作是"灾难性的权宜之计"时，他承认，大英帝国当时尚未受到其他国家由于长期借款而出现的"虚弱和颓败"的损害。在英国，英人以节省储蓄的方法弥补英政府浪费于社会上的资金，因此在战后，其农业繁盛，生产突飞猛进，终而偿还债务。这一事实，在一个世纪前几乎没有人会相信。尽管如此，亚当·斯密还是警告人们，长期借贷终将会毁灭英国。

令严复惊讶的是，英国在偿还其国债的同时，其财富仍在同步增长。亚当·斯密对这一悖论作了精辟的解释。严复亦谓：

> 顾英债虽重，而国终以富强者，非斯密氏之言失也。凡物皆有其所以然之故……英国自斯密氏之世以来，其所以富强之政策众矣，格致之学明于理，汽电之机达于用，群相明智而所行日新。然自其最有关系者言之，则采是书之言，而弃其疾以从其利也。

于是，除护商之大梗，而用自由无沮之通商。①

也就是说，英国政府是以发掘潜在的经济能量为宗旨。虽然英国在亚当·斯密时期一度奉行贸易保护主义政策，但很快就被自由通商所代替。中国的情形与此形成强烈反差。"甲午庚子两战以来，国债之加者不知凡几，而其财又皆之于国外。"②国债日渐增多，国家内部的经济活动遭到抑制。考察中国历史，人民的经济观与经济活动尚停留在静态的阶段，故国债增加或税收加重，都会导致社会经济的分崩离析。中英之间的情况表明，国家经济的增长关键在于发掘人民的活力，故严复感慨地说："斯英人无释负之一日矣。顾英国负虽重，而盖藏则丰，至今之日，其宜贫弱而反富强者，夫非掊锁廓门，任民自由之效欤？"③

当斯密指出富裕对军费的重要性时，严复却能够看到国家负担在这方面可能出现意想不到的膨胀：

按：欧洲武备之费，以斯密氏之世持较今日，殆蔑如也。……自乾嘉以来，欧洲民权忽伸，庶业猛进，说者谓，百年所得不啻古之千年，非妄诞也。国既日富，则其为守愈严，而武备之修遂亦远迈古者。……国之强弱，必以庶富为量。而欲国之富，非民智之开，理财之善，必无由也。④

中国欲成为富庶之国，根本之途在于像西方那样开发民智，伸展民权。

---

① 严译名著丛刊《原富》下卷，第775、776页。
② 严译名著丛刊《原富》下卷，第776页。
③ 严译名著丛刊《原富》上卷，第5页。
④ 严译名著丛刊《原富》下卷，第576页。

在《原富》的译著中，严复对斯密的某些观点作了修补。例如，亚当·斯密认为个人致富是为了社会（Society），而严复则改为了国家富强。在译文按语中，严复虽一再强调民生之利，但终究还是以国家为重；他这样做，显然是为了适应救亡的形势需要。尽管如此，由于他强调发掘个人潜能对经济发展的重要性，赞扬斯密的自由经济观，因而与传统的经济观发生了极大的矛盾。在传统文化世界里，耻于言利是一种根深蒂固的观念，所谓"士、农、工、商"不仅是一种等级的顺序，而且是一种价值的规定。为严复作序的吴汝纶发现了这一矛盾，他痛陈："然而，不痛改讳言利之习，不力破重农抑商之故见，则财且遗弃于不知，夫安得而就理。是何也？以利为讳，则无理财之学。"①

严复从亚当·斯密的另一部著作《德性论》（*The Theory of Moral Sentiments*）一书中求得了自己对处理所谓"义"与"利"关键的答案。斯密声称"道德起源于人类内心的同情感"，表示义与利相辅相成。严复完全赞成这一观点。他说："然而，犹有以斯密氏之书为纯于功利之说者，以谓如计学家言，则人道计赢虑亏，将无往而不出于喻利，驯致其效，天理将亡。此其为言厉矣。独不知科学之事主于所明之诚妄而已，其合于仁义与否，非所容心也。且其所言者计也，固将非计不言，抑非曰人道止于为计乃已足也。从而尤之，此何异读兵谋之书，而訾其伐国，睹针砭之论，而怪其伤人乎？"②严复认为，对义利的观念只有古今不同，而无东西方的差异。"而治化之所难进者，分义利为二者害之也。孟子曰：'亦有仁义而已矣，何必曰利？'董生曰：'正谊不谋利，明道不计功。'泰东西之旧教，莫不分义利为二涂。此其用意至美，然而于化于道皆浅，几率天下祸仁义矣。"③西方从近代

① 严译名著丛刊《原富》上卷，第 2 页。
② 严译名著丛刊《原富》上卷，第 12 页。
③ 《原富》按语十一，《严复集》第四册，第 858 页。

开始肯定个人利益，进化论对个人主义的发展起了推波助澜的作用。"自天演学兴，而后非谊不利，非道无功之理，洞若观火。而计学之论，为之先声焉。斯密之言，其一事耳。尝谓天下有浅夫，有昏子，而无真小人。何则？小人之见，不出乎利，然使其规长久真实之利，则不与君子同术焉，固不可矣。……故天演之道，不以浅夫昏子之利为利矣，亦不以黬刻自敦滥施妄与者之义为义，以其无所利也。"①亚当·斯密肯定个人利益，但不鼓励人们自私，故他提出要有高尚的道德情操与之相辅。

总之，对个人利益的确认能引导人们奋发向上，并导致国家的富强。西方近代化的成功充分证明了这一点。中国的情形相对要复杂得多，对个人主义的倡导，常常导致士大夫的私欲横行、官僚的贪污徇私，社会风气因此日益败坏，国家积弱不振。这正是严复想借亚当·斯密之口针砭的对象。史华慈教授说得好，亚当·斯密是近代资本主义自由经济学派的开创者之一，"严复的读者从这部著作中获得的主要教益，与其说是经济个人主义的特别启示，倒不如说是一般经济发展的福音。从斯密的著作及严复的有关按语中，人们能够对都格尔德·斯图阿特提到的'古代和现代政策之间的对比'那句话有一明晰的理解。斯密证明，一个旨在增长国家财富的人类活力的有目的的系统的应用，无论使用这一财富的目的如何，都会产生意想不到的结果"。②

《群学肄言》是反映斯宾塞的进化观的一部社会学著作。严复翻译此书的目的有二：其一是运用其哲学思想作为自己分析、解剖世界的理论武器，其二是作为寻求国家富强的重要思想动力。他曾说："斯宾塞尔者……则宗天演之术，以大阐人伦治化之事……又用近今格致

---

① 《原富》按语十一，《严复集》第四册，第 858、859 页。

② Benjamin Schwartz, *In Search of Wealth and Power: Yen Fu and the West*（Cambridge, Mass.: The Belknap Press of Harvard University, 1964），p.129.

之理术，以发挥修齐治平之事，精深微眇，繁富奥殫。"① 他认为《群学肄言》兼《大学》《中庸》精义，而出之以翔实，以格致诚正为治平根本，这与《大学》中"欲正其心者先诚其意，欲诚其意者先致其知，致知在格物"不谋而合。

细加分析，斯宾塞"群学"理论的主旨是在阐释"西学"的诚意之道。他声称，群学乃是将正德、利用、厚生三者之业融合于一体。《群学肄言》则是"以学术、诚意和正直为其磐石"。它被西方社会政治理论界奉为圭臬。严复称其"缮性"以下三篇，"真西学正法眼藏，智育之业……为群学导先路"。② 但在入世的态度上，严复却与斯宾塞有所不同。斯宾塞作为一名社会学学者，他对社会变革采取超然的态度，他认为社会是一个有机体，其发展应该是顺其自然的演化，因而社会科学的职责不是为社会变革提供一种工具范式，而是认清社会的进化是依其自然的方式发展。

在严复看来，社会科学对社会变革应能发挥某种指导作用。他之所以译介斯宾塞的著作，正是认定英国的富强与斯宾塞的理论指导有着密切关系。

严复欣赏西方社会的一个重要特征是人们参与公共事物的风气，它既是一个社会自由的象征，又是人人机会平等和自治的表现，严复视其为"民德"。西方国家走向富强，主要是有一套以自由、民主和平等为其价值准则的社会政治制度，它能发掘个人潜在能力，保障个人利益，从而使社会利益得以整合。严复已认识到中国传统的价值标准不适合当今社会，古人的"忠君"观念已不能和近代西方的"公心"之义相提并论。那么，在西方社会，人们对公共事物参与的兴趣除了社会政治制度使然外，还有别的什么内在动机吗？为什么他们在追求

---

① 《原强修订稿》，《严复集》第一册，第16页。
② 《〈群学肄言〉译余赘语》，《严复集》第一册，第126页。

个人利益的同时，还能以国家利益为重呢？严复发现，基督教"临之以帝天之严，重之以永生之福，人无论王侯君公，降以至于穷民无告，自教而观之，则皆为天之赤子。而平等之义以明，平等义明，故其民知自重而有所劝于为善"。况且"上帝临汝，勿贰尔心，相在尔室"，因此"西洋子民，但使信教诚深，则夕朝惕乾，与大人群子无所异"，故"民之心有所主，而其为教有常"。[1]中国的儒教不能发挥这种作用，由于"则姑亦无论学校已废久矣，即使尚存如初，亦不过择凡民之俊秀者而教之。至于穷檐子弟，编户之氓，则自襁褓以至成人，未尝间有敦教之者也"[2]，因而儒教的那一套伦理道德无法普及至下层民间。严复的这番议论，颇有点类似马克斯·韦伯对新教伦理与资本主义之间关系的看法。在韦伯那里，新教伦理所包含的禁欲主义不仅未能阻止人们去发财致富，反而帮助人们在走向资本主义时积累财富。

须加指出的是，斯宾塞的社会学理论既表现了浓厚的进化论的色彩，又带有强烈的个人主义倾向。他表示："我不同意仅注重群体的福祉而忽略了个人的幸福，社会是为个人的利益而存在，反是则否；政府存在的价值，完全以人民的意见为依归。"根据这一观念，社会群体的取向是以人们个人的意志为转移。对于斯宾塞的这一理论选择，严复并不太感兴趣，尽管在这之前和与此同时，他也常常论及自由的问题，并提出"以自由为体，以民主为用"。但他似乎并未真正确认个人主体性，这是严复以及中国许多自由主义思想家们所内含的一个思想缺陷。

严复引进斯宾塞的社会进化论，与其说是为了强调社会进化中个人竞争的必然性，不如说是指出社会进化中种族竞存的残酷现实。斯宾塞将社会达尔文主义解释为两重意义：一是群与群的竞争，一是个

---

①　《原强修订稿》，《严复集》第一册，第30页。
②　《原强修订稿》，《严复集》第一册，第30页。

人在群内的竞争。严复显然引申并发挥了前一层意义。他这样做，与其说是自己的理论兴趣，不如说是岌岌可危的民族生存困境使然。

《群己权界论》（现译为《论自由》）的作者是 19 世纪中期英国自由主义的代表约翰·斯图亚特·密尔（John Stuart Mill，1806—1873）。他在哲学、经济学、逻辑学领域成就卓著，《论自由》一书是其激进的自由主义思想的代表作。严复翻译此书，大概出于两方面的动机。一是出于自己对言论自由的渴求。戊戌维新失败后，严复虽未遭到捕杀，但他已被打入"另册"，外在环境的压抑已不允许他再像戊戌维新时期那样随心所欲地发表言论，他深感思想、言论自由被剥夺的痛苦，这种抑郁之情促使他动手翻译了这本书。在该书的《译凡例》中，他特别阐述了自己对言论自由的理解："须知言论自繇，只是平实地说实话求真理，一不为古人所欺，二不为权势所屈而已，使理真事实，虽出之仇敌，不能废也；使理谬事诬，虽以君父，不可从也。"① 这表现了为追求真理而无所畏惧的气概，亦是希望人们能对自由正确理解。严复常引用罗兰夫人一句名言："自由！自由！几多罪恶假汝而行。"警告人们不要滥用自由。他常谓："自由、平等、权利诸说，由之未尝无利，脱靡所折衷，则流荡放佚，害且不可胜言，常于广众中陈之。"② 他分析造成这一现象的一个重要原因与中文的语义有关。"中文自繇，常含放诞、恣睢、无忌惮诸劣义，然此自是后起附属之诂，与初义无涉。初义但云不为外物拘牵而已，无胜义亦无劣义也。夫人而自繇，固不必须以为恶，即欲为善，亦须自繇。其字义训，本为最宽。"③ 由于自由既可导致人为恶，又可与人为善，故严复强调自由的责任："自繇者凡所欲为，理无不可，此如有人独居世外，其自繇界域，岂有限制？为善为恶，一切皆自本身起义，谁

---

① 《群己权界论·译凡例》，《严复集》第一册，第 134 页。
② 陈宝琛：《清故资政大夫海军协都统严君墓志铭》，《严复集》第五册，第 1542 页。
③ 《群己权界论·译凡例》，《严复集》第一册，第 132 页。

复禁之？但自入群而后，我自繇者人亦自繇，使无限制约束，便入强权世界，而相冲突。故曰人得自繇，而必以他人之自繇为界，此则《大学》絜矩之道，君子所恃以平天下者矣。"① 鉴于上述两种情况，严复明白道出译书的缘由："十稔之间，吾国考西政者日益众，于是自繇之说，常闻于士大夫。顾竺旧者既惊怖其言，目为洪水猛兽之邪说。喜新者又恣肆泛滥，荡然不得其义之所归。以二者之皆讥，则取旧译英人穆勒氏书，颜曰《群己权界论》。"②

严复在《群己权界论》中并没有加上按语，仅于《自序》和《译凡例》中稍微解释了译书动机和穆勒的观点。这说明原著已大体反映了他的自由观。因此我们只要分析一下该书的内容即可知道严复的思想意向。

在《论自由》一书中，穆勒主要是探讨"公民自由或社会自由，也就是要探讨社会所能合法施用于个人的权利的性质和限度"。其主要论点为：一、个人的行为只要不涉及他人的利害，个人就有完全的行动自由；他人对这个人的行为不得干涉，至多可以进行忠告、规劝或避而不理。二、只有当个人的行为危害到他人利益时，个人才应当接受社会的或法律的惩罚；社会只有在这个时候，才对个人的行为有裁判权，也才能对个人施加强制力量。这就是穆勒划定的个人和社会之间的权力界限。他强调个人自由和个性发展，并且认为完全的个人自由和充分的个性发展不仅是个人幸福所系，而且是社会进步的主要因素之一。大概是由于该书主要是讨论个人与社会的关系，严复将该书名意译为《群己权界论》，而为了使人们对作者所解释的"自由"含义不产生误解，他煞费苦心地又另选了一个词——"自繇"。这都表明他对该书有了深刻的理解。

---

① 《群己权界论·译凡例》，《严复集》第一册，第 132 页。
② 《群己权界论·自序》，《严复集》第一册，第 131、132 页。

《法意》（现译为《论法的精神》）是18世纪法国启蒙思想家孟德斯鸠（1689—1755）的代表作。原书出版于1748年，是一部论述世界各国政治及立法源流得失的法学经典著作。原书共三十一卷，严复只翻译了二十九卷，且系由英文转译而成。严复翻译《法意》大概与20世纪初国内形势的发展有关。1905年以后，清政府开始致力于预备立宪，摆出一副实施法治和政治改革的姿态，并对那些具有游离倾向的知识阶层上层人士和新兴的中产阶级采取"安抚"政策，将他们罗致到一些虚设的咨议机构中来，严复即是其中之一。他对清朝的"预备立宪"并未抱很大期望，他已看到清廷的前途到此时已是"变则亡，不变亦亡"。但他对民主和法治的向往又不减当年。在《法意》的一段按语中，忆及他留学英伦时与郭嵩焘的一次谈话："犹忆不佞初游欧时，尝入法庭，观其听狱，归邸数日，如有所失。尝语湘阴郭先生，谓英国与诸欧之所以富强，公理日伸，其端在此一事。先生深以为然，见谓卓识。"[1] 他认定合理的法律制度是保障社会秩序和国家强大的基础。孟德斯鸠也怀着与严复类似的热情，视英国为司法独立和"法治"的典范。严复在《孟德斯鸠传》中说，孟德斯鸠"居伦敦者二稔，于英之法度尤加意，慨然曰：'惟英之民可谓自由矣'"。[2] 孟氏热爱英国，因为他认为英国自由的最深刻根源建立在法律基础之上。

　　严复从孟德斯鸠的著作中获得一个清晰的观念，即西方法律是"永恒性"和"非人格性"。而传统中国由于儒家注重群体的道德伦理的影响，一切法律乃"以贤治不肖"，"以贵治贱，故仁可以为民父母，而暴亦可为豺狼"。[3] 这种人格化的法律往往因统治者不同而发生变迁，或在实施中出现差异。两相对比，"贤者之政"与"律治之政"孰优孰劣，昭然若揭。从这一观念出发，严复称赞春秋时期以执法甚

---

① 《法意·卷十一》按语，《严复集》第四册，第969页。
② 《孟德斯鸠传》，《严复集》第一册，第145页。
③ 《法意·卷十一》按语，《严复集》第四册，第969页。

严而著称的齐国大臣管仲，"再不侫尝谓，春秋圣哲固多，而思想最似19世纪人者，莫如国大夫"。[1]

严复不认同孟德斯鸠的地理环境决定论，他特别对根据这一理论认为中国只适合专制的观点表示了不同意见。孟德斯鸠认为共和的精神在于德性，而专制的精神在于恐怖。有些在中国的基督徒称中国政体是"综合恐怖、荣宠与德性之政策"，孟氏不表同意，他认为，"必须以刑罚处决之人，何荣宠之有？"他根据雍正杀害传教士之例来证明这一论点，将中国视为专制主义的一类。严复并不是反对孟氏的归类，而是反对他的归类法。他表示，在中国"夫礼所以待君子，而刑所以威小人"，在西方也存"荣宠恐怖，鞭笞棰扑"，故恐怖并不独以中国为最。另一方面，"德性"在中西方也都存在。"然则孟氏此书，所谓专制，苟自其名以求之，固无此国。而自其实，则一切之君主，微民权之既伸，皆此物也。幸而戴仁君，则有道之立宪也。不幸而遇中主，皆可为无道之专制。其专制也，君主之制，本可专也。其立宪也，君主之仁，乐有宪也。此不必其为两世也。"[2] 因此，在君主制下，究竟是实行专制，还是实行开明统治，完全是依统治者的意愿而定。而这两种情形都与君主制相关联。据此，严复不同意孟德斯鸠有关政体三分法的意见，他认为只有两种，即君主制和民主制。他说："君主之国权，由一而散于万；民主之国权，由万而汇于一。"[3] 专制主义是君主制下的必然产物，民众意志的真正体现有赖于法律的保障。两种制度的本质差别在于：前者是统治者凌驾于法律之上，后者是统治者必须服从于宪法。在统治者凌驾于法律之上的地方，必有可能出现专制主义的暴政。中西方政体的不同不是两者之间是否存有法律的问题，而是法定权力操在谁的手里的问题。在古代中国，"夫

---

[1] 《法意·卷二一》按语，《严复集》第四册，第1004页。
[2] 《法意·卷五》按语，《严复集》第四册，第949、950页。
[3] 《法意·卷二》按语，《严复集》第四册，第937页。

法度之朝无论已,上有宵衣旰食之君,下有俯思待旦之臣,所日孳孳者,皆先朝之成宪。其异于孟氏此篇所言者超乎远矣!……故使如孟氏之界说,然有恒旧立之法度,而即为立宪。则中国立宪,固已四千余年,然而必不可与今日欧洲诸立宪国同日而语者"。[1]事实上,在立法已有四千年历史的中国,由于君主凌驾于法律之上,民主制自然不可能得以实施。

严复对孟德斯鸠的"地理环境决定论"提出了批评。孟氏强调亚洲没有温带,位于气候非常寒冷的地区与气候非常温暖的地区是直接连接在一起的,这些地区包括土耳其、波斯、蒙古、中国、朝鲜和日本等地,根据这一"事实",他得出结论说,在这些国家存在强弱之间的相互对立,勇敢和好动的人民与懒惰、懦弱的人民相比邻,因而弱者不可避免地要为强者所征服,这就必然导致一种奴性。而在温暖的欧洲,"人民相交往来,平等互待"。严复对孟氏的观点提出批评,从事实来看,中国绝不是无温带区,即使在世界其他温带区,也存在未开化的事实。如果说亚洲的专制帝国之兴起,是因土地广垠,无山林之阻,亦属不当,德国位于中欧平原,昔日为各大公国组成,它的统一是近代以后的事,德国的统一与其说是地理条件在发生作用,不如说它更多地应归功于斯达因(S.Tein)和向豪(S.Charnhorst)的立宪制法之举。从理论上说,严复更强调文化因素的作用:

> 论二种之强弱,天时、地利、人为,三者皆有一因之用,不宜置而漏之也。[2]

> 夫宗教、哲学、文章、术艺,皆于人心有至灵至效。使欧民

---

① 《法意·卷二》按语,《严复集》第四册,第939、940页。
② 《法意·卷十七》按语,《严复集》第四册,第981页。

无希腊以导其先，罗马以继其后，又不得耶、回诸教纬于其间，吾未见其能有今日也。是故亚洲今日诸种，如支那，如印度，尚不至遂为异种所克灭者，亦以数千年教化，有影响果效之可言。[1]

严复对文化的重视，在《社会通诠》的按语中，更是阐释无遗。他对社会进化论已有先入之见，自然不会同意孟氏静态的自然决定论。但更为重要的是，站在民族主义的立场上，他无法说服自己，中国由于自然条件或气候，或地理，注定要羁系在社会政治进化的君主专制的政治模式之中。

当然，严复也为孟德斯鸠的某些观点所吸引。例如，孟氏指出，在中国，宗教、习俗、法律和生活方式都建立在"礼"的范畴上，严复深有同感。"中国政家不独于礼法二者不知辨也，且举宗教学术而混之矣。吾闻凡物之天演深者，其分殊繁，则别异皙。而浅者反是。此吾国之事，又可取为例之证者矣！"[2] 不过，他认为这种社会情形唯有斯宾塞之"宗法社会或可形容，孟氏之专制论则差矣"。所以"民处其时，虽有圣人，要皆囿于所习。故其心知有宗法，而不知有他级之社会"，[3] 是故"此礼法并非专制，禁锢人类之发展耳"。

孟德斯鸠理想的民主政体是古代希腊和罗马城市国家。事实上在近代世界，他不可能找到任何推进古代理想化民主的实例。严复对他的批评自然是理所当然的事。但如以此为依据，以为严复是趋向于中国传统，也是极为错误的。他仍然设定以西方的价值观念为其前提，他认为民主是人类社会政治发展的最高峰，人类正分阶段向着民主化方向进化。同时，他肯定了正当自利的道德而反对"克己"的道德，他站在整个传统政治文化的对立面，热情赞扬非人格化的

---

[1] 《法意·卷十七》按语，《严复集》第四册，第 981 页。
[2] 《法意·卷十九》按语，《严复集》第四册，第 992 页。
[3] 严译名著丛刊《法意》（上册）卷十九按语，第 416 页。

具有近代政治意义的"法治"，反对任何"圣人之治"的传统政治理想模式。

《社会通诠》（可译为《社会进化简史》或《政治史》），是英国政治学家甄克思（1861—1939）所著，他认为人类社会的政治进化，要经这三个阶段：最初是野蛮的图腾社会，其次是宗法社会，最后是军国社会或政治社会。所谓"军国社会"，大略相当于资本主义社会。与斯宾塞对"军国时期"与"工业时期"的分野关注不同，甄克思只注重政治制度，即如何确立现代"理性化"的国家秩序，而非工业革命。他表示："政治社会者，乃各团体（community），联合成立一主权之机构，一切事为，由此主权机构代之，不必求诸个人之行动。"这与斯宾塞注重充分发挥个人的创造性和维护个人权益的自由主义观点有着明显的区别。

甄克思极力赞扬英国的宪法制是人类政体中最好的形式，并对现代国家各种特征作了辨认。他认为一个国家的军事组织不可能会因其国家工业化而自行消失，国家的组织和制度是自然而成。而斯宾塞则认为，工业制度乃基于自由合作，而国家组织则基于"人为与强制"。

甄克思的观点反映了19世纪末以后英国社会思潮的转变。如果说斯宾塞的理论还带有自由竞争时期的浓厚烙印，那么甄克思的理论则是英国资本主义发展步入垄断阶段的产物。《社会通诠》为严复提供了一幅完整的社会进化的图景。严复在《译者序》中，重申了人类的发展与生物学上的个人生长发育的相似性，即人类发展过程的各个阶段，相当于个人生长发育所经过的"童、少、壮、老"四个时期。他说"夫天下之群众矣，夷考进化之阶段，莫不始于图腾，继以宗法，而成于国家"。[1]将甄克思所提供的政治进化图景视为一种全人类共

---

① 《译〈社会通诠〉自序》，《严复集》第一册，第135页。

同的、普遍的、分阶段的发展模式。"此其为序之信，若天之四时，若人身之童少壮老。"而西方历史的进化代表了人类历史进化的正常道路。

为什么中国在近代落后了？严复从上述模式中得到了答案："异哉吾中国之社会也！"尽管西方在封建社会后期，经历了一个相对缓慢的发展过程（宗法社会进入政治社会的过渡时期），然而在最近四百年中，其变速惊人。"乃还观吾中国之历史，本诸可信之载籍，由唐虞以迄于周，中间二千余年，皆封建之时代，而所谓宗法亦于此时最备。其圣人，宗法社会之圣人也。其制度典籍，宗法社会之制度典籍也。物穷则必变。"①遗憾的是，中国社会并没有发生历史的奇迹。自秦朝以降的两千多年里，"君此土者不一家，其中之一治一乱常自若，独至于今，籒其政法，审其风俗，与其秀桀之民所言议思惟者，则犹然一宗法之民而已矣。……乃世变之迁流，在彼则始迟而终骤，在此则始骤而终迟"。②

为什么中国社会不能完成历史的转变？严复自然不能同意孟德斯鸠地理环境对中国封建君主专制所起的决定性作用的说法。从他的按语和其他著译中，我们可勾勒出他的基本观点：自秦朝以后，中国实现了统一，没有受到外来文化的强有力挑战，这助长了其内部产生一种自大自满的情绪，从而丧失了对外拓展的能力。而圣人的教条已使宗法社会的思想僵化和绝对化，他们过于成功地将自己的思想灌输给后代，以致阻碍了进化过程，"故周孔者，宗法社会之圣人也。其经法义言，所渐渍于民者最久，其入于人心者亦最深"。③圣人思想的社会历史根源存在于某一特定历史的社会结构中，他们不可能超越历史条件对另一个时代作出预测。那么东西方社会进化的歧异是从什么

---

① 　《译〈社会通诠〉自序》，《严复集》第一册，第135、136页。
② 　《译〈社会通诠〉自序》，《严复集》第一册，第136页。
③ 　《社会通诠》按语，《严复集》第四册，第926页。

时候开始的？严复表示达尔文、亚当·斯密、瓦特和斯宾塞可谓近代西方文化的体现者，而东西方社会的差异则在此之前的启蒙时期已呈现出来。

不过，严复对中国社会的未来前途仍持乐观的态度。西方能够通过民主体制发掘人民的潜在能力，成为今日之富强，中国难道就不能另辟新径吗？甄克思论及现代政体，认为"国家政府和集权政府皆能激起人民之爱国意识，此乃国家自求生存的首要条件，然则联邦政制则无法致之"。这段话语使严复联想到中国的另一个优势，即"天下惟吾之黄族，其众既足以自立矣，而其风俗地势，皆使之易为合而难为分"。如果中国人能够抛弃古老的习俗和陈腐的习惯，"使一旦幡然悟旧法陈义之不足殉，而知成见积习之实为吾害，尽去腐秽，惟强之求，真五洲无此国也，何贫弱奴隶之足忧哉？"[①]

但严复在设身处地地面对现实时，又极力排斥当时革命党人的民族主义思想，认为它助长了满汉民族的分野。他说："中国社会，宗法而兼军国者也。故其言法也，亦以种不以国……是以今日党派，虽有新旧之殊，至于民族主义，则不谋而皆合。"[②] 因此，他认为满族若为维护特权而兴改革，固然不该，而汉族以暴力革命排斥满族，亦属不当。他误认为孙中山为代表的革命党人所推行的民族革命是简单"排满"，认为"民族"应与"种族"同义。他强调此时中国迫切需要建立一军国，全国人民为之效力尽忠。严复的这一主张反映了当时改良派的愿望。因与蓬勃兴起的革命浪潮相冲突，而为时代潮流所湮没。

《穆勒名学》为穆勒所著。穆勒在逻辑学上，偏向于归纳逻辑。这本书是形式逻辑的一部经典著作。严复于1900—1902年间，译了

---

① 《社会通诠》按语，《严复集》第四册，第933、934页。
② 《社会通诠》按语，《严复集》第四册，第925、926页。

前半部，后半部始终未译出，他自述"思欲赓续其后半，乃人事卒卒，又老来精神茶短，惮用脑力，而穆勒书精深博大，非澄心渺虑，无以将事，所以尚未逮也"。①

《名学浅说》为英国思想家耶芳斯（1835—1885）所著，是一本浅显的形式逻辑读物。严复自述此书翻译经过时说："戊申（1908）孟秋，浪迹津沽，有女学生旌德吕氏，谆求授以此学，因取耶芳斯《浅说》，排日译示讲解，经两月成书。中间义恉，则承用原书，而所引喻设譬，则多用己意更易。盖吾之为书，取足喻人而已，谨合原书与否，所不论也。"②此处的"吕氏"，即为时任北洋女子师范学堂监督（校长）的吕碧城，她被赞为"近三百年来最后一位女词人"，与秋瑾并称为"女子双侠"。

《穆勒名学》和《名学浅说》都为逻辑学著作，故将它们放在一起讨论。在严复思想的深处隐藏着一个观点：即中国问题最重要的是科学问题。他认为，西方走向富强的一个内在原因是科学的发展和推动。牛顿、达尔文、亚当·斯密、穆勒和斯宾塞都为19世纪欧洲"独创质力说"（Promethe amdynamism）的建立奠定了基础。西方科学革命的成功，是精神力量使然，而这种精神是在良善的社会政治设施下所自发产生的。中国欠缺良好的社会政治保障，自然也无法产生这种精神力量。

严复早就注意到科学问题。1906年，他在为上海青年会发表《政治讲义》时，文内就强调政治理论必须含有科学的本质。他注意到政治学是建立在对历史规律研究的基础上，而且是以归纳法来研究的一门学科。

---

① 《名学浅说·序》，《严复集》第二册，第265页。
② 《名学浅说·序》，《严复集》第二册，第265、266页。

> 盖天生人，与以灵性，本无与生俱来预具之知能。欲有所知，其最初必由内籀。内籀，言其浅近……但内籀必资事实，而事实必由阅历。

> 是故历史者，不独政治人事有之，但为内籀学术，莫不有史。①

中国传统政治始终不像西方那样，能以科学视之。因此，欲解决这一问题，必须借用西方的政治学方法，而推动西方政治学科学化的一门学问，即培根所认定的逻辑学，"是学为一切法之法，一切学之学"。②

在义和团运动期间，严复在上海组织"名学会"，《穆勒名学》上半部即为此时所译。严复服膺穆勒的归纳论，他认为，中国传统思想过去偏于保守与无为，实因缺乏这种观念。穆勒的归纳论反对良知说，而良知说在宋明理学中据有重要地位。严复在《救亡决论》中就表示良知说为害之烈，始作俑者，乃是孟子"良知不学万物皆备之言"，而宋儒陆象山与明儒王阳明"谓格致无益事功，抑事功不俟格致"，"正以为不出户可以知天下"。不幸，"后世学者，乐其经易，便于惰窳敖慢之情"。这种夜郎自大的心理，正是传统思想僵化的一个重要原因。

中国古代也有归纳的理论，《大学》《易经》和朱熹的著作中就曾论及归纳的原则，"夫朱子以即物穷理释格物致知，是也；至以读书穷理言之，风斯在下矣。且中土之学，必求古训。古人之非，既不能明，即古人之是，亦不能知其所以是"。③遗憾的是，这种理论无法成为正统，它只能运用于整理古典文献。

严复运用穆勒的归纳学对"良知说"进行了批判。穆勒表示，各

---

① 《政治讲义》第一会，《严复集》第五册，第 1243、1244 页。
② 严译名著丛刊《穆勒名学》，第 22 页。
③ 《原强修订稿》，《严复集》第一册，第 29 页。

种学说皆源于归纳，随着科学进步，它越来越变成一套简单的演绎原则，而其归纳的性质并不稍减。严复对此深信不疑：

> 穆勒言成学程途虽由实测而趋外籀，然不得以既成外籀，遂以内籀无涉；特例之所苞者广，可执一以御其余。此言可谓见极。西学之所以翔实，天函日启，民智滋开，而一切皆归于有用者，正以此耳。旧学之所以多无补者，其外籀非不为也，为之又未尝不如法也，第其所本者大抵心成之说，持之似有故，言之似成理，媛姝者以古训而严之，初何尝取其公例而一考其所推概者之诚妄乎？[①]

在古代中国，演绎只是以有关五行干支和九大行星的天文学理论的命题为材料，这些理论"无他，其例之立根于臆造，而非实测之所全通故也"。

严复不但批评"良知说"，还反对那种认为数学定理是建筑在先验演绎基础上的观点。穆勒不赞同惠威尔博士（Dr.Whewell）的主张，后者认为："识从官入，而理根于心，故公论之诚，无俟于推籀。"惠氏的观点使严复联想到王阳明的"良知"说。"盖呼威理所主，谓理如形学公论之所标者，根于人心所同然，而无待于官骸之阅历察验者，此无异中土良知之义矣。"[②]严复认为，穆勒坚持全部的数学定理来源于归纳的观点，是对"良知"说的有力驳斥。

大体来说，严复接受了穆勒的这一结论：一切科学"公例"，即关于事物的普遍性、规律性的认识，是通过归纳法得到的。他明确宣称："大抵治权之施，见诸事实，故明者著论，必以历史发见者为

---

① 严译名著丛刊《穆勒名学》，第 199 页。

② 《穆勒名学》按语，《严复集》第四册，第 1049 页。

之本基。其间抽取公例，必用内籀归纳之，而后可存。"① 将归纳法运用于社会政治领域，"吾将取古今历史所有之邦国，为之类别而区分；吾将察其政府之机关，而各著其功用；吾将观其演进之阶级，而考其治乱盛衰之所由；最后，吾乃观其会通，而籀为政治之公例"。② 社会科学的"公例"是如此，自然科学的"公例"也是如此。"公例无往不由内籀，不必形数公例而独不然也。"③ 这就是说，数学等学科中的公理也是通过归纳得到的。

关于严复译介西方的逻辑学理论，冯友兰先生有一中肯评价：

> 严复译逻辑学为名学，说明他是真懂得什么是形式逻辑，不过用名学这个译名，逻辑学就不能包括归纳法，而只可能包括演绎法。因为归纳法所讲的并不是一种思维的形式，而是一种思维，其对象并不是名言，而是自然界，所以现代的逻辑学就不讲归纳法。这是逻辑学的合乎逻辑的发展。穆勒和耶方斯所讲的逻辑学是旧式的逻辑学。严复继承了旧式逻辑的传统，并且认为归纳法比演绎法更重要。④

从以上我们对严译八部名著的介绍中可知，严复翻译西方名著，的确是经过了一番苦心研究。他或借用原著阐发自己的观点，或介绍对中国人可资利用的新思想、新方法、新知识，或对原著加以评析。他的翻译不是一个简单的文化移植过程，而是一个文化再创造的过程，而就其思想选择的主体倾向来说，大体是自由主义、功利主义、社会达尔文主义的混合物。他译述的成功，则应归功于他对现实民族生存

---

① 《〈民约〉平议》，《严复集》第二册，第 337 页。
② 《政治讲义》，《严复集》第五册，第 1248 页。
③ 《穆勒名学》按语，《严复集》第四册，第 1050 页。
④ 冯友兰：《中国哲学史新编》第六册，第 170 页。

和文化危机的关怀，归功于他有意识地追求中国人文传统创造性的转换。他不是以西学排斥中学，而是将二者会通、融合。因而他的翻译活动从近期看是输入西学；从远景看，实则是构成中国文化学术的一部分。

三 严译的"中学"根柢

严复的翻译虽为稗贩事业，但他所从事的翻译活动不仅仅是一种西方文化的移植过程，它还存在一个中国化的过程。也就是说，严复的译作在中国文化史上具有其特殊地位，这与他对西方文化所作的特殊处理是分不开的。

对于严复的中学根柢，同时代许多人包括那些古文大家曾作了很高的评价。严复的《原富》出版后，梁启超在《新民丛报》撰文加以推崇："严氏于中学西学，皆为我国第一流人物，此书（指《原富》）复经数年之心力，屡易其稿，然后出世，其精美更何待言！"[①]对严译《社会通诠》颇有微词的章太炎，论到时人对严的看法时，也说："闻者不僚，以其邃通欧语，而中国文学湛深如此，益之以危言足以耸听，则相与尸祝社稷之也。"[②]桐城派古文大家吴汝纶在《天演论》序中更是对其推崇备至："严子一文之，而其书乃骎骎与晚周诸子相上下，然则文顾不重耶？……凡为书必与其时之学者相入，而后其效明。今学者方以时文、公牍、说部为学，而严子乃欲进之以可久之词，与晚周诸子相上下之书。吾惧其舛驰而不相入也。"[③]他还致书严复说："鄙意西学以新为贵，中学以古为贵，此两者判若水火之不相入，

---

① 梁启超：《介绍新著〈原富〉》，载1902年2月8日《新民丛报》第1号。
② 章太炎：《〈社会通诠〉商兑》，载1907年3月6日《民报》第12号。
③ 吴汝纶：《天演论·吴序》，《严复集》第五册，第1318页。

其能容中西为一冶者，独执事一人而已，其余皆偏至之诣也。"①可见，严复的翻译，不仅是以介绍西学见长，而且是以其中学为根柢，这是他的独特之处。

严复的翻译具有深厚的中学根柢，可从两方面理解，一是翻译的语言，严复译书喜用汉以前字法句法，他以为"用汉以前字法句法则为达易；用近世利俗文字，则求达难"。②具体言之，严译主要是借鉴汉人翻译佛经的笔法，试以他的译作《名学浅说》为例，该书一百六十一节云：

> 人或认假，信以为真。是故比拟，究易失误。由似求似，常非断然。试为举之。乡间小儿，食椹而甘。出游林中，见相似者，采而食之。不料有毒，或至致死。菌之毒者，西名蟾则。人或煮食，误谓香蕈。故欲别采，须人指示。晋史蔡谟，蟚蜞作蟹，二螯作跪，形似性非。误取食之，遂致狼狈。凡此皆用比拟之术而得误者。此种别识，不独人能，鸟兽下生，固常为此。受击之狗，见枚而逃。汝若伏地，彼谓拾石，将以掷之。即使无石，亦疾驰去。莝雁惊弓，至于自陨。山鸾舞镜，以影为雄。对之悲鸣，至于气绝。比拟之误，如是如是。③

严复采前人译佛经之法翻译西书，不另立体裁，这自有他的用意，因为他当时想改变普通士人对西学的轻视态度，给那些顽固守旧的老朽开一点窍，他不得不用古雅的文章来译，叫他们看得起译本，进而看得起"西学"，这也可以说是用心良苦。他说：

---

① 吴汝纶：《答严几道》戊戌二月二十八日，《严复研究资料》，第252页。
② 《天演论·译例言》，《严复集》第五册，第1322页。
③ 严译名著丛刊《名学浅说》，第96页。

110

> 风气渐通，士知鄙陋为耻，西学之事，问涂日多。然亦有一二巨子诡然谓彼之所精，不外象数形下之末；彼之所务，不越功利之间。逞臆为谈，不咨其实。讨论国闻，审敌自镜之道，又断断乎不如是也。①

严复认识到自己所译的书对于那些仍在中古的梦乡里酣睡的人是一服服难以下咽的苦药，因此他在上面涂了糖衣，这糖衣就是一般士人所醉心的汉以前的古雅文体。这种招徕术取得了成功，它使得那些对西洋文化无兴趣甚至反感的人也认真阅读和思考起来，在学界取得了很大的影响。所以胡适说："他对于译书的用心与郑重，真可佩服，真可做我们的模范。"又说，"严复译的书，有几种——《天演论》《群己权界论》《群学肄言》——在原文本有文学的价值，他的译本在古文学史上也应该占一个很高的地位。"②

二是翻译的标准。关于严复翻译的方法，鲁迅曾说过"严又陵为要译书，曾经查过汉晋六朝翻译佛经的方法"。③参照古代翻译佛经的经验，根据自己翻译的实践，严复在《天演论》卷首的《译例言》中提出了著名的"信、达、雅"翻译标准。这里所谓"信"是"意义不倍（背）本文"；"达"是不拘泥于原文形式，尽译文语言的能事以求原意明显；"雅"是指脱离原文而追求译文本身的古雅。严复的这三项要求贯彻到自己译文中去，实际上是强调意译。"译文取明深义，故词句之间，时有所傎到附益，不斤斤于字比句次，而意义则不倍本文。题曰达恉，不云笔译，取便发挥，实非正法。"④

在古代中国，早在汉代，佛教传入中国，即有人开始进行佛经翻

---

①　《天演论·自序》，《严复集》第五册，第 1321 页。
②　胡适：《五十年来中国之文学》，《胡适文存二集》卷二，第 116 页。
③　鲁迅：《二心集·关于翻译的通信》，《鲁迅全集》第 4 卷，第 380 页。
④　《天演论·译例言》，《严复集》第五册，第 1321 页。

译活动，著名的有安世高、娄迦谶等人，他们翻译了上百部佛经，对于佛法的流传贡献颇大，但这些翻译者译笔生硬，读者不易看懂。到了苻秦时代，在释道安主持下设置了译场，翻译事业由原来的民间私人活动成为一项有组织的活动。道安自己不懂梵文，唯恐翻译失真，主张严格的直译，因此在他主持下翻译的《鞞婆沙》便是一字一句地翻译的。道安在这期间请来了天竺（即印度）人鸠摩罗什，罗什考察了以前的佛经译者，批评了翻译的文体，检讨了翻译的方法，进而一改以往名家的古直风格，主张意译。他的译著有《金刚经》《法华经》《维摩经》《中观论》《十二门论》《百论》等三百余卷。时人称他的译著有"天然西域之语趣"，表达了原作神情，译文妙趣盎然。从他以后，中国的佛教翻译步入了正轨。

隋、唐时期，佛经翻译事业高度发达。隋代的释彦琮，梵文造诣很深，对于翻译理论钻研尤勤，他认为译者应该："诚心爱法，志愿益人，不惮久时""襟抱平恕，器量虚融，不好专执""耽于道术，澹于名利，不欲高炫"。公元 628 年（唐太宗贞观二年），玄奘去印度取经，十七年后回国，带回佛经六百五十七部，组织大量人力进行翻译，在十九年间译出七十五部佛经。玄奘根据自己的翻译实践，提出翻译家"既须求真，又须喻俗"，意即"忠实，通顺"，进一步丰富了我国古代翻译理论。唐代末年，无人赴印求经，佛经翻译事业逐渐衰微。

严复借鉴古人的经验，特别是受到汉唐时期古人翻译佛经方法的影响。所以鲁迅说，严复的翻译"实在是汉唐译经历史的缩图。中国之译佛经，汉末质直，他没有取法。六朝真是'达'而'雅'了，他的《天演论》的模范就在此。唐则以'信'为主，粗粗一看，简直是不能懂的，这就仿佛他后来的译书"。[1]

---

① 鲁迅：《二心集·关于翻译的通信》，《鲁迅全集》第 4 卷，第 381 页。

总之，严复的翻译从内容上说，是输入西学；从形式上看，则是承继中学。此外，在他的译著所加按语中，还有大量讨论中西学术的文字，它们从一个方面反映了严复会通中西文化的愿望，另一方面也表明了严复个人的学术见解，其中不乏对传统学术的评价和精审。所以，对于严译名著，我们不应只视为一般的翻译著作，还应看到它的学术价值。贺麟先生认为，严复的翻译"于中国学术有很大的影响，而他翻译的副产品于中国学术思想也有很大的影响"。① 这确非虚言。

---

① 贺麟：《严复的翻译》，《论严复与严译名著》，第39页。

第四章　薪尽火传：旧学新释辟蹊径

平生于《庄子》累读不厌，因其说理，语语打破后壁，往往至今不能出其范围。其言曰："名，公器也，不可以多取；仁义，先王之蘧庐也，止可以一宿，而不可以久处。"庄生在古，则言仁义，使生今日，则当言平等、自由、博爱、民权诸学说矣。

——严复《致熊纯如》

晚清学人治国学，大致分两支。一支仍沿承有清一代的朴学传统，推崇汉儒朴实学风，反对宋儒空谈义理，其治学特征是"厌倦主观的冥想而倾向于客观的考察"，①研究内容则是从文字音韵、名物训诂、校勘辑佚等方面从事经书古义的考证。另一支则受到中西文化冲撞、交流的刺激，逐渐在国学研究中注入西学的内容，或用西学方法治国学，或用西方思想附会中学，或借鉴西方学者的研究视角，拓展国学新领域；他们在研究方法、研究视野、研究思路上都与传统学术有了一定差异，为国学增添了新的内容。前者表现为中国传统学术的继续，后者则是中国学术传统的某种更新。一般来说，晚清国学大师因其教育背景的制约和时代风潮的影响，都表现出一身二任的倾向，既在传统经学上狠下功夫，又希图接纳外来某些可以借鉴和接受的学术观念，同时也有所侧重。严复是"近世西学第一人"，他兼治国学，自然在这一领域也输入了西学的观念、方法和意识，

---

① 梁启超：《近三百年学术史》，《梁启超论清学史二种》，第91页。

114

可以说，他是近代新国学的开拓者。在这方面他所做的工作鲜为人们重视，但他开启的路子，却对后来国学研究的发展，有着重要的引导作用。

一　"道"的诘思

《道德经》短短五千言，却流传千古，吸引了无数士人为之疏义注解，它在中国文化史、学术史、宗教史和社会政治史等领域发生了巨大而深远的影响。学术史上之所谓道家，宗教史上之所谓道教，政治史上之所谓黄老的"无为而治"，其思想渊源均可溯自这部经典。可以说，对《道德经》的释义、注疏和理解因时代的不同，思想派别的不同，政治见解的不同，而常常打上了不同的烙印。

最早解释《老子》的文字见于韩非的《解老》《喻老》，它是为其法家学说服务。西汉初年兴起的黄老之学，强调"无为而治"，适应了当时社会要求休养生息的形势，一时"因缘际会，遂成显学"。东汉末期，黄老之道分衍为三支。一为张角之太平道，其经典为《太平清领书》（亦即《太平经》），后因酿成农民大起义，被镇压下去，太平道因此受到沉重打击，逐渐在历史上销声绝迹。一为张鲁所创五斗米道（亦称天师道），其主要经典为《老子五千文》和"三天正法"之章符，其秘籍有《老子想尔注》《太平洞极经》。张鲁占据汉中三十载，实行政教合一，推广五斗米道，后来他归附朝廷，与曹操关系密切，故五斗米道得到继续流传，以后遂成为道教的正统。一为魏伯阳所设金丹道，其典籍有《参同契》，它使道教炼形养神方术向义理化发展迈进了一大步，奠定了后世道教丹鼎派的理论基础。

魏晋南北朝是道学的勃兴时期，"文章之士，颇以放旷自遁，名之曰老庄，与道教同时而大异，于是老子又为名士之职志。自是以来，托于老子而自见者，殆千百家，而大旨不越是四者"。① 隋唐时期，道家学说得以延续和发展。隋代的王远知、苏元朗，唐代司马承祯、吴筠，五代杜光庭，均出自茅山道，一脉相承。唐朝由于奉道教为"本朝家教"，故对之有意扶持，道教一时称盛。这期间，道教在义理和斋醮仪式等方面均有较大的发展，出现了《阴符经注疏》《玄纲论》《坐忘论》《入药镜》等重要道书及第一部《道藏》——《开元道藏》。宋元时期，由于社会政治动荡、南北对峙，道教也发生了分化，形成了南北各宗，新的道派在大江南北纷纷兴起，北方有太一道、真大道、全真道，南方有净明道、清微道等；同时由于宋代儒学注重"义理"阐释，不拘泥训诂旧说而自由说经，进而探讨宇宙和人类的起源与构成的原理，这也影响和促进道教向义理深入发展。陈抟创"无极图"说之后，道教图学的发展及张伯端著《悟真篇》，逐渐完成了内丹教义并使之哲理化。明清时期的道教、道学已日渐衰微，虽在丹道方面有东派、西派之出现，南方有武当道的兴起，著述方面有不少对过去道书道经的诠释注疏之作，但并无多少新义，其势已是强弩之末。

严复对《老子》一书的探研表现了极为浓厚的兴趣。1903 年，他受弟子熊季廉所托，开始评点老子，其后又评点庄子和王荆公诗。严复的《〈老子〉评语》②，是具有独特形式的著述，既有释词注义与对照比较，又有辨析说明与发挥论证，其中蕴含着不少精辟独到的见解。熊季廉将严复的这册书稿给陈三立阅读，陈"叹绝，以为得未曾有，促季廉刊行"。③1905 年 12 月，熊季廉遂在东京将其刊印。

---

① 《〈老子〉评语·附录一 夏曾佑序》，《严复集》第四册，第 1100 页。

② 《〈老子〉评语》最早出版于 1905 年 12 月，在日本东京刊印，题名《侯官严氏评点〈老子〉》。《老子》原文及王弼注文用黑字，严复评点及夹注用红字套色，相当清楚美观，但错字较多，书前有夏曾佑与熊元锷序文。1931 年，商务印书馆据东京本重新排印，并校正了其中一些错字，改名为《严复评点〈老子道德经〉》。1986 年中华书局出版的《严复集》第四册，根据商务本，选录其中部分评语，再易名为《〈老子〉评语》。

③ 王蘧常：《严几道年谱》，《严复研究资料》，第 45 页。

那么，与前人的老子研究比较，严复的《〈老子〉评语》又有哪些新意和独特之处？

首先，严复开始运用西方近代哲学思想和学术思想分析和阐释《老子》。因而他的《〈老子〉评语》不是传统注疏经义工作的重复，而是中西文化学术会通、交融的产物。

夏曾佑注意到严复评点老子与前人不同，在于它是时代的产物，与新的历史变动密切相关。他说：

> 老子既著书之二千四百余年，吾友严几道读之，以为其说独与达尔文、孟德斯鸠、斯宾塞相通。……于是客有难者曰：严几道是，则古之人皆非矣。是必几道之学，为二千数百年间所未有而后可。其将何以立说？应之曰：君亦知流略之所从起乎？智识者，人也；运会者，天也。智识与运会相乘而生学说，则天人合者也。人自圣贤以至于愚不肖，其意念无不缘于观感而后兴。其所观感者同，则其所意念者亦同。若夫老子之所值，与斯宾塞等之所值，盖亦尝相同矣。而几道之所值，则亦与老子、斯宾塞等之所值同也。此其见之能相同，又奚异哉！……
>
> 故几道之谈《老子》之所以能独是者，天人适相合也。即吾说引而伸之，非惟证几道之说之所以是，亦可以证古人之说之所以非。盖古人之说，无不有所观感而兴，惟其所观感者，与老子时异耳。[①]

夏曾佑认为严复之所以能读通《老子》，在于他所处的时代与老子有类似之处，他们都是社会大变动时代的人物，"其所言者，皆其古来政教之会通也"。古人在《老子》这部书里，围绕"道""气""以

---

① 《〈老子〉评语·附录一 夏曾佑序》，《严复集》第四册，第1100、1101页。

太"等概念聚讼纷纭，形成了形形色色的道家、道学、道教。严复虽也诠释《老子》，但他不是拾取传统道学的余绪，他与前人有别的是，在这部书里，发现了与时代相通的"进化""民主""道即自然"等观念。

当代美国历史学家史华兹在分析严复的中西文化观时，指出他的内在世界里并没有"传统中国"与"现代西方"的明显分野，在《穆勒名学》的按语中，严复即将穆勒的观念与老子相提并论，而严复评点老子，也与他对中西文化和学术的见解糅合在一起，并把达尔文、赫胥黎、斯宾塞、穆勒、孟德斯鸠的理论贯通到对老子的诠释中去。[①]

严复认为老子思想与斯宾塞的形而上学有极为相似之处。对于中西学术思想的相似和雷同，严复早在《天演论》的序言中就已提到，表示《易》和《春秋》两部经典实已涵盖了归纳法和演绎法。在《辟韩》一文中，他已表示科学即斯宾塞的"形而上学的系统"，虽然穆勒以逻辑方法阐释科学，但严复还是认为斯宾塞的综合哲学乃是源于归纳逻辑，而斯宾塞的理论与中国传统的一元泛神论的思想相一致。严复评点老子是基于"老子为中国哲学之祖"的认识。夏曾佑在序言中也发现严复承认老子生于孔子与"百家"之前，而《道德经》是中国第一本纯理论性的哲学著作。老子所云"万物并作，吾以观复。夫物芸芸，各复归其根，归根曰静，是谓复命"表述的正是中国形而上学的宇宙观的基本认识。老子所谓"道"与斯宾塞之"不可知"，其意旨大体相同。如同斯宾塞于"第一原理"所做的那样，老子亦强调宇宙万物自然生灵皆相互对立，而归于"道"，所谓"形气之物，无非对待"。[②]至于"天地不仁，以万物为刍狗"的观念，与达尔文的理论原有惊人的相通之处。

①　Benjamin Schwartz, *In Search of Wealth and Power:Yen Fu and the West*（Cambridge, Mass.: The Belknap Press of Harvard University, 1964），pp.197-198.

②　《〈老子〉评语》，《严复集》第四册，第1076页。

　　严复曾从科学方法的角度诠释《道德经》第四十八章所言"为学日益，为道日损"的道理，其目的也是为了印证《穆勒名学》的理论。所谓"日益"，就是以归纳法表示知欲的增加，而"日损"则是以演绎法表示知欲的减少。严复认为穆勒归纳演绎的观点，正是表示"一物日益，即是日损"。这种立论和《道德经》一样，皆是反对为学。因为学则著于物相，离道远矣，故必须"绝圣弃智"。总之，严复认为老子思想内含科学性，乃是其思想与斯宾塞的理论相似性使然。

　　其次，严复的《〈老子〉评语》渗透了他的变革观念，是其政治思想的反映。

　　《老子》不仅仅是一部充满辩证法的哲学著作，而且还是一部有其政治意义的"兵书"，故各种学派的人都能从中吸取不同的养料。哲学家视之为哲学经典，道教信徒则奉之为宗教经典，涉足宦海的士人则认之为"权术"宝典，真是"外行看热闹，内行看门道"，各取所需。

　　在政治上，严复是维新派的代表，其政治主张与康有为、谭嗣同等大体一致，但其思想渊源则互有轩轾。康有为"托古改制"，将一个"述而不作"的孔子打扮成一个"维新改制"的孔子；严复在戊戌变法失败后，虽未被顽固派深究迫害，但在政治上已被列为不可信任的对象，其失意感自然可以想见。此后他不求仕进，专门从事译述，并开始了一些《〈老子〉评语》之类的古籍疏义工作。他与康有为推崇圣人孔子不同，其心之所向是老子，他所托的古是老子的黄老之学。他在评语中说："太史公《六家要旨》，注重道家，意正如是。今夫儒、墨、名、法所以穷者，欲以多言求不穷也。乃不知其终穷，何则？患常出于所虑之外也，惟守中可以不穷。"① 严复之意，孔孟儒家已是由显而微，穷途末路，而汉初黄老还有不穷前途，可以借用，这是他

————————

① 《〈老子〉评语》，《严复集》第四册，第1077页。

推崇老子的用意。20世纪初，严复的这种态度与他晚年主张尊孔读经，参与发起孔教会的活动，确实是大相径庭。

在《〈老子〉评语》中，严复采用了达尔文学说的进化论观点，对老子的"胜人者有力，自胜者强""强行者有力"等语句大加发挥。他说：

> 有力者外损，强者内益，足而不知，虽富，贫耳。
>
> 惟强行者为有志，亦惟有志者能强行。孔曰："知其不可而为之。"孟曰："强恕而行。"又曰："强为善而已矣。"德哲噶尔第曰："所谓豪杰者，其心目中常有一他人所谓断做不到者。"凡此，皆有志者也。中国之将亡，坐无强行者耳。①

严复以为中国面临危亡之势，只有发愤图强才是出路。老子学说并不注重争胜强行，严复在这里大加发挥，是为评语中最强之音，这可视为他对老子思想的进一步改造。

严复还把近代的自由政治与"与天争胜"的观念结合起来，认为它符合"物竞天择"的原则。"故今日之治，莫贵乎崇尚自由。自由，则物各得其所自致，而天择之用存其最宜，太平之盛可不期而自至。"②他在《原强》一文中也曾如是说，"达尔文曰：'物各竞存，最宜者立。'动植如是，政教亦如是也。"③他主张以进化论"物竞天择"的观点去分析问题。严复看到，人们要努力奋斗，不断进化，才能生存、发展，不然就会被淘汰而趋于灭亡，自由政治是谋求生存的最佳途径。他在评述老子所讲"常使民无知无欲"及"虚其心，实其腹，弱其志，强其骨"时指出：

---

① 《〈老子〉评语》，《严复集》第四册，第1089页。
② 《〈老子〉评语》，《严复集》第四册，第1082页。
③ 《原强修订稿》，《严复集》第一册，第26、27页。

> 虚其心，所以受道；实其腹，所以为我；弱其志，所以从理而无所撄；强其骨，所以自立而干事。①

严复的这种解释已与以往的那种"愚民"意思完全相反。他落脚于"受道""为我""自立而干事"，说明他鼓励人们要坚韧不拔地为追求自我的目标而努力进取。为此，严复对老子的"绝仁弃义""绝学无忧"不以为然，他嘲讽这种办法如被放逐的非洲鸵鸟，是不敢正视事实的办法，这实际上是对那些封闭自守、愚昧落后的守旧势力的批判。他说：

> 绝学固无忧，顾其忧非真无也；处忧不知，则其心等于无耳。非洲鸵鸟之被逐而无复之也，则埋其头目于沙，以不见害己者为无害。老氏绝学之道，岂异此乎？②

由于严复认为人类社会是一个由简入繁、由低级向高级不断进化的过程，所以他不苟同于老子的"还淳返朴"的观点，以为其违反自然规律、不符合社会进化的原则。"今夫质之趋文，纯之入杂，由乾坤而驯至于未济，亦自然之势也。老氏还淳返朴之义，独驱江河之水而使之在山，必不逮矣。夫物质而强之以文，老氏訾之是也。而物而返之使质，老氏之术非也。何则？虽前后二者之为术不同，而其违自然，拂道纪，则一而已矣。"③

严复大力挖掘《老子》一书中的民主政治因素，认为老子的政治观点与西方的民主政治有相似之处。他在评点老子时多处引用孟德斯鸠的《论法的精神》一书来比拟黄老之学。例如：

---

① 《〈老子〉评语》，《严复集》第四册，第 1076 页。
② 《〈老子〉评语》，《严复集》第四册，第 1082 页。
③ 《〈老子〉评语》，《严复集》第四册，第 1082 页。

黄老为民主治道也。①

夫黄、老之道，民主之国之所用也，故能长而不宰，无为而无不为；君主之国，未有能用黄、老者也。②

然孟德斯鸠《法意》中言，民主乃用道德，君主则用礼，至于专制乃用刑。中国未尝有民主之制也。虽老子亦不能为未见其物之思想。于是道德之治，亦于君主中求之；不能得，乃游心于黄、农以上，意以为太古有之。盖太古君不甚尊，民不甚贱，事为民主本为近也。此所以下篇八十章，有小国寡民之说。夫甘食美服，安居乐俗，邻国相望，鸡犬相闻，民老死不相往来，如是之世，正孟德斯鸠《法意》篇中所指为民主之真相也。世有善读二书者，必将以我为知言矣。呜呼！老子者，民主之治之所用也。③

以贱为本，以下为基，亦民主之说。④

在严复心中，老子所描述的黄帝、神农时代，君民之分不那么严格，等级分化不那么明晰，因此近于民主，亦即老子所想象的小国寡民社会。这实际上是一种幻想。不过，就原始社会本身而言，它的确存在一种原始的民主制度，这与孟德斯鸠的民主制有某些相近之处，而与封建专制背道而驰。但严复并不主张人们回到原始的状态中去，他对老子的"还淳返朴"持有异议，以为其"违自然，拂道纪""独

---

① 《〈老子〉评语》，《严复集》第四册，第 1076 页。
② 《〈老子〉评语》，《严复集》第四册，第 1079 页。
③ 《〈老子〉评语》，《严复集》第四册，第 1091、1092 页。
④ 《〈老子〉评语》，《严复集》第四册，第 1092 页。

驱江河之水而使之在山"，^①这在当时是根本不可能实现的。

老子向往的理想社会既然不过如此，严复认为，"今日之治，莫贵乎自由"，如能做到这点，"太平之盛可不期而自至"。^②而对老子"往而无害，安、平、太"。^③严复的解释是"安，自由也；平，平等也；太，合群也"。^④非常明显，这是西方启蒙思想家自由观的移植。

最后，严复的《〈老子〉评语》一书表达了其唯物主义的思想倾向。"道"是老子思想体系的核心，或指物质世界，即宇宙的本体；或指物质世界运动变化的普遍规律；或指特定环境中的具体事物。严复的理解大体如此。

世界的本原是什么？老子的回答是："道生一，一生二，二生三，三生万物。万物负阴而抱阳，总气以为和。"^⑤天下万物都是由"道"衍化而来。对这一作为高度思维概括的"道"，究竟如何理解？是物质的实体，还是精神的实质？严复认为，"盖哲学天成之序也"。^⑥这里，严复所说的"哲学"，其含义或为老子所说的"道"。所谓"天成之序"，或指普遍法则，或指自然规律。因此，严复解释说："道，太极也。降而生一。言一，则二形焉。二者，形而对待之理出，故曰生三。夫公例者，无往而不信者也。"^⑦道为太极，它和西人所谓Summungenus 相同，意为最高概念。但"道"又不是不可捉摸、无可言状的恍惚。严复认为，"有象之物，方圆是也；有物（质）之物，金石是也；有精（生命）之物，草木虫人是也。以夷、希、微之德（本质），而涵三有。甚真，故可观妙；有信，故可观徼；为一切之因，而有果

---

① 《〈老子〉评语》，《严复集》第四册，第1082页。
② 《〈老子〉评语》，《严复集》第四册，第1082页。
③ 《〈老子〉评语》，《严复集》第四册，第1090页。
④ 《〈老子〉评语》，《严复集》第四册，第1090页。
⑤ 《老子》四十二章。
⑥ 《〈老子〉评语》，《严复集》第四册，第1076页。
⑦ 《〈老子〉评语》，《严复集》第四册，第1093页。

可验。物之真信，孰逾此者？"①这里所说的道，绝不是神秘莫测的精神实质，恰恰相反，是具有千真万确的物质属性的实体。可以说，严复对于老子哲学体系核心的"道"，给予的是唯物主义的解释。

"道"的首要含义是指具有普遍意义的东西。老子说："故道大、天大、地大、人亦大。"②道与天、地、人并列，并不凌驾于这三者之上。"人法地，地法天，天法道，道法自然。"③人要受天地环境的制约，而天地遵循的道（规律）就是自然。这里，"道"的涵义比较清楚，即指具有物质属性的自然规律。严复加在这段文字上的评语是"道即自然，特字未字异耳"，完全同意老子的"道"的本义所具有的物质属性。

如何看待世界上的善恶？老子曰："善之与恶，相去何若？"④其意为，善与恶有所差异，但到底相差多少呢？"衣养万物而不为主，常无欲，可名于小。万物归焉而不为主，可名为大。"⑤意思是指，"道"养育万物，但不主宰它们，因为它本来就没有什么要求、欲望，这可以叫作"小"；万物归顺于"道"，而"道"也不主宰它们，这样，可以称作"大"。严复例举数学的微积分加以说明，"道固无善不善可论。微分术言，数起于无限小，直作无观，亦无不可，乃积之可以成诸有法之形数。求其胎萌，又即在无穷小之内。此道之尽绝言蹊也"。⑥所谓"大小之名，起于比较，起于观者。道之本体，无大小也"。⑦老子说"上善若水"，严复认为这就是"以水喻道"，⑧假如"以日喻道，

① 《〈老子〉评语》，《严复集》第四册，第 1083 页。
② 《老子》二十五章。
③ 《老子》二十五章。
④ 《老子》二十章。
⑤ 《老子》三十四章。
⑥ 《〈老子〉评语》，《严复集》第四册，第 1078 页。
⑦ 《〈老子〉评语》，《严复集》第四册，第 1090 页。
⑧ 《〈老子〉评语》，《严复集》第四册，第 1078 页。

有其上下，特不徽不昧耳"。他还进一步论述："道与宇宙，无穷者也，何由见之。"大意说，宇宙万物无穷无尽，是观察不完研究不尽的。所有这些，都在于说明作为规律性的"道"的普遍性和物质性。

在认识论上，严复也是唯物主义者，他承认主客体的区别。他说："道者同道，德者同德，失者同失，皆主客观之以同物相感者。"① 作为人的主观认识能力的主体和作为客观事物本身的客体，两者都是与物接触而有所感验。"信不足者，主观之事；有不信者，客观。"② 认识不只是人的主观能力，而能不能真正得到真实情况则是与客观的本身有关。老子提出"不出户，知天下"以及"不行而知，不见而名，不为而成"，③ 片面夸大理性认识的作用，轻视感性认识的重要性，抹杀实践经验在认识过程中的作用。对这种观点，严复认为"夫道无不在，苟得其术，虽近取诸身，岂有穷哉？而行彻五洲，学穷千古，亦将但见其会通而统于一而已矣。是以不行可知也，不见可名也，不为可成也，此得道之受用也"。④ 强调理性认识融会贯通的作用，但由此又认为"不行可知"，依然是附会了原著的唯心观点。

总的来说，严复的唯物论并不彻底。他的本体论对老子的道有时作唯心的理解，如他认为老子的道与周易的太极、佛学的自在、西方哲学的第一因都是一样的。在认识论上，他将精神实体的"道"视为不可思议的，有时陷入一种不可知论的境地。

尽管如此，严复的《老子评语》是中国近代思想史上一部有价值的著作。虽然文字不过三千，对《道德经》八十一章也并未全部进行评点，有三分之一章节没有涉及，但严复的老子学研究应当说是超越了古人。这主要表现在他首次在老学史上，运用西方学术的某些观点

---

① 《〈老子〉评语》，《严复集》第四册，第 1084 页。
② 《〈老子〉评语》，《严复集》第四册，第 1084 页。
③ 《老子》四十章。
④ 《〈老子〉评语》，《严复集》第四册，第 1095 页。

来分析中国典籍；它表明了严复政治上要求民主、自由的强烈愿望；它对老子"虚静无为"的思想进行了改造，强调中国应当发愤自强，适应《天演论》物竞天择的要求；它借用西方近代的机械唯物论，对老子的思想作了唯物主义的诠释。因此，严复的《〈老子〉评语》可以说是老学研究史上的一个重要转折，也是人们研究近代学术史一部不可不注意的著作。

二 庄子评注新特色

在中国学术史上，人们向来将庄子与老子并称，视他们为自成体系的道家学派的代表。庄子思想俊逸超脱，意蕴深远，在士林学子中颇有市场。

《庄子》与《老子》各具特色。《老子》一书短短五千言，高度概括的哲理思想，浓缩在十分简洁的文字之中，可谓字字珠玑，寓义深奥，读来颇为艰辛费解，令人难以咀嚼。《庄子》则与之不同，它共三十三篇，十余万字，其中分为内篇、外篇、杂篇。有一种传统的说法，认为内篇是庄子所自著，其余是门生弟子后学所著。这只是一种揣测，并没有什么根据。不过，《庄子》语言活泼，意境清新，形象生动，如江河一泻千里之势，读来引人入胜，不知倦止。严复喜读庄子，多年探研，常至爱不释手。现存他的《〈庄子〉评语》虽刊于1916年，但并非一次成稿，为多年陆续评点，不断积累而成。刊印本中，有香港出版的福州岷云堂丛刊（岷本），以马其昶《庄子故》为底本，曾克耑校录并序，该版系以严琥先生所藏评点本移录而成。另有杭州大学（现浙江大学）严群教授自藏《〈庄子〉评点》（严本，未刊），系严复在亲友家读《庄子》时随手所作的评注，条目较岷云堂本多。但也有部分评注，岷本录而严本缺。两本评注共四百一十五条。其中完全相同的一百一十条，基本相同而文字略有出入的九十五条，岷本有而严本缺的约六十条，岷本缺而严本有的约一百四十条。^①内容属评语者二百六十多条，属文字训诂者一百四十多条，其中有评论的眉批，有释疑性的注解，或以朱笔圈点，或用英文加注，其约数万言。严复的评注文字简练，寓义艰深，有的甚至晦涩难读。严复素慕桐城派古文的风格，在评注中表露得相当典型。

严复评注《庄子》，基本上是把庄书作为一个完整的体系对待的，先对内篇作了总评，而后分别加以评注、圈点、训诂。他总评的要点是：

> 尝谓内七篇秩序井然，不可紊乱。何以言之？盖学道者，以拘虚、笃时、束教、囿物为厉禁，有一于此，未有能通者也。是故开宗明义，首告学者必游心于至大之域，而命其篇曰《逍遥游》。……其次，则当知物论之本齐……再进则语学者以事道之要，曰《养生主》。《养生主》者，非养生也，其主旨曰依乎天理，是故有变境而无生灭，安时处顺，薪尽火传，不知其极。然而人间不可弃也，有无所逃于天地之间者焉，是又不可以不讲，故命曰《人间世》。一命一义。而寓诸不得已。是故庄子者，非出世之学也。^②

其大意是，要理解"道"的奥妙，必须不受时间地点条件和传统观念的束缚，否则，一旦如此，就很难融会贯通。因而首先要解放思想，然后依照内篇序列，从《逍遥游》到《齐物论》，再从《养生主》到《人间世》，逐步领会，以便理解庄子的处世之学。

---

① 参见《严复集》第四册，第1104页注。
② 《〈庄子〉评语·内篇总篇》，《严复集》第四册，第1104页。

在这里，严复提出了一个不同于传统的重要看法，即庄子哲学"非出世之学也"。

究竟如何把握庄子哲学呢？严复认为应该多视角、多方面探讨，要避免发生像孔子指出的"识其一不知其二"的情况，"一家之术，如神农之并耕，释氏之忍辱，耶稣之信天，皆其说至高，而为人类所不可用，所谓识其一不识其二者也"。[①] 其意是说，学问再高深，学说再高明，高到没有用处，对人类也就没有什么意义了。

《庄子》是一部富有哲理的著作，严复的评语也带有浓厚的哲学思考意味。哲学是宇宙观。宇宙观是什么呢？严复认为："宇宙，皆无形者也。宇之所以可言，以有形者列于其中，而后可以指似，使无一物，则所谓方向远近皆亡；宙之所以可言，以有形者变于其际，而后可以历数，使无一事，则所谓先后久暂亦亡。故庄生云尔。宇宙，即今西学所谓空间时间。空无尽处，但见其内容，故曰有实而无乎处；时不可以起讫言，故曰有长而无本剽。宇者，三前之物，故曰有实；宙者，一互之物，故曰有长。"[②]

宇宙无垠无限，那么天地和自然呢？"天之可推，以有历数；地之可指，以有人据。"[③] 这里所谓"天"，指时间，可用历数推算；"地"则指空间，供人居住，和上述宇宙的含意是一致的。而"天不得不高"，[④] 天高，是自然现象，亦即"所谓自然"。至于"天理"的涵义，严复的理解颇带近代意味。"依乎天理"，即欧西科哲学家所谓"We must live according to nature"，[⑤] 可见他心中的"天理"，就是自然规律。"依乎天理"，是要求人们按照自然规律生活。"安时处顺，是依乎

---

① 《〈庄子〉评语·天地第十二》，《严复集》第四册，第 1128 页。
② 《〈庄子〉评语·庚桑楚第二十三》，《严复集》第四册，第 1139 页。
③ 《〈庄子〉评语·寓言第二十七》，《严复集》第四册，第 1145 页。
④ 《庄子·知北游》。
⑤ 《〈庄子〉评语·养生主第三》，《严复集》第四册，第 1108 页。

天理注脚。"①违背了自然规律，就会遭到"天理"的惩罚。

关于哲学的两大派，严复明确指出："屈大均曰，心从知而得，知之外无所谓心也。常心从心而得，心之外无所谓常心也。……庄生之齐物，亦齐之于吾心尔。知心之外无物，物斯齐矣。屈氏所言，乃欧西惟心派哲学，与科学家之惟物派大殊，惟物派谓此心之动，皆物之变，故物尽则心尽，所言实凿凿可指，持惟心学说者，不可不深究也。"②人们常说的"鬼神"和"上帝"也是属于唯心论。"世人之言幽冥，宗教之言上帝，大抵皆随其成心而师之之说也。"③唯心论虽能满足人们的想象欲，并能激发人们的信仰热情，但却缺乏科学依据。"至其真实，则皆无据。"④由此不难看出严复的哲学倾向是选择唯物论。

"道""气"是中国传统哲学的重要概念，也是《庄子》一书着意讨论的范畴。庄子曰："夫随有情有信，无为无形，可传而不可受，可得而不可见，自本自根，未有天地，自古以固存，神鬼神帝，生天生地，在太极之先而不为高，在六极之下而不为深，先天地生而不为久，长于上古而不为老。"⑤这里的"道"，指的是宇宙本体。由于随心所欲的过分夸张，赋予了"道"以万能的属性，明显带有唯心论的杂质。严复对此评价道："自'夫道有情有信'以下，至'而比于列星'止，数百言皆颂叹之词，然是庄文无内心处，不必深加研究。"⑥严复对庄子的"道"不以为然，甚至加以否定，认为这是庄子思想不成熟的一面。

关于"气"的解释，庄子的看法是："人之生，气聚也，聚则为

---

① 《〈庄子〉评语·养生主第三》，《严复集》第四册，第1109页。
② 《〈庄子〉评语·德充符第五》，《严复集》第四册，第1115页。
③ 《〈庄子〉评语·齐物论》，《严复集》第四册，第1107页。
④ 《〈庄子〉评语·齐物论》，《严复集》第四册，第1107页。
⑤ 《庄子·大宗师》。
⑥ 《〈庄子〉评语·大宗师第六》，《严复集》第四册，第1117页。

生，散则为死。若死生为徒，吾又何患？故万物一也，是其所美者为神奇，其所恶者为臭腐。臭腐化为神奇，神奇化为臭腐，故曰通天下一气耳，圣人故贵一。"① 在这里，庄子提出了"通天下一气"的命题，讨论了"气"与生死的关系、"气"与万物的关系和事物之间相互转化的关系等问题。那么，这里的"气"到底是指物质的客观存在，还是精神性的概念？严复认为，庄子本义指的是物质属性。"今世科学家所谓一气常住，古所谓气，今所谓力也。"② 即古代所谓"气"和今人所言"力"相通，两者都具有物质的属性。严复颇为重视这一命题，他进一步指出："一气之转，物自为变。此近世学者所谓天演也。"③而西人亦以庄子为古之天演家。"气"是物质变化的原因，由于"气"的存在运行，形成了物质的演变、发展和进化。严复还举空气为例说明，"厉风济，则众窍为虚，非深察物理者不能道。凡有窍穴，其中含气，有风过之，则穴中之气随之俱出，而成真空，医家吸入器，即用此理为制。故曰：厉风过，则众窍为虚。向解作'止'，误。"④这里的气与风，即空气，它和"通天下一气耳"的"气"虽有具体和抽象之别，但其内涵都是包含物质属性的。

对《庄子》原有的唯物论倾向的观点，严复多次举例说明其正确性，如"秋毫之端"，他评曰："秋毫小矣，乃至其端，乃至其端之万分未得处一焉，此算学家所谓第三等微分也。"⑤ 又如庄子所谓"视之而不见"⑥ 与老子的"希""微""夷"等概念，严复评道："光曜亦自无物，故曰，予能有无。然尚有光，可以目治，故曰，未能无无。"⑦

———————————

① 《庄子·知北游》。
② 《〈庄子〉评语·知北游第二十二》，《严复集》第四册，第 1136 页。
③ 《〈庄子〉评语·齐物论第二》，《严复集》第四册，第 1106 页。
④ 《〈庄子〉评语·齐物论第二》，《严复集》第四册，第 1106 页。
⑤ 《〈庄子〉评语·知北游第二十二》，《严复集》第四册，第 1137 页。
⑥ 《庄子·知北游》。
⑦ 《〈庄子〉评语·知北游第二十二》，《严复集》第四册，第 1137 页。

严复的评语是以近代数理科学为基础，对它们重新解释，作出合乎唯物论的注释。

庄子的《齐物论》一篇，包含对事物本体的认识和认识事物的方法两层意蕴。这一命题可分两组理解：（一）齐物，论；（二）齐，物论。以这种认识论和思想方法，很容易混淆事物的类属差别，混淆事物各自具有的内在本质。对此，严复认为，"物有本性，不可齐也。所可齐者，特物论耳"。①事物千差万别各有本性，不能千篇一律，强求划一，但对于事物的认识，却可能取得一致。在这一命题中，严复超越了庄子原著的某些唯心主义观点，步入了唯物主义的轨道。当然严复的某些评语中也明显含有唯心论观点，如内篇总评称："由是群己之道交亨，则有德充之符焉。处则为大宗师，《周易》见龙之在田也。出则应帝王，九五飞龙之在天也，而道之能事尽矣。"②借用《周易》来为自己论证，实际上还是九五之尊、真龙天子传统观念在作祟。

在认识论上，严复的某些评语重复了庄子原著的形而上学观点。例如，"似道之物，皆无始卒。无始卒者，惟环可言，则由是往复周流之事起矣"，③对事物的变化作了循环论解释。又如，"夫终身役役，而不见其成功，不独人道有如是也，而造物尤然。日月之经天，江河之行地，寒暑之推迁，昼夜之相代，生之万物以成毁生灭于此区区一丸之中。其来若无始，其去若无终，问彼真宰，何因为是，虽有大圣，莫能答也"。④"天地若同宇宙，则其物固为不可思议，亦不得云自无而有，若其义如此易了，何须词费乎？"⑤对天地万物的奇妙变化"不可思议"，这又明显沾上了不可知论的色彩。按理说，严复所处的时

---

① 《〈庄子〉评语·齐物论第二》，《严复集》第四册，第1105页。
② 《〈庄子〉评语·内篇总评》，《严复集》第四册，第1104页。
③ 《〈庄子〉评语·寓言第二十七》，《严复集》第四册，第1145页。
④ 《〈庄子〉评语·齐物论第二》，《严复集》第四册，第1107页。
⑤ 《〈庄子〉评语·知北游第二十二》，《严复集》第四册，第1137页。

代与庄子已大不相同，严复所具备的科学素养也绝非庄子所能比拟，而他所列举的日月、江河、寒暑、昼夜等，在当时也并非"不可思议"，不能解释。严复在认识论上之所以陷入一种"不可知论"的困境，这是他对自己的思想主张力不从心，对现实的变化无法把握在内心深处的一种反映。因此，就《〈庄子〉评语》所反映的哲学倾向而言，严复大体可归入机械唯物论一列。

《庄子》是一部富有鲜明个性的文学著作，书中许多处使用了形象、夸张的艺术手法，言辞自然是激烈一些。严复接受过近代科学洗礼，故对事物的看法往往能持客观、理性的态度。在"为之斗斛以量之"一语上，他批道："然而以为大盗所利用之故，谓斗斛权衡符玺不必设，设而于人事无所利焉，此又过激之论，而不得物理之平者矣。"① 如果真的废除斗斛、权衡等度量器，正常的市场交易就无法进行，人类自然只能退回到原始状态中去。

严复的《〈庄子〉评语》还充满了社会政治和伦理道德方面的内容。他对《庄子·骈拇》篇评点道："此篇宗旨在任性命之情，而以仁义为赘，先以形喻，次以官喻。"② 并对"性""德"等词作了语义分析。"性"（Nature），"与生俱生，曰性；群生同然，曰德；因人而异，曰形""德者，群生之大同，非全生之本"。③ 在严复心中，"性"就是顺乎自然，"依乎天理"，"德"则是规范人们行为的准则。庄子曰："国之利器，不可以示人。"而严复则认为，中国社会并不是利器增多，而是道德沦丧，导致社会秩序混乱。他感叹道："呜呼！今之西人，其利器亦众矣。道德不进，而利器日多，此中国之所以大乱也。"④ 严复反对庄子美化愚昧落后的原始社会的倾向，以为"此说与卢梭正同，然而

---

① 《〈庄子〉评语·胠箧第十》，《严复集》第四册，第 1123 页。
② 《〈庄子〉评语·骈拇第八》，《严复集》第四册，第 1119 页。
③ 《〈庄子〉评语·骈拇第八》，《严复集》第四册，第 1119、1120 页。
④ 《〈庄子〉评语·胠箧第十》，《严复集》第四册，第 1123 页。

大谬。所谓至德之世，世间固无此物。而今日非、澳诸洲，内地未开化之民，其所当乃至苦，如是而曰至治，何足慕乎？"①他借题发挥，激烈批评卢梭的《民约论》等书，"以初民为最乐，但以事实言之，乃最苦者，故其说尽破，醉心卢氏学说者，不可不知也"。②

《庄子·人间世》一篇论及事物变化的因果关系，严复据以推论微因巨果以察事变。"今日所种之因虽微，而其结果可以至巨，观予吾国金陵、天津诸条约，皆成今日绝大厉阶"③。对于西方列强侵略我国，强迫签订的那些丧权辱国的不平等条约，严复指出它们是危及国计民生导致无限祸患的根源，表现了极为深切的爱国热情。

以上就严复的《庄子评语》所涉及的一些主要问题作了评述，借以反映严复思想的一个侧面。此外，该书的文字训诂部分具体细微，对《庄子》研究亦有助益，限于学力，不再赘述。

三　言之无文，行之不远

严复虽非文学评论家，但他对中国古典文学却有一套自己的看法。在诗歌方面，他带有唯美主义倾向，认为诗歌是至无用之物，他说："嗟夫！诗者两间至无用之物也，饥者得之不可以为饱，寒者挟之不足以为温，国之弱者不可以为强，世之乱者不可以为治。又所谓美术之一也。美术意造而恒超夫事境之上，故言田野之宽闲，则讳其贫陋；赋女子之妍妙，则掩其僬蛣。必如其言，夷考其实，将什八九无是物也，故诗之失，常诬而愚。其为物之无用，而鲜实乃如此。……然则诗之所以独贵者，非以其无所可用也耶？无所可用者，

---

① 《〈庄子〉评语·胠箧第十》，《严复集》第四册，第1123页。
② 《〈庄子〉评语·马蹄第九》，《严复集》第四册，第1121页。
③ 《〈庄子〉评语·人间世第四》，《严复集》第四册，第1112、1113页。

不可使有用，用则失其真甚焉。"①

在《〈涵芬楼古今文钞〉序》一文中，严复表达了与上文大致相同的看法：

> 盖学之事万途，而大异存乎术鹄。鹄者何？以得之为至娱，而无暇外慕，是为己者也，相欣无穷者也。术者何？假其途以有求，求得则辄弃，是为人者也，本非所贵者也。为帖括，为院体书，浸假而为汉人学，为诗歌，为韩欧苏氏之文，樊然不同，而其弋声称、网利禄也一。凡皆吾所谓术，而非所谓鹄者。苟术而非鹄，适皆亡吾学。②

由上可见，严复视古代诗文、书法、金石篆刻为"至娱"之"鹄"。他认为，这些东西，不可以充饥、御寒、强国、治世，因而它们都是最无用的东西；这些"无用之用"之所以为人们所用，在于它们可以供人"怡情遣日"，或曰"移情遣意"。因而人们在从事欣赏或创作诗文、书法、篆刻等艺术活动时，最正当的态度就是把它们自身当作目的，"以得之为至娱，而无暇外慕"，这样它们才能得到发展和繁荣。如果"假其途以有求，求得则辄弃"，像古人参加科举考试那样，用它们来追求"声称""利禄"，则无异于削足适履。

将严复的见解与中国古代各家诗论加以比较，就其把诗歌作为艺术，是作者表现自己想象、注意、虚构的东西，这颇类似于齐梁间的唯美主义艺术观，而他把诗歌与人的关系，比作草木之花英，鸟兽之鸣啸，发于自然，达到至深而莫能自制，这又近于魏晋时期受老庄思想影响的自然主义的观点。但也正是因为如此，他与孔子所说的兴、

---

① 严复：《诗庐说》，原载 1917 年《小说月报》第 8 卷第 3 号，转引自周振甫：《严复的诗和文艺论》，《严复研究资料》，第 388 页。

② 《〈涵芬楼古今文钞〉序》，《严复集》第二册，第 275 页。

观、群、怨，孟子的"知人论世"，汉儒所说的"先王以是经夫妇，成孝敬，厚人伦，美教化，移风俗"[1]等正统的文艺观，产生了一定的歧异。应当肯定，严复针对传统士人以诗文"弋声称、网利禄"的做法，提出反对"术"的态度，主张"鹄"的态度；针对旧文人苟且粉饰的创作作风，提出"发于自然"的主张。这种"为艺术而艺术"的文艺观是针对封建"文以载道"的观点而发，它在文学史上有一定的进步意义。

在考察古典诗歌的基础上，严复形成了一些独特见解。他赞美"李杜光芒万丈长，坡谷九天纷咳唾"，但他又主张"老景随世开，不必唐宋判"。这就是说，作诗要随着时世不同而有所创新，不必去分别是作唐诗还是宋诗。只要"取经爱好似未害，他日湘帆随转柁。清新俊逸殆无援，着眼沉郁兼顿挫"，也就是说诗歌只要"沉郁顿挫"，可以听凭各自的爱好。所谓沉郁，就是要求内容的深厚；所谓顿挫，就是要求激情的唱叹，构成音节的跌宕。这就是严复对诗歌创作的看法。

在散文方面，严复沿承了从孔子以来儒家一派正统的观点。他在《天演论》的《译例言》中引用了"修辞之诚""辞达而已""言之不文，行之不远"的话，认为"三曰乃文章正轨，亦即为译事楷模。故信、达而外，求其尔雅，此不仅期以行远已耳"。[2]以此为依据，他提出越是用汉以前的字法句法，则越易于"达"，用近世通俗的文字，做到"达"反而比较困难。他用文言进行翻译的缘由亦在此。

严复以汉代古文翻译西书，虽然赢得了旧学根柢不错的人的理解，但不易为一班青年知识分子所阅读。梁启超对此颇有意见。1902年，

---

① 《诗经·毛诗序》。
② 《天演论·译例言》，《严复集》第五册，第1322页。

严复翻译的《原富》问世后，梁启超一方面加以推荐，称许他"于西学中学皆为我国第一流人物"，一方面也指出这部译著"文笔太务渊雅，刻意摹效先秦文体，非多读古书之人，一殆难索解"。梁启超当时并未提出要废文言、倡白话，但他认为，"文界之宜革命久矣。……况此等学理邃赜之书，非以流畅锐达之笔行之，安能使学僮受益乎？著译之业，将以播文明思想于国民也，非有藏山不朽之名誉也。文人结习，吾不能为贤者讳矣"。①

严复对梁启超的批评持抵触的态度。他认为通俗的文字，绝不能翻译西方艰深的理论著作。他说："窃以谓文辞者，载理想之羽翼，而以达情感之音声也。是故理之精者不能载以粗犷之词，而情之正者不可达以鄙倍之气。"②其次，他认为西方并不存在"文界革命"。他说："且文界复何革命之与有？持欧洲晚近世之文章，以与其古者较，其所进者在理想耳，在学术耳，其情感之高妙，且不能比肩乎古人；至于律令体裁，直谓之无几微之异可也。"③再次，如依梁氏之说，"徒为近俗之辞，以取便市井乡僻之不学，此于文界，乃所谓陵迟，非革命也"。④最后，他翻译的"学理邃赜之书"，读者对象不是学僮，而是多读中国古书的人。

严复推崇古典文言，反对通俗白话，他本着这种观点反对新文学运动，对中国古代俗文学，尤其是宋元戏曲、明清小说亦持贬议。他在致学生熊纯如的信中如是说：

> 北京大学陈、胡诸教员主张文白合一，在京久已闻之，彼之为此，意谓西国然也。不知西国为此，乃以语言合之文字，而彼

---

① 梁启超：《绍介新著〈原富〉》，载 1902 年 2 月 8 日《新民丛报》第一号。
② 《与梁启超书（二）》，《严复集》第三册，第 516 页。
③ 《与梁启超书（二）》，《严复集》第三册，第 516 页。
④ 《与梁启超书（二）》，《严复集》第三册，第 516 页。

则反是，以文字合之语言。今夫文字语言之所以为优美者，以其名辞富有，著之手口，有以导达要妙精深之理想，状写奇异美丽之物态耳。如刘勰云："情在词外曰隐，状溢目前曰秀。"梅圣俞云："含不尽之意，见于言外，状难写之景，如在目前。"又沈隐侯云："相如工为形似之言，二班长于情理之说。"今试问欲为此者，将于文言求之乎？抑于白话求之乎？诗之善述情者，无若杜子美之《北征》；能状物者，无若韩吏部之《南山》。设用白话，则高者不过《水浒》《红楼》。下者将同戏曲中簧皮之脚本。就令以此教育，易于普及，而斡弃周鼎，宝此康瓠，正无如退化何耳。[1]

严复轻视语体文写成的文学作品，说明他对中国古代文学的发展，尤其是宋元以降词曲、小说兴起的背景，并没有全面、深刻的了解。所以他轻视白话文学的历史地位，坚持屈、宋、李、杜之诗和马、班、韩、柳之文才真正是文学中的典范之作。这也就无怪乎他认为新文学是一种退化现象。

就严复的创作在文学史上的地位和影响而言，主要是在散文方面。他从 1895 年在《直报》上发表第一篇政论文《论世变之亟》开始，到逝世为止，二十六年中总共发表了上百篇文章。体裁大都是政论文，其余大都是碑传序跋一类记叙体，有一两篇赋体祭文。文章内容涉及全球大事、社会古今、中西学术、书报评介直到名人行状、办学章程等，可谓五花八门、无所不及。此外，严复给亲友学生所写的大量书信，也可视为随感录式的简札体散文。

严复的散文在当时被归为桐城派。他本人与清末桐城派的主要代表吴汝纶关系十分密切，他们两人书信往来，切磋译书，吴汝纶还为

---

[1]　《与熊纯如书（八十三）》，《严复集》第三册，第 699 页。

《天演论》和《原富》两书作序，对严译推崇备至。吴称誉《天演论》"骎骎与晚周诸子相上下"[①]，"追幽凿险，抉摘奥赜，真足达难显之情，今世盖无能与我公上下追逐者也"[②]。而严复对吴汝纶也很尊重，他以钦敬的口气对吴说："复于文章一道，心知好之，虽甘食煮色之殷，殆无以过。不幸晚学无师，致过壮无成。虽蒙先生奖诱拂拭，而如精力既衰何，假令早遭十年，岂止如此？"[③]大有相见恨晚之意。严复常语："吾国人中旧学淹贯而不图夷新知者，湘阴郭侍郎后，吴京卿一人而已。"[④]1903年初，吴汝纶病故，这时严复正想将已译完的《群学肄言》一书寄给吴汝纶，请他作序。闻此噩耗，严复哀恸不已，在该书《译余赘语》中说："呜呼！惠施去而庄周忘质，伯牙死而钟期绝弦，自今以往，世复有能序吾书者乎！"

吴汝纶在晚期桐城派作家中居于坛主地位，以其资历深望，为《天演论》作序，对该书的风行起了助推的作用。但桐城派到清末已是强弩之末，在文学理论上并没有什么建树。吴汝纶虽然思想开明，为了保住桐城派的阵地，他力主把《古文辞类纂》列为学校必修课，并极为赞誉严复和林纾用古文来传播西学。按照桐城派文学的"家法"，写作须"清通、质实、雅驯"，富有"神气"。如果抛开桐城派末流把这些规范变成僵死的教条而阻碍新兴文学运动的发展这一点不谈，作为散文艺术的一般要求，这些主张确有其一定的美学价值。严复提出的"信、达、雅"的翻译标准，与这些审美取向有着深刻的内在联系。

严复的译文尽量"化俗为雅"，甚至"与其伤洁，毋宁失真"。严复的文章，较之他的译文，并不刻意求雅，而是自由舒放得多。虽

---

① 吴汝纶：《天演论·吴序》，《严复集》第五册，第1318页。
② 《吴汝纶致严复（五）》，《严复集》第五册，第1563页。
③ 《致吴汝纶书》，《严复集》第三册，第522、523页。
④ 王蘧常：《严几道年谱》，《严复研究资料》，第44页。

然在写作技巧上他吸收了桐城派严整峻洁、音节铿锵的优点，但他还是保持了自己的个性和特长。严复散文最大的特色是以理胜、以情胜。在说理上，他运用西学逻辑推理之法，演绎、归纳，论据翔实，鞭辟入里，具有很强的说服力。特别是当他热情洋溢介绍科学、疾痛惨怛地指陈积弊、慷慨激昂地呼吁救亡时，他就很难做到心平气和，也顾不得讲究什么"气清体洁""清淡简朴"的桐城规矩了。试看《救亡决论》中的一段分析中国积弱不振原因的文字：

> 昨者，有友相遇，慨然曰："华风之敝，八字尽之——始于作伪，终于无耻。"呜呼！岂不信哉！岂不信哉！今者，吾欲与之为微词，则恐不足发聋而振聩；吾欲大声疾呼，又恐骇俗而惊人。虽然，时局到今，吾宁负发狂之名，决不能喔咿嚅唲，更蹈作伪无耻之故辙。今日请明目张胆为诸公一言道破可乎？四千年文物，九万里中原，所以至于斯极者，其教化学术非也。①

清晰的思想、强烈的感情、铿锵的语言，如以石击水，激烈地冲撞着读者的心灵，使人惊然、憬然、奋然。可以说，严复的议论文，以其内容之博大、思想之新颖、推理之科学，绝非同时期其他桐城派作家可以比肩，他已在许多方面突破了桐城派的文章格局。

对于严复的议论文，章太炎在《与人论文书》里批评道："下流所仰，乃在严复林纾之徒。复辞虽饬，气体比于制举，若将所谓曳行作姿者也。"在《〈社会通诠〉商兑》里他还说：

> 就实论之，严氏固略知小学而于周秦两汉唐宋儒先之文史，能得其句读矣。然相其文质，于声音节奏之间，犹未离于帖括。

---

① 《救亡决论》，《严复集》第一册，第53页。

139

申天之态，回复之辞，载飞载鸣，情状可见，盖俯仰于桐城之道左而未趋其庭庑者也。①

章氏这段批评是从政治立场指责严复反对民族革命。不过，在此他却道出了严复议论文的主要特征：它并不像桐城派那么温柔敦厚，那样简雅含蓄，而是笔端常带感情，通过反复的强调及有力的节奏给人以艺术感染。而这正是严文的长处所在。

严复的诗歌作品主要结集在《瘉壄堂诗集》里，他老年也自称为瘉壄老人。壄就是野，瘉野即"瘉鄙"的意思。他在《与〈外交报〉主人书》一文中说："今吾国之所最患者，非愚乎？非贫乎？非弱乎？则径而言之，凡事之可以瘉此愚、疗此贫、起此弱者皆可为。而三者之中，尤以瘉愚为最急。"② 这就是说，严复认定瘉愚为救国之急务，所以他自称为"瘉壄老人"，把自己的诗集取名为《瘉壄堂诗集》。

严复创作的诗歌，以七言古、近体较多。题材有纪事、题咏、唱和、感赋、教子、赠徒、寄友、挽逝、论艺等。诗中充满了对家国身世的感喟，多带一种失落感，调子比较低沉，是其一生坎坷境遇的反映。

严复的诗，一般说来，语言朴实无华，抒情比较真挚，不做作，不浮夸，这是其长处，如《哭林晚翠》一首：

相见及长别，都来几昼昏。池荷清逭暑，丛桂远招魂。投分欣倾盖，湛冤痛覆盆。不成扶奥弱，直是构恩怨。忆昨皇临极，殷忧国命屯。侧身求辅弼，痛哭为黎元。大业方鸿造，奇才各骏

---

① 章太炎：《〈社会通诠〉商兑》，《严复研究资料》，第269页。
② 《与〈外交报〉主人书》，《严复集》第三册，第560页。

犇。明堂收杞梓，列辟贡玙璠。岂谓资群策，翻成罪莠言！衅诚基近习，祸已及亲尊。惝恍移宫狱，呜呼养士恩。人情方翕訾，天意与偏反。[1]

但严复作诗往往偏重议论，喜欢用典，有些作品意境不深。他的一些纪事、游记诗，平铺直叙，较少余味。只要不过分讲求喻理、论事，而任凭感情的自然抒发，他的笔下就会出现清隽可颂的佳作。如《和寄朝鲜金泽荣》《书愤，次伯远韵》《再题惜别图》《赠英华》《痛中述怀》等就属于这一类。

清末诗坛出现了同光体派，它对严复的诗歌创作有一定影响。"同光派"的代表人物是陈三立、沈曾植、陈衍、郑孝胥等，他们提倡学习宋诗，作诗讲求学力，比较重事理，不大讲意境，文字上追求古奥，反对"浅俗"。"同光派"与以黄遵宪为代表的"诗界革命"派分庭抗礼，各自都组织了"诗社"。从严复的日记里，我们可以发现他曾多次参加"同光社"的"修禊"活动。严复和他们凑在一堆，可能除了和诗抒情、沟通感情外，还有某种情趣的一致。陈衍在《石遗室诗话》里这样谈及严复："几道劬学，老而弥笃。每与余言诗，虚心翕受，粥粥若无能者。"[2] 陈衍的话语可能有自夸之嫌，但他当时的诗名很大，严复完全有可能对他表现得比较谦虚。严复在古典诗歌中最喜欢王安石的作品，留有《〈王荆公诗〉评语》一书。他认为，王安石所处的北宋积弱之情形与清末相似，王安石变法图强的精神和救世泽民的心胸，反映在诗歌上，不是一般"曲学陋儒"所能理喻。王安石的诗是政治家、思想家的诗，而不像苏东坡、黄庭坚那种"诗人之诗"。他评论王诗的重点不在诗艺，而在于"学术本源"。这

---

① 《哭林晚翠》，《严复集》第二册，第 362 页。
② 陈衍：《石遗室诗话》，北京：朝华出版社，2017 年版，第 377 页。

种看法与"同光派"提出的"学人诗""诗人与学人合一"的主张不谋而合。

比较严复创作的诗歌与散文，无论从内容的深度、广度和社会影响来看，都是文胜于诗。他的诗风和文风比较接近，朴素简洁，注重论事和修辞，不尚夸张，笔锋常带感情。但因过于偏重事理，逻辑自然相对严谨，这就拘束了艺术形象的表现，故其文之长反为其诗之短。

19世纪末20世纪初正是中国文学从传统向近代转型的时期。长久以来，学术界对于严复在这一过程中的地位和影响认识不足，一般囿于文体论的层面，更多地强调严译名著的古文文学价值。而从理论上对严复在整个近代文学观念变革，以及在传统文学向近代文学转型过程中所发挥的积极作用，却欠缺应有的估价。出现这一情形，与近人对严复的评价有极大的关系，如桐城派古文大师吴汝纶读了严复《天演论》这部文笔雅驯的译稿后，喜出望外，大有"刘先主之得荆州"之慨，遂为《天演论》作序，盛推严复采用汉以前字法句法的译文。如果说吴汝纶对严复译文的推崇，有借严译扩大桐城古文影响之用意的话，那么后来胡适对严复的文学评价，则主要是从文学史的视角出发，他认为"严复译的书……在原文本有文学的价值，他的译本在古文学史上也应该占一个很高的地位"。[①]可见，吴、胡两人的评价视角虽互有区别，但他们评价的文本是一致的，即他们都只以严译为讨论对象，肯定严译在传统文学中的价值。

对严复的文学评价局限于严译的另一个重要原因是严复本人的身份。应当承认，严复首先是一位启蒙思想家，而不是一位专业的文学家和文学理论家。他虽对文学问题时有议论，但他在这方面的见解不如他介绍进化论和西方学术著作那样，能够走在历史的前列。严复

---

① 胡适：《五十年来中国之文学》，《胡适文存二集》卷二，第116页。

对文学的基本态度是"为艺术而艺术"，这与他讲究功利的实用主义观点自然发生了冲突，故他认为文学无用，这种对文学功能的贬抑态度与黄遵宪、梁启超等人的文学可以改造社会的理论主张形成鲜明对比。

在文学趣味上，严复崇雅反俗。他以文笔渊雅的古文翻译西方学术著作，固然有将西方哲学这服难咽的"苦药"饰以古雅的糖衣，使泥古而自尊的士大夫乐于吞咽之良苦用心，但它与"修辞立诚""言之无文，行之不远"的儒家传统文学观念的渊源关系亦不可否认。正是从这种文学观念出发，严复反对白话文，对新文学运动持抵制态度。

然而，严复对中国文学观念的更新和近代文学发展的作用，并不在他自己所持的文学观，而在于他为近代文学的发展提供了新的理论支点——进化论。正是借助进化论这一思想武器，中国文学找到了自身走向世界、走向现代的突破口，而这一切，也是注重思想革新而忽视文学革新的严复所始料不及的。

自从 19 世纪中叶以来，中西文化激烈冲撞，古典文学的生存与发展遭遇了前所未有的危机。鸦片战争时期，龚自珍、魏源领风气之先，倡导文学的创新，提出文学创作要尊心、尊情、尊自然，呼唤文学改革的风雷，但他们限于诸种条件的限制，却提不出具体的文学改革方案。经世派掀起的爱国文学浪潮，虽为文学带来了一线生机，但毕竟无法冲破层层迷雾。直至戊戌变法前夕，文学界依旧保持传统的格局，没有多大变化。文必秦汉、诗必盛唐、诗骚并溯、尊重古训的深重旧习，压抑了文学的创新机制，使得文学在创新与复古的怪圈内转来转去。《儿女英雄传》《品花宝鉴》《花月痕》等小说欲将明清以来的小说推向极致，但画虎不成反类犬，渐入狭邪。曾国藩的诗文创作虽矫正了前期桐城派的空疏之病，带来了桐城派文学的一度中兴，但又为古文创作增加了许多禁忌和偶像。宋诗派决意冲破"诗必盛唐"

之定见，转而膜拜宋人诗法，寓义理于诗情，结果导致诗的异化。常州词派力图改变词为"艳科"的形象，但他们在温柔敦厚、怨而不怒的传统诗话引导下，把词变成了一曲旧时代的挽歌。迈入近代后的中国文学，仍旧在古典文学的框架内运转。

中国文学从古典向近代演变，肇始于梁启超、黄遵宪等人发动的文学革新运动，而究其发生、发展，严复确有功焉。戊戌变法期间，维新志士为推动政治变革和思想启蒙，主张以文学启迪民众，实行小说界革命、诗界革命、文界革命和戏剧革命。指导这场文学革新运动的理论基础，正是严复宣传的进化论。

文学革新运动是借"小说界革命"而发轫的，而"小说界革命"的倡导者正是严复。在传统文学观念中，"小说"一词即含贬义，到了晚清，这种色彩仍很浓厚。一般文人认为，小说既因缺乏真实而和历代史书相抵牾，又因行文轻薄，事涉淫乱，且常有聚义反叛的描写，而被视作末技小道，被摒弃于文学的大雅之堂外。严复、夏曾佑破除传统文学成见，1897年在《〈国闻报〉附印说部缘起》[①]一文中，即以传统态度承认小说的力量，又以外来的进化论学说说明它内在的感染力，认为"欧、美、东瀛，其开化之时，往往得小说之助"。并依据进化论的观点论证英雄男女为人类的普通性情，"非有英雄之性，不能争存；非有男女之性，不能传种也"，指出不能以描写英雄、男女之情而菲薄小说。严、夏的这篇论文，可以说是呼唤小说革新的第一声。

---

① 据美籍华裔学者夏志清考证，该文在《国闻报》第十六期（1897年11月10日）开始连载，未署作者姓名。几年后，梁启超在《新小说》"小说丛话"栏里披露了严复、夏曾佑合撰一事。夏不懂西文，而该文又以大量涉及西方历史和其他知识而引人注目，所以就其主旨而论，严一定是主要作者。杨家骆《民国名人图鉴》称，严为改进译文风格经常向夏请教，该文很可能是以此方式合作的又一例证。1903年，夏为《绣像小说》写了一篇文章《小说原理》，其中的观点与两人合撰的文章有很大的不同。参见夏志清《新小说的倡导者严复和梁启超》，《严复研究资料》，第413—429页。

1898 年，梁启超在《译印政治小说序》中发抒其说，认为欧洲各国变革之始，皆寄于小说，"各国政界之日进，则小说为功最高焉"。1902 年，梁启超在日本横滨创办《新小说》，并写了发刊文章《论小说与群治之关系》，文章开首就肯定小说的教育价值：

> 欲新一国之民，不可不先新一国之小说。故欲新道德，必新小说；欲新宗教，必新小说；欲新政治，必新小说；欲新人格，必新小说。何以故？小说有不可思议之力支配人道故。

梁文将小说的作用提高到超过经史与诗文，应该居"文学之最上乘"地位，并提出了"小说界革命"的口号。

严、梁的上述三篇文章，开"小说界革命"之先河，在文学界一时产生了巨响。由于严、梁是驰名学界的泰斗，他们的开拓性文章被人们当作新文学的宣言书，这就预示着一场小说创作高潮的到来。

严复对"小说界革命"的贡献，不仅仅在于他的最初发动，还在于他宣传的进化论从根本上引发了一场文学观念的深刻变革。人们认同小说的文学正统地位，是因为社会进化论唤醒人们不再拜倒在返古问雅、诗文正宗的传统古训下，并且将迅速衍化成文学的进化观，由雅向俗，认同宋元以来的通俗文学，革新改造以往的民间文学，使之适应时代的需要，已成为中国文学发展不可遏抑的趋势。梁启超敏锐地把握了这一趋势，将进化论推衍到文学领域，对文学的内部结构进行大胆改革。他说："文学之进化，有一大关键，即由古语之文学变为俗语文学是也。各国文学史之展开，靡不循此轨道。"[1] 他对中国文学自宋元以降为退化时代之说深为不满，认为"自宋以后，实为

---

[1]　梁启超：《小说丛话》，载 1903 年 9 月 6 日《新小说》第 7 号。

祖国文学之大进化。何以故？俗语文学大发达故"。① 既然小说这种俗语文学的代表样式，在中国文学史上有其重要地位和历史作用，就应使它发扬光大。为此梁氏大声疾呼："故今日欲改良群治，必自小说界革命始！欲新民，必自新小说始！"② 在"小说界革命"推动下，小说创作迅速繁荣。《新小说》《小说林》《月月小说》《绣像小说》等小说杂志接踵问世；《官场现形记》《二十年目睹之怪现状》《老残游记》《孽海花》等谴责小说纷纷刊发；以林纾为代表的一批文人将大批欧美小说译介过来。"小说界革命"及由此带来的小说创作繁荣局面，不仅将小说从文学的边缘移到了文学的中心地带，打破了诗歌散文主宰堂奥的传统文学格局，还为新文学运动的到来铺垫了重要的基础。

"小说界革命"由进化论引发，"诗界革命"也是如此。梁启超在1899年明确提出"诗界革命"，深感"中国结习，薄今爱古，无论学问、文章、事业，皆以古人为不可及。余生平最恶闻此言。窃谓自今以往，其进步之远轶前代，固不待著龟。即并世人物，亦何遽让于古所云哉？"可见，梁启超反对厚古薄今，坚信今必胜古，是接受进化论影响的结果。

黄遵宪是"诗界革命"的旗手。在理论上，他也受进化论影响，提出"我手写我口，古岂能拘牵"的诗歌创作原则；创作上，他以俗语入诗，以散文笔法写诗，将世界各地的科技发展与社会变化及重大社会政治事件纳入诗歌的创作内容，纠正了早期诗界革命诸子"挦扯新名词以自表异"的偏颇，真正显示了"诗界革命"的实绩。

进化论观念对文界革命的影响也是随处可见。梁启超强调散文语

---

① 梁启超：《小说丛话》，载1903年9月6日《新小说》第7号。
② 梁启超：《论小说与群治之关系》，载李华兴、吴嘉勋编《梁启超选集》，上海：人民出版社，1986年版，第353页。

言通俗化，其方向是言文合一。他痛陈言文分离之弊，极言言文合一之利。认为言文合，则新事物与新语言可以"新新相引，而日进焉"；言文分，"虽有方新之机，亦不得不窒"。言文合可以普及"人生必需之常识"；言文分则反是。[1] 以这种观念指导自己的创作，他不为传统所羁，蔑视秦汉古文传统，与桐城派古文运动分庭抗礼，创造了一种骈散并用、汪洋恣肆、情感奔放、平易畅达的"新文体"。梁氏评价自己的散文道："启超夙不喜桐城派古文，幼年为文，学晚汉魏晋，颇尚矜练，至是自解放，务为平易畅达，时杂以俚语韵语，及外国语法，纵笔所至不检束，学者竞效之，号为新文体。"[2] 与此同时，受进化论影响，与"文界革命"相呼应的还有裘廷梁、陈荣衮倡导的白话文运动。他们适应启蒙民众需要，主张言文合一，认为"愚天下之具，莫如文言；智天下之具，莫如白话"，大胆提出"废文言而崇白话"的响亮口号。霎时间，白话报刊遍布大江南北，白话文作为宣传近代启蒙思想的载体，广为一代学人所使用。

　　至于进化论对新一代作家本身的人格影响，也为时人所承认。胡适、鲁迅、郭沫若等人都在他们的自传、回忆中毫不掩饰地承认各自在接触进化论学说影响时，所产生的思想震动。他们后来开展新文学运动，其使用的理论武器仍旧是进化论。对此，我们就不必赘述了。

　　由上可见，中国近代文学的变革，首先是从文学观念领域开始，进化论是文学观念更新的杠杆。严复宣传进化论时，着眼点是在思想启蒙和政治变革，但它一旦普及，并作为一种思想范式为人们所接受，就必然渗透到人们的思维中去，从而对各个领域产生作用，文学自然不能置身其外。进化论所诱发的文学变革，对严复来说，也许是不期

---

①　梁启超：《新民说·论进步》，载 1902 年 6 月 20 日《新民丛报》第 10 号。

②　梁启超：《清代学术概论》，《梁启超论清学史二种》，第 70 页。

而至，但它对中国文学的全面变革所产生的推动作用，则含有某种历史必然性。它极大地冲击了人们依恋古人经验、崇古法先的复古主义情结，并使人们转向适时创新，敢于汲取外国文学的养料，创造一个具有近代意识的文学世界。它催生的文学通俗化运动，打破了传统文学的秩序；小说、戏曲的升格，改变了以诗文为主体的传统文学旧格局，代之以小说、戏曲、诗歌、散文并举的新格局；文学逐渐脱离古典文学的运行轨道，与近代社会政治的联系日趋密切，文学形式和内容渐次透现新的特质。可以说，作为一个划时代的新文化巨人，在近代文学变革史上，严复也有不可或缺的一席之地。

第五章　黄昏余晖：中西文化的前瞻

> 鄙人行年将近古稀，窃尝究观哲理，以为耐久无弊，尚是孔子之书。四子五经，故（固）是最富矿藏，惟须改用新式机器发掘淘炼而已；其次则莫如读史，当留心细察古今社会异同之点。
>
> ——严复《致熊纯如》

严复一生中最辉煌的时期似乎是在戊戌维新时期。通过刊发《论世变之亟》等政论文和翻译《天演论》，严复奠定了他作为近代启蒙思想家的地位。戊戌维新以后至辛亥革命前夕的十年间，由于民主革命风潮的兴起，历史发展的实际进程与严复的思想和理想拉开了距离，严复早先所占有的地位渐次让给孙中山为代表的革命党人。不过，就严复这时期最重要的文化学术活动——翻译西方名著而言，仍旧是其他人所无法比拟和替代的。因此，尽管人们对这时期严复的思想活动评价不一、理解有别，但仍给严复保留了相当的历史地位，肯定他的民主思想和在译介西方近世学术中所发挥的特殊作用。相对来说，对严复的晚年思想及其活动，人们却很少认可甚至理解。由于历史和个人的原因，严复在政治上与袁世凯政权保持着一种十分暧昧的关系，被袁世凯复辟帝制所利用，为时人所诟病，加上他年迈多病，除了在第一次世界大战期间为袁世凯编译一些战争动态外，基本上已不参与实际政治。这一时期，他在学术上没有什么重要建树，思想也失去了感召力。倒是严复与他的学生熊纯如上百封通信，弥足珍贵，留下了一份他在那个大变革时代心态变化和思想波动的完整记录，特别是他对中西文化的重估和对中国文化前途的探索，既招人物议，也引起人们连绵不绝的反思。

一　思想视角的移位

戊戌以后十余年，中国社会日趋动荡，反清革命风起云涌，严复的思想也相应发生了某些变化。有的论者认为，这时期严复的思想呈现出"中西折衷"的倾向。[①]的确，严复在 20 世纪初的十年间，由于社会环境的极大变化，他的思想性格走向成熟和稳健，而思想内容也更系统化。

百日维新的流产，谭嗣同等维新志士饮恨菜市口，使严复蒙受极大的冤屈和痛苦。形势的急转直下，似乎只是应验了他早有的预感：

> 今日时事无往而不与公学相同。无所立事，则亦已矣；苟有所立，必有异类横亘其间，久久遂成不返之势。民智不开，不变亡，即变亦亡。[②]

因而，严复一方面深深同情维新运动的失败，为维新派而抱不平，一方面又严厉批评康有为、梁启超对酿成戊戌惨重失败之后果有责任。他说："平心而论，中国时局果使不可挽回，未必非对山等之罪过也。轻举妄动，虑事不周，上负其君，下累其友，康、梁辈虽喙三尺，未由解此十六字考注语；况杂以营私揽权之意，则其罪愈上通于天矣。"[③]以为康、梁等人难辞其咎。

变法运动失败了，中国向何处去？自己能为挽救这个多灾多难的

---

①　参见周振甫：《严复思想述评》，上海：中华书局，1940 年版，第 199—250 页。
②　《与张元济书（九）》，《严复集》第三册，第 539 页。
③　《与张元济书（五）》，《严复集》第三册，第 533 页。

国家做点什么呢？严复"仰观天时，俯察人事，但觉一无可为。然终谓民智不开，则守旧维新两无一可。即使朝廷今日不行一事，抑所为皆非，但令在野之人与夫后生英俊洞识中西实情者日多一日，则炎黄种类未必遂至沦胥；即不幸暂被羁縻，亦将有复苏之一日也"。他因此认定，"译书为当今第一急务"，并立誓"屏弃万缘，惟以译书自课"。① 此后十年，严复确实抛心力为之，严译名著八种，除《天演论》已先行世之外，其他七种均出版于此时。通过这些译著和所附大量按语，严复将西方近代的经济学、政治学、法学、社会学、科学方法论、实证哲学一齐介绍到中国，使得近代"西学东渐"从此获得了系统完整的理论内容和形式，从而也奠定了他"近世西学第一人"和启蒙思想家的不拔地位。

然而，时代风云变幻不定，社会政治急剧发展，严复的内心世界自然也随之起伏不平，呈现出某种复杂的情形。本来，严复认为，国家的兴衰与国民的素质密切相关，他认定"开民智，新民德，鼓民力"是寻求国家富强的根本途径。"而民群之愚智，国俗之竞否，诚未易以百年变也。"② 这种认识富有深刻的一面，也隐含着对国民素质估价极为悲观的一面。后者常常使严复陷入难言的困惑和苦恼，加上义和团运动和自立军起义等事件接踵发生，严复不仅感叹维新变革无望，甚至也怀疑自己从事启蒙工作的意义。他每每哀叹道："顽固欲为螳螂，吾辈欲为精卫，要皆不自量力也。"③ 其思想深处的苦痛由此可见一斑。

国内民主思潮的涌起，清政府"新政"举措的实施，革命团体的纷纷涌现，这些新因素既逐渐破除戊戌变法失败后所出现的那种消沉局面，又引发了严复对现实问题的紧张思考。

作为当时知识界"新学"的主要代表，严复仍不忘情于自己的思

---

① 《与张元济书（一）》，《严复集》第三册，第525页。
② 《原富》按语（七十六），《严复集》第四册，第893页。
③ 《与张元济书（十一）》，《严复集》第三册，第544页。

想启蒙事业和文化维新活动，除了借助于译述来表达自己的思想倾向外，他还发表了一些时论和杂评阐述自己的文化主张。在文化观上，如果说戊戌维新时期，严复着重于引进"西学"，抨击中学的弊病，其重点放在"破"上，那么，这时他已开始关注民族新文化的建立，立足点放在"立"上了。1902年，严复刊发了《与〈外交报〉主人书》，既对流行于19世纪后半期的"中体西用"模式给予了彻底清算，又否定了可能出现的"全盘性反传统主义"观点。他认为，变法最难以处理的矛盾是，如何既去其"旧染"，又能"择其所善者而存之"。新机崭露之际，追逐时髦的人们往往逞一时意气，试图完全抛弃旧文化，"不知是乃经百世圣哲所创垂，累朝变动所淘汰，设其去之，则其民之特性亡，而所谓新者从以不固"。因此，要建立新的民族文化，就不能囿于表面的新与旧、中与西，而必须"阔视远想，统新故而视其通，苞中外而计其全"。①亦即他以往提出的以"黜伪崇真"为尺度，择古今中外一切良善益法者，为我所用，为今所用。

如何解决建设新文化的总体目标与现实的文化建设之间的关系？严复认为，首先应该分清轻重缓急，就中国当时的实际情形看，"中国所本无者，西学也，则西学为当务之急明矣。且既治西学，自必用西文西语，而后得其真"。②因此，西学须大量译介和输入。具体落实于学校的教育课程，从中学堂到高学堂的十余年，应以"务西学"为主，而"中学"及其旧有之经籍典章亦不当尽废。严复的这种认识，在近代中国那种救亡图存压倒一切的大背景下，在传统文化绵延几千年而产生的历史优越感的负累下，要处理好历史感情与价值取向的冲突，消除建设民族文化与学习西方文化的矛盾，的确是殊为不易。当近代中国人摆脱"华夷之辨"的传统思维模式，或提出"师夷之长技"，

---

① 《与〈外交报〉主人书》，《严复集》第三册，第560页。
② 《与〈外交报〉主人书》，《严复集》第三册，第562页。

或走向"中体西用"，试图调谐和化解这一矛盾。然而，他们的思维方式往往是片面的，一旦上升到文化整体的高度，他们便不约而同地自觉维护传统文化的神圣性。魏源如此，曾国藩如此，康有为亦如此，他们的教育背景决定了他们不可能游离传统文化这个"本"。而对严复这位饱尝"西学"新知的人来说，清醒地认识到传统文化不能适应中国的近代化，而近代化又不意味着传统文化与新文化的割裂。西学总体上比旧学先进、实用，但也须"择善而从"，且其有益的部分也须经过消化，而获得民族化的形式。严复这一文化观在同时代人中，堪称凤毛麟角。

20 世纪初，欧美民主思想流入中国，逐渐汇成一股思潮。严复作为一名启蒙思想家，殷切希望民主政治早日实现。但他蛰居书斋，寄身官场，限于自己的地位和处境，无意亦无力与清廷作正面的冲突。不过，他在自己的译著和按语中，却明显表达了自己对民主政治的向往和对清廷"新政"的不满。他指出："今日所谓立宪，不止有恒久之法度已也，将必有其民权与君权，分立并用焉。有民权之用，故法之既立，虽天子不可以不循也。使法立矣，而其循在或然或不然之数，是则专制之尤者耳。"[1]他意味深长地告诫人们："国之所以常处于安，民之所以常免于暴者，亦恃制而已，非恃其人之仁也。恃其欲为不仁而不可得也，权在我者也。使彼而能吾仁，即亦可以吾不仁，权在彼者也。在我者，自由之民也；在彼者，所胜之民也。必在我，无在彼，此之谓民权。"[2]他特别提出：思想言论应当自由，如果以"刑章"加以干涉，"问则其治沦于专制，而国民之自由无所矣"，[3]民有"可据之权利"，才有"应尽之义务"可言，"无权利，而责民以义务者，

---

① 《法意》按语，《严复集》第四册，第 940 页。
② 《法意》按语，《严复集》第四册，第 972 页。
③ 《法意》按语，《严复集》第四册，第 973 页。

非义务也，直奴分耳"。①诸如此类，不一而足。可以说，这时期严复对民主理论和政制的认识都较戊戌时期有了进一步的深化，而这种言论的传播亦成为正在兴起的民主革命思潮的先导。因此，无怪乎后来的同盟会革命党人将严复引为同调。②

　　不过，严复与革命派的实际关系却相对复杂。戊戌变法以后的几年间，严复在思想上面临着一种两难的境地。一方面，清政府对他不信任，他实际上处于闲置的地位；另一方面，由于局促于社会渐进论，他恐惧中国出现法国大革命式的流血冲突，对革命派的言行存有保留态度。他不屑于革命党人的肤浅，责备革命派以盲目破坏为能事，"不悟其所从来如是之大且久也""顾破坏宜矣，而所建设者，又未必其果有合也，则何如其稍审重，而先咨于学之为愈乎！"③严复与革命派的思想差异，在他与孙中山的辩论中得到了充分反映。1905年，严复游访欧美诸国，途经伦敦，孙中山前往拜访，两位著名人物相会，谈话自然离不开中国前途问题。严复认为："以中国民品之劣，民智之卑，即有改革，害之除于甲者将见于乙，泯于丙者将发于丁。为今之计，惟急从教育上着手，庶几逐渐更新乎！"④孙中山对严复说："俟河之清，人寿几何！君为思想家，鄙人乃实行家也。"孙中山的结论形象概括了他们之间的区别：严复持"教育救国"论，注重思想启蒙；孙中山是"民主革命"家，注重政治革命。两人虽主张有别，但最终的目的却是殊途同归。所以严复对于革命派的基本态度是同情而非憎恶。他借所谓"新者"之口说：20世纪之风潮，是天演之自然。"使天而犹眷中国乎，则立宪与革命，二者必居一焉。立宪，处其顺而易

---

①　《法意》按语，《严复集》第四册，第1006页。

②　参见胡汉民：《述侯官严氏最近政见》，载1906年8月2日《民报》第2号。

③　《译〈群学肄言〉自序》，《严复集》第一册，第123页。

④　严璩：《侯官严先生年谱》，《严复集》第五册，第1550页。

者也；革命，为其逆而难者也。然二者皆将有以存吾种。"①他虽再三批评革命派肤浅躁进，却又同时赞美他们苦苦追求的共和之制。他甚至认为共和之制是"今世合邦之最为演进者"，且天然适合中国国情："今夫合众之局何为者，以民族之寡少，必并合而后利自存也。且合矣，乃虽共和之善制而犹不坚。何故？以其民之本非一种，而习于分立故也。天下惟吾之黄族，其众既足以自立矣，而其风俗地势，皆使之易为合而难为分。"他深情地说："夫其众如此，其地势如此，其民材又如此，使一旦幡然悟旧法陈义之不足殉，而知成见积习之实为吾害，尽去腐秽，惟强之求，真五洲无此国也，何贫弱奴隶之足忧哉？"②

在严复的研究中，有一种意见根据严复的《政治讲义》等言论认为，严复在戊戌变法失败后思想渐趋保守，不仅反对革命，甚至也不赞成立宪，因为他认为中国的"民智"尚未达到一定水平。③但从其他发现的材料看，它与严复当时的实际思想状况相悖。严复在《中外日报》等刊发表的《论国家于未立宪以前有可以行必宜行之要政》④一文中，即明确指出由专制到立宪是"天演"进化的规律。依据"优胜劣败"的原理，"无论中国民智幼稚如何，国家旧制严立何若"，要求存图强，就非"变法立宪不可"。尽管中西国情不同，国民智识相差悬殊，但这些都可以通过立宪，逐步改进完善。只要不断总结历史经验教训，经过二三十年的努力，中国就可赶上西方。如果因循守旧，抱残守缺，到二三十年后再谈立宪，那将白白浪费几十年光阴，而中国依然落后于西方的情势将愈加恶化。因此，他特别强调："与

---

① 《主客平议》，《严复集》第一册，第118页。
② 《社会通诠》按语，《严复集》第四册，第933、934页。
③ 参见王栻：《严复传》，上海：上海人民出版社，1976年版，第115页。
④ 严复：《论国家于未立宪以前有可以行必宜行之要政》，原载《中外日报》，清光绪三十一年八月二十二日至九月初六日（1905年9月20日至10月4日），《直隶教育杂志》第一年第13、14期转载，清光绪三十一年九月初一、十五日（1905年9月29日、10月13日），参见《严复佚文两篇》，《档案与历史》（沪）1990年第3期。

为因循以时，无宁断决而作始。夫曰程度未至，情形不同，此皆畏难苟安者延宕之淫辞。夫非火屋漏舟，急起自救之义明矣。以此故立宪之议，为鄙陋所极表同情者。"可见，严复对拖延施行立宪政制改革的做法不但不表赞成，而且还批驳了那种认为中西情形不同，"中国民智幼稚"而不足以立宪的观点。

当然，严复在《政治讲义》中对卢梭的《民约论》提出批评也是事实，对此我们将在下节详加讨论。在这里，须加指出的是，从严复与卢梭《民约论》的关系看，他有关民主政治的基本立场并没有改变。严复仍然坚持"主权在民"的思想。他在《宪法大义》中即表示："然自吾辈观之，则卢梭书中无弃之言，皆吾国孟子所已发。问古今之倡民权者，有重于'民为重，社稷次之，君为轻'之三语者乎？殆无有也。卢（梭）谓治国务明主权之谁属，而政府者，主权用事之机关也。主权所以出治，而通国之民，自其全体诉合而言之，为主权之真主；自其个人——而言之，则处受治之地位。同是民也，合则为君，分则为臣，此政家所有国民自治之名词也。"①明确肯定卢梭"主权在民"的思想为"不弃之言"。严复对自由的向往仍一往情深，他虽不赞成"天赋人权说"，也反对对自由的滥用，但他仍视自由是近代社会一种不可或缺的权利。他在这段时期所著的《〈老子〉评语》中写道："故今日之治，莫贵乎崇尚自由。自由，则物各得其所自致，而天择之用存其最宜，太平之盛可不期而自至。"②基于此，严复要求立宪的初衷自然不会改变。1906年，他在上海等地发表政治演讲，反映了他对实施宪政的热切期望，他不仅欢迎清朝预备改行宪政，"乃今幡然而议立宪，思有以挽国运于衰颓，此岂非黄人之幸福"！③而且指出立宪的真义，"顾欲为立宪之国，必先有立宪之君，又必有立宪之民

① 《宪法大义》，《严复集》第二册，第241页。
② 《〈老子〉评语》，《严复集》第四册，第1082页。
③ 《宪法大义》，《严复集》第二册，第245页。

而后可。立宪之君者，知其身为天下之公仆，眼光心计，动及千年，而不计一姓一人之私利。立宪之民者，各有国家思想，知爱国为天职之最隆，又济之以普通之知识，凡此皆非不学未受文明教育者之所能辨明矣"。[1] 此种见解，已较之国内许多立宪人士更为清晰、明确，表现了其思想识见的深沉。由上可见，20世纪初严复的民主政治思想已超越了他在戊戌时期的高度，他在这时期所取得的成果和达到的思想高度，使其历史地位并未逊色于前一时期。

由于历史上的种种原因，严复没有，也不可能割断他与清王朝的依附关系。在各种压力面前，清政府为笼络人心，实施"新政"，推行一系列革新活动，也做出某种姿态，把学界名流、商界新贵、社会贤达一一揽入那些新设的机构之中，试图以这些人装点门面，维持和延续自身的统治。出于这种原因，严复的社会地位又逐渐上升。1906年以前，严复本来游离于官僚机构之外。他应张翼招请赴天津主持开平矿务局工作（1901），这不过是一项实业方面的工作；他被管学大臣张百熙聘为京师大学堂编译局总办（1902—1904），这只是一个闲差；他担任复旦公学校长（1906），这是一所私立学校。当清朝颁布《钦定宪法大纲》，开始大规模改革时，严复自然也成了揽括的人物。1906年，他接受安徽巡抚恩铭的聘请，出任安徽高等学堂监督一职；同年，又受外务尚书唐绍仪的邀请，出任中国留学生回国考试的主考官。1908年，他由学部尚书荣庆聘为审定名词馆总纂，他任这个职位一直到辛亥革命止。1909年，他被派充宪政编书馆二等咨议官、福建省顾问官；筹办海军大臣载洵赴欧洲考察海军，亦邀请严复偕行（后因"病辞"，未能成行）。与此同时，清皇钦赐严复文科进士出身，象征性地结束了他做"局外人"的处境，对于这一晚到的荣誉，严复本人曾写过一首讽刺诗自嘲："自笑衰容异壮夫，岁寒日暮且踟

---

[1]　《宪法大义》，《严复集》第二册，第245、246页。

蹰。平生献玉常遭刖，此日闻韶本不图。岂有文章资黼黻？敢从前后论王卢。一流将尽犹容汝，青眼高歌见两徒。"[1]1910年，他以"硕学通儒"的资格，进入新设立的资政院，并被海军部授予协都统军衔。这些职位的任命，虽未将严复带进政治核心，但无疑提高了他的社会地位，为他赢得一笔可观的收入和在官场中讨价还价的资本。清政府对严复的笼络，多少牵制了他的思想发展，使严复的思想越来越浓厚地带有改良的色彩。

影响严复思想的另一个重要原因是他对欧美诸国的游历。1905年，严复因开平矿诉讼事赴伦敦，途中游历了法国、瑞士、意大利等地。与留学英伦相隔近30年，严复重新踏上了魂牵梦萦的"伊甸园"，他既为欧洲突飞猛进、日新月异的社会经济发展所震慑，愈发自惭中国文明层次的低下，又因目睹资本主义民主制度的虚伪性、彼伏此起的工潮、列强的勾心斗角，而对西方资本主义以民主政治和科技进步谋求社会幸福的道路，产生了某种幻灭感。他发现：英国立法、行政两权其实并未分立，"议院自其形式言，又不过聚一哄之民，以辨议一国之政法。虽然，学者欲明此一哄之民之功分权界，与夫于一国所生之效果，理想繁重，难以猝明"。[2]列强"名曰为启文明，而实则自固其围，抑为通商殖民地耳"。[3]西方各国的科技飞速发展，而道德伦理、社会风俗、文明教育却没有获得应有的进化。结果，"惟器之精，不独利为善者也，而为恶者尤利用之"。诸如报章、邮政、电报大利于造谣行诈，火器、催眠术之类，无一不为"凶人之利器"。[4]1906年初，严复发表长篇演讲《政治讲义》，强调"德行"。他说："人之合群，无间草昧文明，其中常有一伦，必不可废。此伦维何？君臣是

---

① 《见十二月初七日邸钞作》，《严复集》第二册，第378页。
② 《论英法宪政两权未尝分立》，《严复集》第一册，第218页。
③ 《一千九百五年寰瀛大事总述》，《严复集》第一册，第178页。
④ 《论教育与国家之关系》，《严复集》第一册，第167、168页。

已。"① 德行和政治，本是儒者专长，今日谈政治，"更何必舍其家鸡，而更求野鹜乎！"② "自由有不必为福之时"，而"专制有时，且有庇民之实"，特别是在民智未开的时候，强权独裁是必不可少的。他对革命的态度也较以前要戒惧得多。他说："夫人类之力求进步固也，而颠阶眢乱，乃即在此为进之时，其进弥骤，其涂弥险，新者未得，旧者已亡，怅怅无归，或以灭绝。"③

对西方社会愈了解，批判的言辞愈激烈；对中国社会的保守性认识愈深刻，立论的措词愈稳健。受到西方社会现实的刺激，严复在价值观念上对中国传统的道德伦理作了一定的肯定和认同，并呈现出类似于西方新人文主义者的思想倾向，即对道德规范作用的强调。他提出，天理人伦是社会的根本。中国今日，智育重于体育，而德育尤重于智育。尧舜禹汤文武孔子之道，"为国家者，与之同道，则治而昌；与之背驰，则乱而灭。故此等法物，非狂易失心之夫，必不敢昌言破坏"。今日与其画虎类犬，"不如一切守其旧者"。"五伦之中，孔孟所言，无一可背……事君必不可以不忠……而为人子者，必不可以不孝……而男女匹合之别，必不可以不严。"④ 从对传统伦理观的批判到对孔孟"礼教"的认同，从要求伦理进化与历史进步统一到倡扬传统道德，严复思想另一面的透现，不能简单归结为向传统的复归，而是更深层的回复。故此，严复晚年在对待中西文化问题时也较原来偏执的态度有了相对全面而成熟的认识。

严复思想的上述变化，已使他与那些与时俱进的激进民主革命人士产生了隔阂，也使他对清廷的"预备立宪"不感兴趣。他说："制无美恶，

---

① 《政治讲义·第二会》，《严复集》第五册，第 1252 页。
② 《政治讲义·第二会》，《严复集》第五册，第 1242 页。
③ 《政治讲义·自叙》，《严复集》第五册，第 1242 页。
④ 《论教育与国家之关系》，《严复集》第一册，第 168 页。

期于适时；变无迅速，要在当可。"①可见他对革命持比较消极的态度。"法制必不可徇名而不求其实""夫时未至而变之，固危；时已至而不知变，又未始不危也"。②他认定清廷的"新政"和立宪均无济于事，不能挽救其覆灭的结局。既然是如此的心态，严复当时确实是一无可为。1907年以后，严复虽然还敷衍清廷，挂一些虚衔，做一些装点门面的事，但作为一名思想家，他几乎从论坛上消失。这种选择反映了当时他那心灰意冷的孤寂心境。1910年，严复在给朋友汪康年的一封信中不无悲叹地说：

> 复从昔年以反对抵制美货之议，大为群矢之的，自兹厥后，知悠悠者不可以口舌争，无所发言，为日盖久。不幸去秋又为资政院议员，以三四事被政府党之目，汹汹者殆欲得而甘心焉。一哄之谈，其不容立异同，为言论自由如此；此邦之人尚可与为正论笃言也耶？今岁秋间，必将辞职，盖年老气衰，不能复入是非之场。③

辛亥革命的爆发，将十余年间反清革命的洪流推向高潮，也在严复已趋平静的心海里掀起了波涛。对于这场社会巨变，他从满怀希望，继而犹豫失望，再而厌倦否定，终而选择支持建立一个带有新权威主义意味的政府。这一心态的变化自然有其内在的原因，外在环境的逼迫也是一个不可忽视的重要因素。

武昌起义后，严复洞悉清廷颓势和"民心大抵归革军"的事实，对建立民国曾一度怀抱希冀。"灯影回疏需，见声过檐隙。美人期不

---

① 《宪法大义》，《严复集》第二册，第240页。
② 《法意》按语，《严复集》第四册，第1020页。
③ 《与汪康年书（九）》，《严复集》第三册，第510页。

来，鸟啼蠹窗白"①就形象地表达了他自己这时期期望与焦虑的心境。1911年12月，根据其日记的记载，严复在袁世凯出山组阁后，也开始活跃起来。12月2日"往谒袁内阁，得晤"。12月9日赴汉口。12月12日，"过江，到青山织呢厂见黎元洪"。12月17日到沪。②严复南下之行的内情，不得其详，但在一个非常时期，他出京奔赴革命党人起义之地，不能不说是一个非同寻常的举动。在促成南北议和、袁世凯出任民国大总统等事项上，严复是否有一臂之力，这是值得考证的史实。

民国建立以后，形势发展不容乐观。脆弱的经济、政治、文化基础，世局的动荡和混乱使严复再次陷入深深的忧愁和烦恼之中，在给一友人的信中他如是写道："惟是年来心如智井，大有殷深源咄咄书空之意。向以文字为性命，近则置中西书不观，动辄累月，所谓禽视兽啄，趣过目前而已。"③世局如此，严复的心中蒙上了一层深灰色的阴影，对社会安定的祈望，压倒了对民主理想的追求。因此，他对民国初年的党派之争一概厌恶，而国民党人对袁世凯独裁的抗争，反而促成他反对共和革命。

1913年7月，"二次革命"爆发。严复认为，战乱之起，纯由国民党"不察事势，过尔破坏，大总统诚不得已而用兵"。前此他就认为，民国后出现的动乱，根由是"吾国内君主径入共和，越躐阶级"。事变之后，他更确认："往往一众之专横，其危险压制，更甚于独夫。"④这样，严复又重新退回到自己以前的观点，即一场共和革命是一个巨大的错误，中国民众尚不具备实行民主共和的条件。他说："往者，不佞以革命为深忧，身未尝一日与朝列为常参官，夫非有爱于觉罗氏，

---

① 《民国初建，政府未立，严子乃为此诗》，《严复集》第二册，第380页。
② 《严复日记》，《严复集》第五册，第1512页。
③ 《与曹典球书（十）》，《严复集》第三册，第574页。
④ 《〈民约〉平议》，《严复集》第二册，第337页。

亦已明矣。所以哓哓者，以亿兆程度必不可以强为。"①自认革命这一成熟的跳跃进化在现实中必然尝到其负面的苦果。在这种背景下，1914年2月，严复发表《〈民约〉平议》，系统批判卢梭的天赋人权说，从理论上对革命和共和政体作了全面的清算。

有了上述思想基础，社会愈是动荡，越是驱迫严复倒向强人政治。他与人感慨地说："天下仍须定于专制，不然，则秩序恢复之不能，尚何富强之可跂乎？"②所以，1915年袁世凯为复辟帝制紧锣密鼓时，严复虽然认为袁氏"太乏科哲学识，太无世界眼光""不过旧日帝制时，一才督抚耳"，于理想的立宪君主"非其选耳"，却又觉得"平情而论，于新旧两派之中，求当元首之任，而胜项城者，谁乎"？③对列名"筹安会"他不置可否，却拒绝参加任何公开活动和发表任何拥袁言论，这种暧昧态度反映了他当时政治思想上的矛盾。

张勋复辟帝制时，千夫所指，严复却称这一举动"是血性男儿忠臣孝子之事"，"复辟通电，其历指共和流弊，乃言人人之所欲言"，④叹惜张"不得终其志，以成完人，甚可惜也"。严复内心对现实的错觉和误解似乎已达顶点。此后，他从现实的政局变动中多少体会到：复辟帝制，已是穷途末路；汉族强人，不可能有回天之力，"至于满人，更不消说"。⑤他完全退到一个历史旁观者的立场，面对时代风云变幻不定的社会风潮，严复这位年迈多病的老人，业已完全失去了驾驭时代新思潮的思想能力，他对旧事的感叹，对新风的骚怨，除了表明自己即兴的感喟外，已很难使他再扮演一个历史创造者的角色了。

综上所述，严复在戊戌维新失败以后，其思想发展、变化随着时

---

① 王蘧常：《严几道年谱》，《严复研究资料》，第52页。
② 《与熊纯如书（一）》，《严复集》第三册，第603页。
③ 《与熊纯如书（二十四）》，《严复集》第三册，第624页。
④ 《与熊纯如书（五十五）》，《严复集》第三册，第671页。
⑤ 《与熊纯如书（九十七）》，《严复集》第三册，第708页。

势的运行，确实发生了某些波动。大体来说，戊戌维新时期，他迫于民族救亡的危局，曾大力倡导维新，表现了一个启蒙思想家无畏的勇气，是为时代风潮的引导者。戊戌维新以后至辛亥革命以前，他赞成民主政治，主张实施立宪，但对以革命实现民主共和政体之目的颇有异议。辛亥革命以后，他希望寻找一种能使社会持续稳定的政治体制，对革命所带来的社会大变动不以为然，期待建立一个强有力的政权，这促使他一次又一次对任何建立一种稳定、有效、享有权威的政府的努力和尝试抱有期望。即使如此，严复对自由的理念并没有消沉，在《〈庄子〉评语》中仍有充分表现。但在如何处理与现实政治态度之间关系时，严复确已失去了应有的平衡。他所表现的比较偏于保守的政治态度，阻碍了人们对其内在深层所持政治理念的理解。应该说，严复一生的思想框架大体未变，如他对激进革命的态度，对中国民智的估价，对政治改革的谨慎态度，可以说是一以贯之，只是由于时代的变化，出现了许多新内容和新形式，严复在将之塞入自己的思想框架时，越来越感觉困难，在他的晚年尤其如此。

二 重估中西文化

如果说，严复晚年的政治思想还出现了某种矛盾状态的话，其中西文化观则表现出比较清晰的一面。戊戌维新时期，严复文化上的激进主义与政治上的渐进主义形成强烈对比，他对传统学术及守旧的文化心态曾发出"吾宁负发狂之名，决不能喔咿嚅呢，更蹈作伪无耻之故辙"[①]的呐喊，对传统文化消极部分表现出勇猛激烈的批判态度。即使如此，他也不赞成对旧学的全盘性否定，对崇洋慕新的轻狂和浮躁更为反感。他批评轻剽者"乃谓旧者既必废矣，何若恝弃一切，以

---

① 《救亡决论》，《严复集》第一册，第53页。

趋于时"①的轻浮。他认为，对待中西文化应认真"别择"，对待传统价值则要区分国粹和国渣。中国有数千年的文明历史，中国政教和民智、民德、民力其短日彰，不可为讳，然而，"使深而求之，其中实有可为强族大国之储能，虽摧斫而不可灭者"。②他引述英国人摩利之言："变法之难，在去其旧染矣，而能择其所善者而存之"，强调变法不能尽去旧学，而应发掘出具有现代意义的合理因素，使之得以继承和发扬光大。

究竟以什么标准取舍中西文化？严复不同意传统那种认为"中国为礼义之区，而东西朔南，凡吾王灵所弗届者，举为犬羊夷狄"的华夷之辨的文化价值观，主张摒除陈旧的狭陋观念，把是否有利于人的发展、是否有利于开掘民族文化的潜能作为根本标准。他说："继自今，凡可以愈愚者，将竭力尽气籴手茧足以求之。惟求之不得，不暇问其中若西也，不必计其新若故也。有一道于此，致吾于愚矣，且由愚而得贫弱，虽出于父祖之亲、君师之严，犹将弃之，等而下焉者无论已。有一道于此，足以愈愚矣，且由是而疗贫起弱焉，虽出于夷狄禽兽，犹将师之，等而上焉者无论已。"③不管是中学西学、圣学夷学，都必须看其是否有利于提高民族文化的素质，有利于中国走向富强。为此，严复无论是翻译西方名著，还是探讨中学得失，都对它们进行一番细致、严格的辨认，将其内含的合理因素挖掘出来。

辛亥革命以前，严复对传统学术的选择表现出尊百家而贬儒学的倾向，对"西学"的倡导则以自由主义、社会进化论和古典经济学、逻辑学、政治学理论为主。辛亥革命以后，严复尽管在理论上仍坚持有条件"别择"中西文化，但其具体内容却与以前发生了很大变化。

在西学方面，严复本来是不遗余力地介绍和宣传西方近代思想，

---

① 《〈英文汉诂〉卮言》，《严复集》第一册，第156页。
② 《社会通诠》按语，《严复集》第四册，第933页。
③ 《与〈外交报〉主人书》，《严复集》第三册，第560页。

但由于辛亥革命以来中国政治局势的急剧变动和社会秩序的严重动荡，历史发展的实际进程已经超出了他所能设想的范围，他感到有必要从理论上对已输入中国的西方近代思想作一番清理，指出其所带来的某些流弊。正是基于这一动机，严复晚年更多地注重考察西方文化给中国带来的消极因素。

众所周知，严复和以孙中山等为代表的革命党人在政治上本来就存在改良与革命之争。而产生这种分歧的"西学"渊源则在于，严复坚持西方（特别是英、美）的自由主义传统，对社会改造采取理性的态度，以改良和渐进为途径；以孙中山为代表的革命党人则坚持西方（特别是法国）的浪漫主义传统，对社会改造表现出炽热的激情，主张以革命和激进为手段，在必要的情境里，甚至"只问目的，不择手段"。现代西方著名哲学家罗素曾对这两大思潮作过有力的分析，他认为近代自由主义的源头是从洛克开始，法国的伏尔泰、孟德斯鸠则是他的继承者，"初期的自由主义在有关知识的问题上是个人主义的，在经济上也是个人主义的，但是在情感或伦理方面却不带自我的气味。这一种自由主义支配了 18 世纪的英国，支配了美国宪法的创造者和法国百科全书派"。①浪漫主义思潮的源头可追溯至卢梭，他的《社会契约论》（即《民约论》）是法国大革命的"圣经"，该书在民主政治理论家中间造成崇尚形而上学的抽象概念的习气，而且通过总意志说，使领袖和民众能够有一种神秘的认同，"它在实际上的最初收获是罗伯斯庇尔的执政，俄国和德国（尤其后者）的独裁统治，一部分也是卢梭学说的结果"。②与自由主义带有一定程度的理性认知不同，浪漫主义伴随强烈的情绪。它"从本质上目的在于把人格从社会习俗和社会道德的束缚中解放出来。这种束缚一部分纯粹是给相宜活动加

① ［英］罗素：《西方哲学史》下册，马元德译，北京：商务印书馆，1988 年版，第 128 页。

② ［英］罗素：《西方哲学史》下册，第 243 页。

上无益障碍，因为每个古代社会都曾经发展一些行为规矩，除了说它是传统而外，没有一点可恭维的地方。但是，自我中心的热情一旦放任，就不易再叫它服从社会的需要"。① 严复早年留学英伦，深受英国理性主义的熏陶，对自由主义所铸造的"英国模式"十分崇拜，他后来翻译西方名著，其所选原著（除孟德斯鸠的《法意》外）基本上都是英国思想家的著作，也大体反映了他的这一思想选择。站在自由主义的立场，也不难想象严复对卢梭思想学说的排斥。虽然严复在戊戌维新时期，也曾借用卢梭的《民约论》的某些思想（如天赋人权说和主权在民说），但与他那富有自由主义理论色彩的维新主张并不相悖。1906年，当严复在《政治讲义》中第一次系统回溯西方政治理论之源流，阐释其政治思想时，就表现出明显贬抑卢梭《民约论》的倾向。他说："夫世之勤勤于一学，孰不有意于人事之改良乎？顾求至美之物，而卒至于无所得，或所得者妄，而生心害政者，其故无他，坐用心躁耳。故言天学，而沦于星命，言化学而迷于黄白，言政治而乃主民约，皆此类也。"② 将卢梭的《民约论》与占星术、炼丹术相提并论，这大概是严复弃卢梭的《社会契约论》不译的原因所在。

当时，严复对卢梭《民约论》的批评主要表现在：首先，他批驳了卢梭有关人类社会起源是基于"社会契约"的说法，认为"社会契约论"不过是卢梭依自然法主观推演的结果，不符合历史事实。他根据近代社会学理论，"知人类相合为群，由质而文，由简入繁，其所以经天演阶级程度，与有官生物，有密切之比例"，"其始由蛮夷社会，而入宗法。宗法既立，欲有以自存于物竞之中，于是变化分合，往往成有机之大团体。又或以宗教崛兴，信奉既同，其众遂合。而以战争之故，有部勒署置之事，而机关亦成……至于历久之余民，识合群之利，

① ［英］罗素：《西方哲学史》下册，第224页。
② 《政治讲义·第二会》，《严复集》第五册，第1249页。

知秩序之不可以不明，政府之权不可以不尊，夫而后有以维持其众也，于是公益之义起焉，保民之责重焉。而其立法也，乃渐去于宗法、神权之初旨，而治权独立，真国家之体制以成"。① 所以，社会和国家的起源，乃是人类进化的产物，"非出于自力而受制于外缘者，则以压力强合者也"。② 其次，严复批评了卢梭"人类生来是自由"的论点。他曾说："卢梭《民约》，其开宗明义，谓斯民生而自繇，此语大为后贤所呵。"③ 初民社会，茹毛饮血，绝非若卢梭所说是自由平等的"黄金时代"，"故其说尽破，醉心卢氏学说者，不可不知也"。④ 最后，严复承认君主专制在历史上存在的合理性。卢梭对封建君主专制深恶痛绝，认为它是政府权力腐败的结果，在君主专制下，"臣民除了君主的意志以外没有别的法律；君主除了他自己的欲望以外，没有别的规则。这样，善的观念，正义的原则，又重新消失了。在这里一切又都回到了最强有力者的唯一权力上来"。⑤ 严复对卢梭的观点颇有异议。他指出"卢学每谓以力服人，为专制治法之所独"，力斥专制君主"必以摧研皆发之于下。征之东西之历史，专制君主未有不俟民心之归，人情载而能立者"。君主专制固有以力服人，如虏其民之时，但那"必见于兼弱攻映取乱侮亡之时"，在一般情况下，君主"以道德才智服人""不得率意径行"，或施以权术。即使在路易十四时代，"法民之尊重团结，亦无过于此时"。据此，严复以为"专制有时且有庇民之实""专制之权，亦系由下而成，使不由下，不能成立。然而旧之界说，不可复用明矣"。⑥

---

① 《政治讲义·第三会》，《严复集》第五册，第 1267、1268 页。

② 《政治讲义·第三会》，《严复集》第五册，第 1268 页。

③ 《〈群己权界论〉译凡例》，《严复集》第一册，第 133 页。

④ 《〈庄子〉评语》，《严复集》第四册，第 1121 页。

⑤ ［法］卢梭：《论人类不平等的起源和基础》，李常山译，北京：商务印书馆，1962 年版，第 146 页。

⑥ 《政治讲义·第八会》，《严复集》第五册，第 1307—1311 页。

如果说，严复在《政治讲义》中对卢梭思想的批评主要是从学理的角度，那么，1914年2月，他在《庸言报》第25、26期上发表的《〈民约〉平议》则是基于现实的考虑。严复将民国初年的社会动荡看成是革命所造成的后果，而革命风潮的兴起与卢梭思想的影响颇有渊源。他在给弟子熊纯如的信中说"自卢梭《民约》风行，社会被其影响不少，不惜喋血捐生以从其法，然无济于治，盖其本源谬也。刻拟草《〈民约〉平议》一通，以药社会之迷信"。① 由此可见，严复的《〈民约〉平议》，本意是对革命学说（以卢梭思想为例证）的一次清算。

　　在文中，严复对卢梭的《民约论》的理论渊源、理论内涵及其实践后果，展开了详细讨论。从理论渊源看，"且卢梭之为政论也，固先熟于两英人之书，其一曰郝伯思（Hobbes），其一曰洛克（J.Locke）。二人者，欧之哲学政治大家，不独于英为杰出。民约之义，创于郝而和于洛，卢梭特发挥昌大之而已"。② 卢梭的"民约"学说，"其名虽本于郝，而义则主于洛者为多云"。③ 从理论内容看，卢梭"民约"之"大经大法"主要有："（甲）民生而自由者也……是故自由平等而乐善者，其天赋之权利也。""（乙）天赋之权利皆同，无一焉有侵夺其余之权利。是故公养之物，莫之能私。""（丙）群之权利，以公约为之基；战胜之权利，非权利也。凡物之以力而有者，义得以力而夺之。"④ 上述严复对卢梭学说的概括，实际上并不全面。因为卢梭《民约论》的根本旨趣在"主权在民"，至于其他思想阐释只是为其预设理论前提。

　　随后，严复逐条批驳了卢梭的观点。其一，卢梭所谓民生而自由的自然状态并无历史根据，"则安用此华胥、乌托邦之政论，而毒天

　　① 《与熊纯如书（十五）》，《严复集》第三册，第614页。
　　② 《〈民约〉平议》，《严复集》第二册，第334页。
　　③ 《〈民约〉平议》，《严复集》第二册，第335页。
　　④ 《〈民约〉平议》，《严复集》第二册，第335页。

下乎！"① 在严复看来，现实的情况已与卢梭之说大相径庭。"夫言自由而日趋于放恣，言平等而在反于事实之发生，此真无益，而智者之所不事也。自不佞言，今之所急者，非自由也，而在人人减损自由，而以利国善群为职志。至于平等，本法律而言之，诚为平国要素，而见于出占投票之时。然须知国有疑问，以多数定其从违，要亦出于法之不得已。福利与否，必视公民之程度为何如。"② 其二，卢梭主张"人人不得有私产业，凡产业皆篡者"，故其书名为救世，"其实则惨刻少恩，恣睢暴戾"。③ 其三，卢梭所谓"凡人得一权利，必待一切人类之公许而后成"，于事实为不可能，且战胜国强迫战败国订立屈辱和约，"安在力之不足畀人以权利耶"。④

卢梭学说流衍发凡达二百余年,对法国和世界其他国家影响甚大,然其见诸实践的后果如何呢？当初，卢梭自创其学说时是为了给人类带来幸福，给社会带来平等，给个人带来自由，"然而执是推行，将果为人伦之福利也欤"？严复认为，"抑其深极，所害者不仅富贵之家，而贫贱者所蒙乃尤烈"，"自此论之出，垂二百年，不徒暴烈之子，亦有仁义之人，愤世法之不平，闵民生之况瘁，奉若玉律金科，以为果足以救世。一误再误，不能自还"。⑤ 给人类社会和历史发展带来了莫大的不幸。故严复的结论是"卢梭之说，其所以误人者，以其动于感情，悬意虚造，而不详诸人群历史之事实"。由是观之，"卢梭之所谓民约者，吾不知其约于何世也"。⑥

上述严复对卢梭《民约论》的批评，撇开它的现实意义不论，从纯学理而言，它蕴含不少合理因素，且不乏真知灼见。罗素后来在他

① 《〈民约〉平议》，《严复集》第二册，第337页。
② 《〈民约〉平议》，《严复集》第二册，第337页。
③ 《〈民约〉平议》，《严复集》第二册，第340页。
④ 《〈民约〉平议》，《严复集》第二册，第340页。
⑤ 《〈民约〉平议》，《严复集》第二册，第335、336页。
⑥ 《〈民约〉平议》，《严复集》第二册，第340页。

的《西方哲学史》中，也对卢梭的思想作了类似于严复这样的批判。遗憾的是，西方资本主义由于受到理性主义的引导，进行了自我调节，从而避免了革命所带来的祸乱。中国的近代社会则一直动荡不安，革命接踵发生，然近代化的进程则一误再误，世局越来越坏，由此也不难想见，严复晚年所处的尴尬处境。这是严复的悲哀，还是一个不成熟社会的悲哀？这是一个值得人们去反思的问题。

对于中国传统文化，严复主张"改用新式机器发掘淘炼"，使之在新的历史条件下，得以发展和光大。

对严复这一代人来说，有一个始终无法摆脱的问题，即民族文化在新的环境、新的时代如何生存的问题。民族文化不等于传统文化，但传统文化的确是民族文化的一个重要组成部分，因而民族文化的生存多少是和传统文化的出路联系在一起的。"自欧美学科东渐亚陆，其所扬攉而举似者，不独名物异古已也，即其理想往往为古人之所无。将欲废之乎？则于今日之事，必有所之。将欲倡之乎？则其势且将以蔑古……使古而蔑，将吾国之有存者几何？"[1] 严复对这一问题，颇费思考。他对比中西文化，以为西学长于自然科学，可信而不可弃，"中国旧学，德育为多，故其书为德育所必用"。[2] 即使认定中国文化"有病"，从更新中国文化的角度出发，也有必要治"旧学"。"譬如治病之医，不细究病人性质、体力、习惯、病源，便尔侈谈方药，有是理乎？姑无论国粹、国文，为吾人所当保守者矣。故不侫谓居今言学，断无不先治旧学之理，经史词章，国律伦理，皆不可废。惟教授旧法当改良。"[3] 基于此，严复主张中西学并存融合，"统新故而视其通，苞中外而计其全""不至枯守其旧，盲随于新"。

民国初年，严复的观点逐步向传统文化倾斜，最为人们注目的是

---

①　《〈普通百科新大词典〉序》，《严复集》第二册，第276页。
②　《论今日教育应以物理科学为当务之急》，《严复集》第二册，第284页。
③　《论今日教育应以物理科学为当务之急》，《严复集》第二册，第284页。

他在给弟子熊纯如信中的两段话语：

> 鄙人行年将近古稀，窃尝究观哲理，以为耐久无弊，尚是孔子之书。四子五经，故（固）是最富矿藏，惟须改用新式机器发掘淘炼而已；其次则莫如读史，当留心细察古今社会异同之点。[①]

> 鄙人年将七十，暮年观道，十八、十九殆与南海相同，以为吾国旧法断断不可厚非……即他日中国果存，其所以存，亦恃数千年旧有之教化，决不在今日之新机，此言日后可印证也。[②]

前一段话虽然对中国文化特别是儒家学说作了很高评价，但还提出"须改用新式机器发掘淘炼"，表明他对传统文化并没有无条件地承继。后一段话将自己的立场与康有为相提并论，断言中国未来之转机有待中国千年"礼治教化"的发扬光大，带有更为浓厚的"复古"色彩。

对传统文化的重新估价，导致了严复对"尊孔读经"的极力提倡。1913年，他领衔发起成立孔教会；同时，他还公开发表《思古谈》《读经当积极提倡》《导扬中华民国立国精神议》等论文和演讲，阐述思古与读经的必要性和重要性。他认为，中国传统文化"质文递嬗，创制显庸，聚无数人之心力，勤苦为之礼乐文章焉，至于吾侪，乃得于民种之中，而犹有当前之地位，如是之阶级，则推原返本，非席吾古人之遗泽，又何从而得之"！据此，他呼吁："呜呼！蔑古之徒，可以返矣！"[③]

对于传统文化不能采取随意贬损的态度，因为它融注了历代志士

---

① 《与熊纯如书（五十二）》，《严复集》第三册，第668页。
② 《与熊纯如书（四十八）》，《严复集》第三册，第661、662页。
③ 《思古谈》，《严复集》第二册，第323页。

仁人的心血；对于孔孟经书，则应继续倡读，因其对于塑造国民人格，有极为重要的教化作用。"夫读经固非为人之事，其于孔子，更无加损，乃因吾人教育国民不如是，将无人格，转而他求，则亡国性。无人格谓之非人，无国性谓之非中国人，故曰经书不可不读也。"① 读经是为了树立国民人格，而"忠孝节义"应成为国民精神的主体。"盖忠之为说，所包甚广，自人类之有交际，上下左右，皆所必施，而于事国之天职为尤重""孝者，隆于报本，得此而后家庭蒙养乃有所施，国民道德发端于此，且为爱国之义所由导源""节者，主于不挠，主于有制，故民必有此，而后不滥用自由，而可与结合团体""至于义，则百行之宜，所以为人格标准，而国民程度之高下视之。但使义之所在，则性命财产皆其所轻"。② 严复认为，建立民彝"诚宜视忠孝节义四者为中华民族之特性""以此为立国之精神，导扬渐渍，务使深入人心，常成习惯"。唯其如此，"夫而后保邦制治之事，得所附以为施"。③

应当指出，严复在有选择地倡导传统文化的同时，并没有否定继续学习"西学"的必要性，如他也是在发表《读经当积极提倡》一文中，指出："若夫形、数、质、力诸科学，与夫今日世界之常识，以其待用之殷，不可不治，吾辈岂不知之？"④ 他在谈及青少年的教育安排时说："寒家子女少时，皆在家塾，先治中文，经传古文，亦无不读……至于从事西文西学，极早须十五六方始，此后中文，则听子弟随地自修可耳。"⑤ 严复对自己的子女教育大体也是这样安排，童年在家治中学，到少年时期，送其出洋留学。有时候严复对读经一事也表现了

---

① 《读经当积极提倡》，《严复集》第二册，第332页。
② 《导扬中华民国立国精神议》，《严复集》第二册，第343、344页。
③ 《导扬中华民国立国精神议》，《严复集》第二册，第344页。
④ 《读经当积极提倡》，《严复集》第二册，第332页。
⑤ 《与熊纯如书（八十一）》，《严复集》第三册，第697页。

慎重的态度，"读经自应别立一科，而所占时间不宜过多，宁可少读，不宜删节，亦不必悉求领悟；至于嘉言懿行，可另列修身课本之中，与读经不妨分为两事，盖前者所以严古尊圣，而后者所以达用适时"。[①]可以说，严复晚年提出的"读经"主要是限于道德教育领域，"用以保持吾国四五千载圣圣相传之纲纪彝伦道德文章于不坠"。在严复看来，"西学"的长处是自然科学，中国向西方学习科技没有什么可疑之处。但是，中国人在向西方学习的同时，不应当数典忘祖，完全背叛自己的文化传统，而应该发掘民族精神的原动力，弘扬传统，光大传统，对中国传统予以现代阐释，使之实现向现代的转换。

如何实现传统向现代的创造性转换？这是任何一个迈向近代化的国家都无法回避的课题。解决这一问题的一个症结就是如何给传统文化赋予现代意义。西方国家的成功经验证明，它们在实现现代化的过程中并没有忘记自己的传统文化，相反通过挖掘传统文化的精神养料，使自身的文化传统得以延伸和光大，新教伦理与资本主义精神密不可分的内在联系，就充分证明了这一点。从这一个角度看，严复晚年对中国传统文化的思考，不仅无可厚非，而且有其合理因素。以严复在英国的经验体会和他对中国社会变革的亲身体验，他无疑已看到传统文化在近代化过程中的重要作用。能成功地处理历史遗产，往往可带来社会的有序、稳定与和谐；对传统文化的蔑视，则可能因为价值领域的真空、伦理道德的失范，使整个社会失去应有的平衡，陷于一场巨大的混乱之中。正是基于这一理解，严复晚年对传统文化作了重新估价。

严复晚年对中西文化的重估，除了其自身的学理探讨使然外，更多的是来自中国社会现实的刺激和对西方文明所出现的危机的深深失望。从国内情况看，民国创建伊始，政治仍漆黑一团，社会动荡不安，共和政体徒具形式，"吏之作奸，如蝟毛起，民方狼顾，有朝不及夕

---

① 《与熊纯如书（十六）》，《严复集》第三册，第615页。

之忧"。① 严复未能洞察产生这一情况的深刻社会历史原因，而将之归咎为辛亥革命所倡导的自由平等和民主共和，由此引起他对共和政体的大为不满，"终觉共和国体，非吾种所宜"，② 认为只有实行君主政体，建立一个稳固的强有力政府，才能结束社会的动乱局面，"故问中华国体，则自以君主为宜"。③ 既然中国还需实行君主政体，那么"将必有孟（子）、董（仲舒）、韩（愈）、胡（安定）其人者出，举尧、舜、禹、汤、文、武、周公、孔子之道于既废之余，于以回一世之狂惑，庶几元元得去死亡之祸，而有所息肩"。④ 这样，重新认识传统文化自然就是必要的了。

从国际环境看，第一次世界大战爆发，西方列强相互残杀，昔日资本主义世界的繁华之梦被硝烟滚滚的战争风云击得粉碎，目睹这种战争惨况，严复更是为之震惊，他不禁悲叹："欧罗巴之战，仅三年矣，种民肝脑涂地，身葬海鱼以亿兆计，而犹未已。横暴残酷，于古无闻。"⑤ "文明科学，效其于人类知此" "当糜几许金钱，当残若干生命？"他对西方文明的理想之梦随之破灭，"西国文明，自今番欧战，扫地遂尽"。⑥ 他从自己这段不寻常的经历中深切认识到："不佞垂老，亲见脂（支）那七年之民国与欧罗巴四年亘古未有之血战，觉彼族三百年之进化，只做到'利己杀人，寡廉鲜耻'八个字。回观孔孟之道，真量同天地，泽被寰区。此不独吾言为然，即泰西有思想人亦渐觉其为如此矣。"⑦

严复如此贬低西方文化的价值，抬高中国文化的未来意义，自

---

① 《太保陈公七十寿序》，《严复集》第二册，第 351 页。
② 《与熊纯如书（十一）》，《严复集》第三册，第 611 页。
③ 《与熊纯如书（二十六）》，《严复集》第三册，第 627 页。
④ 《太保陈公七十寿序》，《严复集》第二册，第 351 页。
⑤ 《太保陈公七十寿序》，《严复集》第二册，第 350、351 页。
⑥ 《与熊纯如书（七十三）》，《严复集》第三册，第 690 页。
⑦ 《与熊纯如书（七十五）》，《严复集》第三册，第 692 页。

然是偏激了。但是反观当时的知识界，有这种思想倾向的大有人在。欧战期间，西方思想界也有不少人，以为西方物质文明破产了，科学破产了，需要从东方文明中寻求精神养料，并对以孔子为代表的传统儒家伦理学说深表钦佩。德国历史学家斯宾格勒轰动一时的著作《西方的没落》，就是弥漫西方的文化悲观主义的表现。当时欧洲许多人的心态是"总觉得他们那些物质文明是制造社会险象的种子，倒不如这世外桃源的中国，还有办法"。[①] 在东方，印度著名文学家泰戈尔表示："泰西文化单趋于物质，而于心灵一方缺陷殊多，此观于西洋文化因欧战而破产一事，已甚明显……反之东洋文明则最为健全。"[②] 于是研究东方文化一时成为国际知识界的时尚。这股思潮波及国内，康有为提出"以孔教为本"论，梁启超主张"东西文化互补"观，章太炎鼓吹"复兴亚洲古学"，孙中山倡言"固有道德高尚"论。与这些观点相映照，严复内心世界也发出了共鸣，"往闻吾国腐儒议论谓：'孔子之道必有大行人类之时。'心窃以为妄语，乃今听欧美通人议论，渐复同此，彼中研究中土文化之学者，亦日益加众，学会书楼不一而足，其宝贵中国美术者，蚁聚蜂屯，价值千百往时，即此可知天下潮流之所趋矣"。[③] 正是在这样一种思想背景下，中国知识分子开始了非资本主义道路的探索，以李大钊、陈独秀为代表的激进民主主义迅速向以"苏俄模式"为样板的社会主义迈进，而严复、梁启超、章太炎等人则开始转向对中国传统文化的认同。

须加注意的是，严复等人因反省西方文明的弊害和忧虑中国社会现实的恶化所出现的"复古"倾向，与那种夜郎自大、闭关自守的封建顽固派的守旧是截然不同的，严复的反省内含一定的历史合理性。

---

① 梁启超：《欧游心影录》，《梁启超选集》，第 725 页。
② 《太戈尔之来华感想谈》，载《申报》1924 年 4 月 14 日。
③ 《与熊纯如书（七十三）》，《严复集》第三册，第 690 页。

从理论的层面看，严复虽主张"复古"，但对孔孟之道仍希望"改用新式机器发掘淘炼"，它带有"以复古为革新"的味道。从实际的层面看，严复等人"复古"观，虽处于革命思潮的负面，但它并没有消沉，或被历史的大潮淘汰，而是一直作为一条辅线潜滋暗长。五四运动以后，梁漱溟等为代表的现代新儒家的兴起，正是对这一"复古"倾向某种程度的承继和发展。

三 瘝瘝老人的启示

严复垂垂老矣，在他与家人、朋友、学生的通信中，常常摆出长者的姿态教诲晚辈，谈及自己的病情发展情况，不时也伴随着暮年的喟叹。他回顾自己一生的治学生涯，充满了感伤的色彩，似有壮志未酬之感：

> 间尝自数生平得天不为不厚，而终至无补于时者，正缘少壮之时太主难进易退主义，不肯努力进取，虽浮名满世，而资力浅薄，终无以为左右时世之资，袖手穷居，坐观沉陆，是可叹也！今者年近古稀，加以羸病思乏，伸眉仰首，陈力社会，自所不能，而回顾生平，自问未了心愿，即亦无几。[1]

展望未来，严复的心情更为沉郁，与同时期昂扬向上的新思潮相比，更多地显露了一种悲观主义的心态。

> 深感大地之上，劫运方殷。复百方思量，总觉二三十年中，无太平希望。羸病余生，旦暮入地，睹兹世运，惟有伤心无

---

[1] 《与长子严璩书（九）》，《严复集》第三册，第787页。

穷而已。[①]

如果说民国初年的严复对时势的发展还图谋有所作为，那么第一次世界大战以后，严复因先前列名"筹安会"，被时人所诟病，已完全失去了言论家的资格。这样，在他生命的最后三年里，严复自称"羸病余生"，除了阅书看报，偶然与亲友通信，已很难再从事户外的活动了，于世则是力不从心，虽然他仍关心时局，且常有议论，但都是从一个局外人的角度，他与当局已不再发生政治联系。

然而，国内外的形势却发生了翻天覆地的变化。早在第一次世界大战未结束以前，严复就已看出："欧战无论如何，大势明年必了。了后便是簇新世界，一切旧法，所存必寡，此又断然可知者也。"[②]但新的变化，既非严复所逆料，更非他所欢迎。

在国际上，第一次世界大战尚未结束，就发生了俄国十月社会主义革命。以严复历来对革命的态度，就可推想他对这次新兴的社会革命的评价了，何况这是一次与法国大革命性质有别，且更为激烈的无产阶级革命。

欧东过激党，其宗旨行事，实与百年前革命一派绝然不同，其党极恶平等、自由之说，以为明日黄花过时之物。所绝对把持者，破坏资产之家，与为均贫而已。残虐暴厉，其在鄂得萨所为，报中所言，令人不忍卒读，方之德卒入比，所为又有过矣。足下试思，如此豺狼，岂有终容于光天化日之下者耶？此如中国明季政窳，而有闯、献，斯俄之专制末流，而结此果，真两间劫运之所假手，其不能成事，殆可断言。[③]

---

① 《与熊纯如书（九十七）》，《严复集》第三册，第 708 页。
② 《与熊纯如书（六十二）》，《严复集》第三册，第 677 页。
③ 《与熊纯如书（九十）》，《严复集》第三册，第 704 页。

在国内，新文化运动已抢夺话语权，正以摧枯拉朽之势将各种传统势力和复古主义者从文化领域清除出去。以严复先前对于语体文的态度，也不能迎合这一新潮流。不过，他对这一运动虽有微词，有趣的是，他却取听之任之的态度。他对自己几位好友的阻抗行为不以为然。"辜鸿铭议论稍有惊俗，然亦不无理想，不可抹杀，渠生平极恨西学，以为专言功利，致人类涂炭。鄙意深以为然。至其訾天演学说，则坐不能平情以听达尔文诸家学说，又不悟如今日，德人所言天演。以攻战为利器之说，其义刚与原书相反。西人如沙立佩等，已详辨之，以此訾达尔文、赫胥黎诸公，诸公所不受也。"① 至于自己的同乡好友"林琴南辈与之较论，亦可笑也"。②

国内的民族主义情绪逐渐高涨，学生爱国运动也随之兴起。当严复闻说军阀政府捉拿捕杀学生时，则表示"咄咄学生，救国良苦，顾中国之可救与否不可知，而他日决非此种学生所能济事者，则可决也"。③ 对新兴的学生爱国运动不抱希望，这一态度与孙中山对五四运动的评价大相径庭。中山先生认为："自北京大学大学生发生五四运动以来，一般爱国青年，无不以革新思想为将来革新事业之预备……故此种新文化运动，实为最有价值之事。"④

严复暮年，世界风云变幻莫测，中国社会动荡不安，人们越来越难捉摸人类的前进方向和中国的发展前途，整个知识界都处在一种迷惘、思考和探索之中。严复已入耆暮之年，思考探索之力已无从说起，迷惘忧虑之苦却紧紧地缠绕着他。

---

① 《与熊纯如书（二十三）》，《严复集》第三册，第 623 页。
② 《与熊纯如书（八十三）》，《严复集》第三册，第 699 页。
③ 《与熊纯如书（七十九）》，《严复集》第三册，第 695 页。
④ 孙中山：《关于五四运动》（即《与海外国民党同志书》），《孙中山选集》，北京：人民出版社，1981 年 10 月版，第 482 页。

自阳三月二十二日以来，欧西决战，乃从来未曾有之激烈。德人倾国以从，英、法先见挫衄，至其结果何如，尚复不敢轻道，所可知者，此役解决之余，乃成新式世界。俄之社会主义，能否自成风气，正未可知。而吾国居此潮流之中，受东西迫挣，当成何局，虽有圣者，莫能睹其终也。[①]

1921 年 10 月 3 日，严复临终前，立下遗嘱，对自己的一生作了辛酸的总结，对于来者寄予最后的期望，现录于兹：

嗟呼！吾受生严氏，天秉至高。徒以中年攸忽，一误再误，致所成就，不过如此，其负天地父母生成之德，至矣！耳顺以后，生老病死，倏然相随而来，故本吾自阅历，赠言汝等，其谛听之。

须知中国不灭，旧法可损益，必不可叛。

须知人要乐生，以身体健康为第一要义。

须勤于所业，知光阴时日机会不复更来。

须勤思，而加条理。

须学问，增知能，知做人分量，不易圆满。

事遇群己对待之时，须念己轻群重，更切毋造孽。[②]

这份对历史的最后交代，贯穿着严复对中国人文传统和自己生平经验的深刻反省，虽然它的色彩似乎偏于平和、陈旧，然其内含的人生哲理和深邃意蕴，读来令人感到其味无穷。

10 月 27 日（阴历九月廿七日），严复带着无限的惆怅，离开了人事纷攘的世界。是年底，严复与其结发之妻合葬于其故乡阳崎鳌头

---

① 《与熊纯如书（六十八）》，《严复集》第三册，第 683、684 页。
② 《遗嘱》，《严复集》第二册，第 360 页。

山之阳，他的密友前清大吏陈宝琛为其作墓志铭，墓碑上刻着人们在今日看来与严复身份极不相称的标题："清故资政大夫海军协都统严君墓志铭"。一个以启蒙、愈愚为职志的近代思想家，最后却被人披上了一件陈破不堪的旧装。这样的盖棺论定真是一个绝大的历史嘲讽！严复九泉之下有知，会作何感想呢？

应当承认，严复晚年对中国传统文化的回观与反思，是在其心境不佳的状态下进行的。个人健康状况的每况愈下，使他失去了壮年时期那种进取心理，也给他的整个心态蒙上了阴影。情绪的消沉、思想的低调，都表现出他已失去了一个启蒙思想家应有的锐气和锋芒。不过，事物的正负两面常常有机地结合在一起。炽热的情绪容易产生偏激的思想和非理性的冲动，冷沉的心态则可能使人对事物的把握接近理性和客观。从这个意义上说，严复晚年对中西文化的重估和对中国文化的前瞻，其中包含了不少合理因素，为后人留下了一份可资利用和挖掘的思想遗产。

首先，建设新文化必须实现传统文化的创造性转换。新文化的产生既是以否定和突破传统文化为前提，又是以继承和扬弃传统文化为基础，二者之间不可偏废。而继承和扬弃传统文化的成功处理，就是要对之进行创造性的转换，使之成为能为现代所用的东西。所谓创造性的转换，亦即把中国人文传统中的符号与价值系统加以改造，使其变成能在现代社会环境中生存、发展的种子，同时在现代化过程中继续保持文化认同。无可否认，传统文化在近代以后已渐趋衰落之势，但它的某些积极因素或合理内核还会融入新的文化中，实现新旧文化的连续性，对民族文化的自我调节继续发挥它的正面作用，因此，实现传统文化的创造性转换不仅对新文化建设无害，而且应构成新文化建设的重要内容。

其次，传统道德规范作为人类文明的积淀，仍将在社会转型和现代化发展过程中发挥其应有的社会调节作用。在一个社会实现体制更替或步入现代化轨道时，常常出现"不择手段，只问目的"的情形，有时人们还认为这是原始资本积累时期一种必要的罪恶，然而人类现代化的事实已对这种观点作了最有力的驳正。在西方，新教伦理对于资本主义精神的铸造；在东方，儒家伦理对日本和亚洲四小龙工业化过程中人际关系的调谐，都表明传统的伦理道德并不全然是现代化的阻力和消极因素，关键在于如何把握。成功地利用传统伦理道德，往往可以减少社会的震荡和各个利益集团之间的摩擦，使现代化有条不紊地进行。否则，对传统道德资源的蔑视和破坏，将使现代化失去其应有的生态环境。在这里，培养人的善良意识是极为重要的，现代社会的激烈竞争容易产生以强凌弱的局面，从而加剧各种社会矛盾，为此，必须造就一种调节社会矛盾的润滑剂。宗教、慈善事业、人道主义、伦理教育都有其不可忽视的调节作用，其本质都是劝人为善。而一个文明社会如果没有普通人认可的基本公德，就会不可避免地走向崩溃。第一次世界大战对西方文明社会的巨大破坏使严复深切地认识到这一点，他晚年注重倡导传统的伦理道德，表明了他对人类文明的关切之深。

最后，民族文化的建设和发展必须逐渐建立一套自我评价的标准，不能以西方的文化价值观念为依归。近代以降，东、西文化分野的局面逐渐被打破，东、西文化由冲突走向交融，由对话代替对抗，世界文化的整体化趋向日渐明显。由于西方文化在近代化浪潮中据有先进的地位，东、西方之间的文化交流实际上是以东方认同西方为主，在这种势态下，东方文化世界的知识分子往往存在一种自卑情结，失去自我驾驭，失去民族文化的本位立场，这是在东西文化最初接触的一段时间中较为普遍存在的一种现象。严复在步出国门、留学英伦时，也存在过这种心态。但是19世纪末20世纪初，西方知识分子对自己的近世文明进行反思时，许多人怀疑甚至否定资本主义制度的合理性；第一次世界大战的发生，更是强化了这股情绪，西方知识界实际上已走向多元选择，这无疑给东方的知识分子增添了选择的难度，哪怕是继续向西方学习，也有一个分析、抉择的问题。由此提出的一个问题就是如何建立自我评价标准。在 19 世纪，中国人由于受制于"华夷之辨"的思维模式，面临的是一个要不要向西方学习的问题；进入 20 世纪后，甲午海战的奇耻大辱和八国联军的战争威逼，已使中国士人失去了应有的自尊，无一例外地面向西方，这时中国人考虑的是如何"西化"的问题。清政府实施"新政"，选择的是日本模式，孙中山为代表的革命党人走民主革命道路，选择的是美国模式。第一次世界大战期间，中国知识界对自己的思想道路和西方经验给予了反思，普遍不满于固有的资本主义模式，转而对西方新兴的各种社会思潮和文化主张感兴趣，有的研究社会主义，有的转向新保守主义，有的探讨新自由主义。虽然严复晚年表面上是倡导中国传统文化，实际上是受到西方新人文主义、新保守主义的影响和鼓励。而这种主张又是建立在对中国国民性估价极低的基础之上，这与其前期的思想并不矛盾。也就是说，严复的自我评价不仅未改初衷，反而有了某种程度的强化。更为重要的是，严复晚年已隐约感到民族文化需要建立自我评价的标准，这也是他转向传统文化求取养料的一个重要原因。可惜的是，他的这一工作并未真正展开，这是他的遗憾，也是他给一个时代留下的思想遗业。

严复研究

中国近代思想史上的《天演论》

中国近代思想的产生与发展主要是依循两条路子：一条是推陈出新，即在中国传统经学（儒学）内部，发现与时代相结合的思想生长点，从中国传统学术的内在理路出发，提出具有时代意义的新思想、新理论、新学说，以龚自珍、魏源、康有为为代表的今文学派和自称"返本开新"的现代新儒家走的即这条路子；一条是援西入中，即通过传播、译介外来思想理论，为中国近代思想的发展输入新的血液，在此基础上提出自己的维新、变革理论和建构新的思想系统，严复可谓这条路子的第一个典型代表。这两条路子并非判然有别，而是互为表里，相互渗透，思想家们往往以追求中西交融为其思想的极致。

近人论及中国近代思想历程时，无不交口称赞严复在译介西方思想理论方面的贡献。梁启超在评及晚清思想界的状况时如是论断："时独有侯官严复，先后译赫胥黎《天演论》、斯图亚丹《原富》、穆勒约翰《名学》《群己权界论》、孟德斯鸠《法意》、斯宾塞《群学肄言》等数种，皆名著也。虽半属旧籍，去时势颇远，然西洋留学生与本国思想界发生关系者，复其首也。"[1]1923 年 12 月，蔡元培论及近五十年来中国哲学发展历程时，给严复的定位是："五十年来，介绍西洋哲学的，要推侯官严复为第一。"[2]胡适述及晚清翻译史时，对严复亦有高评："严复是介绍西洋近世思想的第一人，

---

① 梁启超：《清代学术概论》，《梁启超论清学史二种》，第 80 页。
② 蔡元培：《五十年来中国之哲学》，载欧阳哲生编《中国现代学术经典蔡元培卷》，石家庄：河北教育出版社，1996 年 8 月版，第 329 页。

林纾是介绍西洋近世文学的第一人。"① 毛泽东论及近代中国思想时，将严复置于"先进的中国人"这一行列："自从 1840 年鸦片战争失败那时起，先进的中国人，经过千辛万苦，向西方国家寻找真理。洪秀全、康有为、严复和孙中山，代表了在中国共产党出世以前向西方寻找真理的一派人物。"② 这些不同政见、不同党派的代表人物对严复历史定位所形成的共识，表明严复在介绍西方思想理论方面所发挥的历史作用已为举世公认。严复翻译的《天演论》位居严译名著之首，因其所产生的巨大影响，自然也就成为百余年来人们不断解读、诠释的经典文本。

一　赫胥黎的《进化论与伦理学》与严复的《天演论》

严复翻译的《天演论》，英文原作为英国生物学家、哲学家托·亨·赫胥黎于 1893 年 5 月 18 日在英国牛津大学谢尔德兰剧院（Sheldonlan Theatre）为罗马尼斯讲座（The Romanes Lecture）的第二次讲座所做的通俗演讲时散发的小册子，英文原名 *Evolution and Ethics*，直译应为《进化论与伦理学》，此书于 1893 年分别在英国伦敦 Macmilan and Co 和纽约初版，共 57 页，其中正文在前 37 页（未分段），注释在第 38—57 页。按照罗马尼斯基金会的条例，"讲演者应避免涉及宗教上或政治上的问题"。③ 故赫胥黎的讲演内容主要是讨论进化论以及进化论与伦理学之间的关系。1894 年，此书在英国伦敦 Macmilan and Co 再版，改名为 *Evolution and Ethics*

① 胡适：《五十年来中国之文学》，载欧阳哲生编《胡适文集》第 3 册，北京：北京大学出版社，1998 年 11 月版，第 211 页。
② 毛泽东：《论人民民主专政》，《毛泽东选集》第四卷，第 1358 页。
③ 参见 [英] 赫胥黎：《进化论与伦理学》，《进化论与伦理学》翻译组译，北京：科学出版社，1971 年 7 月版，第 11 页。

and the Other Essays（《进化论与伦理学及其他论文》），篇幅大为增加，书前有一序言（1894 年 7 月所作），正文包括五部分：

第一部分《进化论与伦理学：导言，1894》（*Evolution and Ethics.Prolegomena*，1894）、第二部分《进化论与伦理学，1893》（*Evolution and Ethics*，1893）、第三部分《科学与道德，1890》（*Science and Morals*，1890）、第四部分《资本——劳动之母，1896》（*Capital—The Mother of Labour*，1896）、第五部分《社会疾病与更坏治疗，1891》（*Social Disease and Worse Remedise*，1891）。

严复翻译的《天演论》是选译 1894 年版的第一、二部分。中文书名译为《天演论》，仅取原作的前半部分，学术界有两种截然不同的意见：史华兹和李泽厚以为严复不同意赫胥黎原作把自然规律（进化论）与人类关系（伦理学）分割、对立起来的观点，意在表现其崇斯宾塞绌赫氏的倾向；① 汪荣祖则别有见解，以为此举"正见严氏刻意师古，精译'天演论'，略去'人伦'"。②

赫胥黎是达尔文进化论学说的崇信者，对"自然选择原理"在达尔文理论中的重要地位了如指掌，他著述《进化论与伦理学》的本意是表达他对斯宾塞的"社会达尔文主义"的不满，他认为人类的生存斗争与伦理原则有矛盾，批评对殖民地的开拓是对自然状态的破坏，强调人类社会与动物社会的差别是"天然人格与人为人格"的差别，社会进化过程不同于生物进化过程，强调伦理在人类社会中的调节作用。一句话，《进化论与伦理学》本身是一部批判"社会达尔文主义"的代表作。冯友兰先生把握到赫胥黎此著的精意，他说，赫胥黎"把

---

① 参见李泽厚：《论严复》，《中国近代思想史论》，北京：人民出版社，1986 年 11 月版，第 261 页。[美] 本杰明·史华兹：《寻求富强：严复与西方》，叶凤美译，南京：江苏人民出版社，1995 年 2 月版，第 93 页。

② 参见汪荣祖：《严复的翻译》，《从传统中求变》，南昌：百花洲文艺出版社，2002 年 4 月版，第 148 页。

达尔文主义和社会联系起来，因此有人称赫胥黎所讲的是社会达尔文主义，认为是把达尔文主义应用到人类社会，为帝国主义侵略殖民地的人民提供理论的根据。其实，把达尔文主义同人类社会联系起来是一回事，而把达尔文主义应用到人类社会又是一回事。赫胥黎并不是要把达尔文主义应用到人类社会，而是认为达尔文主义不能应用于人类社会"。①

据严复在《天演论》自序中交代，"夏日如年，聊为移译"八字，序末落款为"光绪丙申重九"，此书译于1896年夏，在重阳节作序（10月15日）。②1897年12月至1898年2月以《天演论悬疏》为题在《国闻汇编》第2、4、5、6册刊载，1898年4月由湖北沔阳卢氏慎始基斋木刻出版。同年10月天津出版嗜奇精舍石印本。现将孙应祥先生所考《天演论》版本列表如下：③

① 冯友兰：《中国哲学史新编》第六册，第162页。

② 关于《天演论》翻译的时间，意见颇为分歧，严复之子严璩将严复翻译《天演论》时间定为1895年，参见严璩：《侯官严先生年谱》，《严复集》第五册，第1548页。王栻则因陕西味经本《天演论》题有"光绪乙未春三月"字样，推测《天演论》的初稿"至迟于1895年译成，可能还在1894年"，参见《严复传》，第41页。现在学界一般倾向于用严复本人在《天演论》自序中的说法。

③ 此表见孙应祥：《严复年谱》，福州：福建人民出版社，2003年8月版，第133、134页。另参见孙应祥：《〈天演论〉版本考异》，载黄瑞霖主编《中国近代启蒙思想家——严复诞辰150周年纪念论文集》，北京：方志出版社，2003年12月版，第320—332页。此文对《天演论》版本亦有详考。

书名	刊行时间	出版者	备注
天演论悬疏	1897—1898	《国闻汇编》	1897—1898 载《国闻汇编》第 2、4、5、6 册，未完
天演论	1898	陕西味经售书处	封面题为"光绪乙未春三月（1895 年 4 月）重刊"，但其下卷已有"丙申"复案字样，怎么会在此前"重刊"？当刊于1896 年以后，②非定本，无自序，无译例言
天演论	1897—1898	沔阳卢氏慎始基斋刻	校样本，同于《国闻汇编》本，"导言"还刻作"悬疏"，无译例言，无吴（汝纶）序
天演论	1898	沔阳卢氏慎始基斋刻	正式版本，前有吴序、自序和译例言
天演论	1898	侯官嗜奇精舍石印出版	"译例言"中删去"新会梁任公"五字。印有第二版
赫胥黎天演论	1901	富文书局石印出版	大字版本，删去译例言末段文字
天演论	未详	不著出版处	自序在吴序之前，"后学庐江吴保初、门人南昌熊师复覆校"，删去译例言末段文字。小线装本二册，似系 1901 年刊行
天演论	1903	不著出版处	"后学庐江吴保初、门人南昌熊师复覆校"，删去译例言末段文字。小线装本一册
吴汝纶节本天演论	1903	上海文明书局印行	全书依次分为三十五篇，而不分上下卷，无译例言，前十八篇中均无"按语"，译文也有删节
天演论	1905	上海文明书局印行	铅印本，删去译例言末段文字
天演论	1921	上海文明书局印行	印行第二十版

---

① 此表未列盗版《天演论》。

② 查此刊本《天演论》是叶尔恺接任陕西学政后送交味经售书处印行的。现有其《与汪康年书》（十七）为证："弟前发味经刻《天演论》一书，所校各节，极可发噱……"[《汪康年师友书札》（三），上海古籍出版社 1987 年版，第 2476 页] 此函末署"十一月二十一日"，未署年份，但有汪康年注："已新正二十四收。"已是己亥，则此函当书于光绪二十四年戊戌"十一月二十一日"。可知，此前味经售书本《天演论》尚未发行。又据叶《与汪康年书》（十四）云："弟于（清光绪二十三年）九月二十八日自京动身，初四抵三原，初七接篆。"[《汪康年师友书札》（三），第 2473 页] 由此判断，他"发味经刻《天演论》"应在清光绪二十三年十月初七日以后，或次年初，印成发行则应在清光绪二十四年夏秋间，而不可能在"光绪乙未春三月"。

据孙应祥先生考证，《天演论》问世后至1931年，曾被刊印三十多种版本，风行海内。这些版本大致说来，可分两类：一是通行本，这是经过严复反复修改后的定本，如慎始基斋本、嗜奇精舍本、富文书局本和后来的商务印书馆铅印本；一是在作者译述修改过程中，陆续传播刻印的本子，如陕西味经售书处重刊本、《国闻汇编》中的《天演论悬疏》和《天演论》稿本等。不同的版本不仅在文字上有所差异，而且微妙地透射出译述者的思想变化。①

《进化论与伦理学》原文分导言和正文两部分，导论标明十五节，正文则未标明分节，只是根据文意中间以空行区隔为九节（现在科学出版社的《进化论与伦理学》中译本只分为七节）。严复的《天演论》可以说是《进化论与伦理学》的节译和意译（不译的段落《导论》部分有四节，《讲演》部分有十一节），每节分译文和按语两部分。卷上导言共十八篇，卷下论十七篇。在译文的结构上，严复作了很大的改造；译文内容也与原文有很大出入，严复或增加文字以表达自己的思想，或取中国典故以迎合中国读者的口味。按语则全为严复自己的文字。严复自称："译文取明深义，故词句之间，时有所傎到附益，不斤斤于字比句次，而意义则不倍本文。题曰达恉，不云笔译，取便发挥，实非正法。"②冯友兰先生则说："严复翻译《天演论》，其实并不是翻译，而是根据原书的意思重写一过。文字的详略轻重之间大有不同，而且严复还有他自己的按语，发挥他自己的看法。所以严复的《天演论》，并不就是赫胥黎的《进化论和伦理》。"③俞政将严复意译的《天演论》与1971年科学出版社出版直译的《进化论与伦理学》比较对照，《天演论》意译的具体情形可分为：一、基本相

---

① 参见孙应祥：《〈天演论〉版本考异》，《中国近代启蒙思想家——严复诞辰150周年纪念论文集》，第320页。

② 《天演论·译例言》，《严复集》第五册，第1321页。

③ 冯友兰：《从赫胥黎到严复》，《论严复与严译名著》，第101页。

符的意译；二、大体相符的意译；三、大略相符的意译；四、根据赫氏大意自撰文字；五、添加词句；六、展开和发挥；七、换例；八、精译；九、简译；十、不译；十一、漏译；十二、曲译；十三、篡改。①这是目前对《天演论》翻译情形所作的最具体、最详细的分析，尽管它并不是与原作进行直接对照，但所依比较版本是可靠的直译本，故其结论可以说是比较准确的。经过严复的创造性翻译工作，译著与原著的信息出现了较大的变化。在内容上，赫胥黎对人类社会与生物界的区隔和强调人类社会伦理观的一面被忽略了，"物竞天择，适者生存"这一生物进化原则被作为普遍原理适用于人类社会，可以说译著实际上对原著作了根本性的颠覆。在风格上，萨镇冰批评严复说："《天演论》作者赫胥黎写文章和作报告，有科学家所应持的态度。他明白一切科学上的假设都需要进一步证实和不断补充修正，所以他的口气绝不是武断的，这样，反而具有说服力。严先生的译笔有板起面孔陈述教义的味道，势欲强加于人，无异反赫胥黎的行文方式而变得相当严肃。赫胥黎的文稿原来是在大学作的报告，用的是演讲的体裁，话起话落，节奏自然成章。严先生爱用的是古文家纸上的笔调。"②

二 在赫胥黎与斯宾塞之间

在评析《天演论》时，研究者们最为关注的首要问题是：严复为什么要翻译《天演论》？他翻译此著想要向世人传达的信息到底是什么？这是一直为人们所争论的问题。作为一部西方学术著作，赫胥黎原作的意旨应该说是非常明确，涉及西学的问题亦不少，但因严复在翻译过程中所作的调整和所加按语，使原作与译作的意义产生了差异，

---

① 俞政：《严复著译研究》，苏州：苏州大学出版社，2003年5月版，第21—63页。
② 戴镏龄：《萨镇冰谈严复的翻译》，载《翻译通讯》1985年第6期。

其中严复翻译的赫胥黎的《天演论》与他在按语中同时介绍的斯宾塞的"社会达尔文主义"之间的关系，是研究者们讨论《天演论》时最关切的问题。

史华兹认为："《进化论与伦理学》一书为严复介绍他所理解的斯宾塞的进化论哲学提供了一个出发点，而赫胥黎则几乎成了斯宾塞的一个陪衬角色。在探讨过程中，严复自己所作的宗教的、形而上学的和伦理的按语已使这一点很明确了。最重要的是，正是在《天演论》中，他十分清楚地表达了自己的社会达尔文主义和它所包含的伦理的深深信仰。他清醒地知道这一伦理暗示了在中国将有一场观念的革命，现在他的注意力之所向正是这场革命。"①史氏的这一观点遭到了汪荣祖先生的反驳，汪认为："严氏固然不完全赞同赫说，亦非全盘否定，自非只因其简短而译之。""我们不必视严氏按语尽是在发表他本人的意见，引入按语，不仅订正赫说，而且补充说明，以获致他认为较为平衡的观点。""我们实在无须采取非杨即墨的观点，把严氏定位于斯宾塞。严复一心要把他所理解的天演论说清楚，是十分显而易见的，实在没有必要囿于一家之说，吴汝纶序言中所谓'天行人治，同归天演'，实已道出译者汇合赫、斯二说的微意。"②近又有论者提出新见，以为"*Evolution and Ethics* 绝不是讲解生物进化论的科普读物，而是提倡美德、调和人际关系的伦理学著作。尽管书中列举了不少生物界的事例，但它们只是一些通俗的比方，是为了让读者容易理解并接受自己的社会伦理思想。由此推论，严复之所以翻译赫胥黎的著作而不去翻译达尔文的《物种起源》，其用意就是为了引进这种新型的伦理思想。只是由于赫胥黎的社会伦理思想建立在进化论的基础之上，因此在引进这种伦理思想的同时，必然要做普及进化论的工作"。③

---

① [美]本杰明·史华兹：《寻求富强：严复与西方》，第104页。
② 汪荣祖：《严复的翻译》，《从传统中求变》，第148、149页。
③ 俞政：《严复著译研究》，第1、2页。

细读《天演论》，提到斯宾塞名者有自序，正文中有导言一（此处为严复所加），按语中有卷上导言一、二、五、十三、十四、十五、十七、十八，卷下有论五、十五等处。直接提到赫胥黎名者有自序，按语中有卷上导言一、三、四、五、十二、十三、十四、十五、十六、十七、十八，卷下有论一、九、十三、十五、十六等处。应当说明的是，书中其他处虽未提及赫氏之名，实为讨论《天演论》本身者几乎贯穿全书的按语。而涉及比较斯、赫两氏学说的地方有自序，按语中有卷上导言五、十三、十四、十五、十七、十八，卷下中的论十五等处。从赫胥黎、斯宾塞的名字出现在《天演论》中的频率之高，可见对他俩的思想评介确是严复译著此书的重点所在。这里我们试将《天演论》中涉及赫胥黎、斯宾塞的文字分作三类处理。

第一类是严复赞扬斯宾塞的文字：

> 有斯宾塞尔者，以天演自然言化，著书造论，贯天地人而一理之。此亦晚近之绝作也。其为天演界说曰："翕以合质，辟以出力，始简易而终杂糅。"①

> 斯宾塞尔者，与达同时，亦本天演著《天人会通论》，举天、地、人、形气、心性、动植之事而一贯之，其说尤为精辟宏富。其第一书开宗明义，集格致之大成，以发明天演之旨。第二书以天演言生学。第三书以天演言性灵。第四书以天演言群理。最后第五书，乃考道德之本源，明政教之条贯，而以保种进化之公例要术终焉。呜呼！欧洲自有生民以来，无此作也。斯宾氏迄今尚存，年七十有六矣。其全书于客岁始蒇事，所谓体大思精，殚毕生之力者也。②

---

① 《天演论·自序》，《严复集》第五册，第1320页。
② 《天演论·卷上·导言一 察变》，《严复集》第五册，第1325页。

天演之义，所苞如此，斯宾塞氏至推之农商工兵、语言文学之间，皆可以天演明其消息所以然之故。苟善悟者深思而自得之，亦一乐也。①

人道始群之际，其理至为要妙。群学家言之最晰者，有斯宾塞氏之《群谊篇》，柏捷特《格致治平相关论》二书，皆余所已译者。②

斯宾塞尔著《天演公例》，谓教、学二宗，皆以不可思议为起点，即竺乾所谓不二法门者也。其言至为奥博，可与前论参观。③

第二类是严复赞扬赫胥黎的文字：

赫胥黎氏此书之恉，本以救斯宾塞任天为治之末流，其中所论，与吾古人有甚合者。且于自强保种之事，反复三致意焉。④

本篇有云，物不假人力而自生，便为其地最宜之种，此说固也。然不知分别观之则误人，是不可以不论也。赫胥黎氏于此所指为最宜者，仅就本土所前有诸种中，标其最宜耳。如是而言，其说自不可易，何则？非最宜不能独存独盛故也。⑤

此篇所论，如"圣人知治人之人，赋于治于人者也"以下十余语最精辟。⑥

---

① 《天演论·卷上·导言二 广义》，《严复集》第五册，第1328页。
② 《天演论·卷上·导言十三 制私》，《严复集》第五册，第1346页。
③ 《天演论·卷下·论五 天刑》，《严复集》第五册，第1370页。
④ 《天演论·自序》，《严复集》第五册，第1321页。
⑤ 《天演论·卷上·导言四 人为》，《严复集》第五册，第1332页。
⑥ 《天演论·卷上·导言八 乌托邦》，《严复集》第五册，第1339页。

至于种胤之事，其理至为奥博难穷，诚有如赫胥氏之说者。①

赫胥黎氏是篇，所谓去其所傅者，最为有国者所难能。能则其国无不强，其群无不进者。②

此篇及前篇所诠观物之理，最为精微。③

此篇之说，与宋儒之言性同。……赫胥黎氏以理属人治，以气属天行，此亦自显诸用者言之。若自本体而言，亦不能外天而言理也，与宋儒言性诸说参观可耳。④

第三类是严复比较赫、斯二氏的文字：

于上二篇，斯宾塞、赫胥黎二家言治之殊，可以见矣。斯宾塞之言治也，大旨存于任天，而人事为之辅，犹黄老之明自然，而不忘在宥是已。赫胥黎氏他所著录，亦什九主任天之说者，独于此书，非之如此。盖为持前说而过者设也。⑤

赫胥黎保群之论，可谓辨矣。然其谓群道由人心善相感而立，则有倒果为因之病，又不可不知也。……赫胥黎执其末以齐其本，此其言群理，所以不若斯宾塞氏之密也。且以感通为人道之本，其说发于计学家亚丹斯密，亦非赫胥黎氏所独标之新理也。⑥

① 《天演论·卷上·导言十六 进微》，《严复集》第五册，第1355页。
② 《天演论·卷上·导言十七 善群》，《严复集》第五册，第1357页。
③ 《天演论·卷下·论九 真幻》，《严复集》第五册，第1376页。
④ 《天演论·卷下·论十三 论性》，《严复集》第五册，第1389页。
⑤ 《天演论·卷上·导言五 互争》，《严复集》第五册，第1334页。
⑥ 《天演论·卷上·导言十三 制私》，《严复集》第五册，第1347页。

赫胥黎氏之为此言，意欲明保群自存之道，不宜尽去自营也。然而其义隘矣。且其所举泰东西建言，皆非群学太平最大公例也。太平公例曰："人得自由，而以他人之自由为界。用此则无前弊矣。斯宾塞《群谊》一篇，为释此例而作也。"①

赫胥黎氏是书大指，以物竞为乱源，而人治终穷于过庶。此其持论，所以与斯宾塞氏大相径庭，而谓太平为无是物也。斯宾塞则谓事迟速不可知，而人道必成于郅治。……斯宾塞之言如此，自其说出，论化之士十八九宗之，计学家柏捷特著《格致治平相关论》，多取其说。夫种下者多子而子夭，种贵者少子而子寿，此天演公例。自草木虫鱼，以至人类，所随地可察者，斯宾氏之说，岂不然哉！②

有国者安危利菑则亦已耳，诚欲自存，赫、斯二氏之言，殆无以易也。赫所谓去其所傅，与斯所谓功食相准者，言有正负之殊，而其理则一而已矣。③

则赫胥氏是篇所称屈己为群为无可乐，而其效之美，不止可乐之语，于理荒矣。且语不知可乐之外，所谓美者果何状也。然其谓郅治如远切线，可近不可交，则至精之譬。又谓世间不能有善无恶，有乐无忧，二语亦无以易。……曰：然则郅治极休，如斯宾塞所云云者，固无可乎？曰：难言也。大抵宇宙究竟，与其元始，同于不可思议。④

①　《天演论·卷上·导言十四　恕败》，《严复集》第五册，第 1348、1349 页。
②　《天演论·卷上·导言十五　最旨》，《严复集》第五册，第 1350—1352 页。
③　《天演论·卷上·导言十七　善群》，《严复集》第五册，第 1357 页。
④　《天演论·卷上·导言十八　新反》，《严复集》第五册，第 1359、1360 页。

通观前后论十七篇，此为最下。盖意求胜斯宾塞，遂未尝深考斯宾塞氏之所据耳。夫斯宾塞所谓民群任天演之自然，则必日进善，不日趋恶，而郅治必有时而臻者，其竖义至坚，殆难破也。①

　　从上述所列严复在按语中对赫胥黎、斯宾塞的评价和对他俩的比较中，我们可以看出：在第一类文字中，严复赞扬斯宾塞的"贯天地人而一理之"的天演论，推崇他的群学，这是他继而翻译斯宾塞《群学肄言》的主要动机；在第二类文字中，严复准确地把握到《天演论》的精意在于"救斯宾塞任天为治之末流"，对于赫氏的"两害相权，己轻群重"或"群己并重，则舍己为群"的"善群"思想推崇备至；在第三类文字中，严复一方面试图拉近赫、斯两人的思想差距，指出两人均有"任天而治"的思想，赫胥黎在《进化论与伦理学》一书中之所以特别强调"人治"，是"盖为持前说而过者设也"，一方面也点出赫、斯两人的思想区别所在，在这种情形中，严复确实也表现了对斯宾塞思想的偏好，对其"所谓民群任天演之自然"的理论尤确信不疑，但严复的这种"偏好"应视为他对赫胥黎思想的补正，而不是推翻。史华兹先生以为"说《天演论》是将赫胥黎原著和严复为反赫胥黎而对斯宾塞主要观点进行的阐述相结合的意译本，是一点也不过分的"这一结论②，显然有夸大严复偏向斯宾塞之嫌，只要看一看严复对赫胥黎的赞扬和细细体味一下他比较赫、斯两氏的思想，就不难理解这一点。当然，如要全面理解严复对斯宾塞思想的把握，则仅取《天演论》显然是不够的，还应联系严复其他的论著（如《原强》）

---

① 《天演论·卷下·论十五 演恶》，《严复集》第五册，第1392页。
② ［美］本杰明·史华兹：《寻求富强：严复与西方》，第96页。

和译作（如《群学肄言》），这非本文讨论的范围，在此不作赘述。[①]

三 《天演论》与严复的维新思想

《天演论》的轰动效应，很大程度上来自于严复把赫胥黎、斯宾塞等人的理论与中国的现实结合起来，或者说，严复对赫、斯两氏理论的译述，使国人产生对自己境遇的联想，并迸发出自强、维新的思想。从这个意义上说，《天演论》与其说是严复翻译的西方学术著作，不如说是他为维新运动锻造的思想利器，它的现实意义远远高于它的学术意义，事实上受到这部书感染的国人大都未必能真正理解赫胥黎与斯宾塞之间的理论差异，但他们为书中所使用的"天演""物竞""天择""进化""保种"等词语所震撼，这些在同时代人的回忆中可以找到印证。

吴汝纶作为《天演论》的第一读者，最早敏感地觉察到《天演论》对中国自强的现实功用。1896年8月26日，他致信严复道："尊译《天演论》，计已脱稿，所示外国格致家谓顺乎天演，则郅治终成。赫胥黎又谓不讲治功，则人道不立，此其资益于自强之治者，诚深诚邃。"[②]1897年3月9日，他再次致信严复，对严复的用心表示"钦佩"，"抑执事之译此书，盖伤吾土之不竞，惧炎黄数千年之种族，将遂无以自存，而惕惕焉欲进之以人治也。本执事忠愤所发，特借赫胥黎之书，用为主文谲谏之资而已"。[③]吴氏"手录副本，秘之枕

---

① 有关严复与斯宾塞思想的关系的研究，参见蔡乐苏：《严复启蒙思想与斯宾塞》，载刘桂生、林启彦、王宪明编《严复思想新论》，北京：清华大学出版社，1999年12月版，第287—314页。

② 《吴汝纶致严复（一）》，《严复集》第五册，第1560页。

③ 《吴汝纶致严复（二）》，《严复集》第五册，第1560页。

中"。①《天演论》正式出版时，吴氏在序中称："今议者谓西人之学，多吾所未闻，欲瀹民智，莫善于译书。""抑严子之译是书，不惟自传其文而已，盖谓赫胥黎氏以人持天，以人治之日新，卫其种族之说，其义富，其辞危，使读焉者怵焉知变，于国论殆有助乎？是旨也，予又惑焉。"②如此反复地说明《天演论》对中国"自强""保种"的指导作用，可见吴汝纶对它的现实功用的高度重视。

如果我们将赫胥黎的原作与严复的译作加以对比，可以发现阅读原作本身很难与中国的现实联系起来，但是经过严复的移译和按语（其实是阐释和发挥），确有了截然不同的效果，《天演论》仿佛变成了一部指导中国现实改革的理论著作。严复究竟在哪些方面作了改造，使之产生了这样让国人心灵感到呼应的效果？

首先，严复所加适合中国读者口味的标题，对是书的宗旨作了新的诱导。如卷上的"察变""趋异""人为""互争""人择""善败""汰蕃""择难""制私""恕败""进微""善群""新反"，卷下的"能实""忧患""教源""严意""天刑""佛释""种业""佛法""学派""天难""论性""矫性""演恶""群治""进化"诸篇篇名，乍一看这些标题，仿佛它们都是讨论一些与中国现实有关的话题，其实这些新加的篇名，完全是严复据自己对原文的理解所作的归纳，有些篇名甚至是对原作的结构作了调整后所作的新归纳。

其次，严复在翻译过程中，考虑到中国读者的阅读、接受习惯，对原作的内容或有所增加，或有所减少，或有所舍弃，或有所改写，使之强化和凸显严复所欲表达的立意。如《导言一　察变》中的结尾处所加"斯宾塞尔曰：'天择者，存其最宜者也。'夫物既争存矣，

---

① 现存吴汝纶所录副本，参见《桐城吴先生日记》（上），石家庄：河北教育出版社，1999年12月版，第475—512页。据编者按语"此编较之原本删节过半，亦颇有更定，非仅录副也"。

② 吴汝纶：《天演论·吴序》，《严复集》第五册，第1318页。

而天又从其争之后而择之，一争一择，而变化之事出矣"。① 这段话为严复所加，意在点明"物竞天择"之理，这也是全书的宗旨所在。又如《导言八 乌托邦》中的"故欲郅治之隆，必于民力、民智、民德三者之中，求其本也。故又为之学校庠序焉。学校庠序之制善，而后智仁勇之民兴。智仁勇之民兴，而有以为群力群策之资，而后其国乃一富而不可贫，一强而不可弱也。嗟夫！治国至于如是，是亦足矣"② 一段，亦非原作所有，而是严复"借"赫胥黎的口发出自己的改革呼喊，它与严复在此前发表的《原强》一文所表达的"鼓民力，开民智，新民德"，强调发展教育的维新思想如出一辙，是严复认定的拯救中国之路。

赫胥黎的《进化论与伦理学》原作中并没有中国人名、地名，更没有引证中国典故，但严复在翻译时，却改变原文采用中文典故和中国人名、地名表达，以增加《天演论》的可读性。如卷上《导言一 察变》篇中"即假吾人彭、聃之寿，而亦由暂观久，潜移弗知"，此处的彭、聃，即彭祖、老聃，相传为中国古代的长寿者。卷上《导言十三 制私》篇中"李将军必取霸陵尉而杀之，可谓过矣。然以飞将威名，二千石之重，尉何物，乃以等闲视之？"此处的李广为汉武帝时抗击匈奴的名将。卷下《论一 能实》篇中"又如江流然，始滥觞于昆仑，出梁、益，下荆、扬"，这里的昆仑山为中国名山，梁、益、荆、扬则为中国古代地名。为了寻求与英文对应的中文概念，严复可谓煞费苦心，如 selection（天择）、evolution（天演）、state of nature of the world of plants（天运）、the state of nature（当境之适遇）、obvious change（革）等，这些都是颇具创意的译文。严复自谓："他如物竞、天择、储能、效实诸名，皆由我始。"③

---

① 《天演论·卷上·导言一 察变》，《严复集》第五册，第 1324 页。
② 《天演论·卷上·导言八 乌托邦》，《严复集》第五册，第 1339 页。
③ 《天演论·译例言》，《严复集》第五册，第 1321 页。

最后，严复以按语的形式，加入了自己的思想阐释或对原作的补充，沿着他指引的思想方向为读者留下了广阔的空间。《进化论与伦理学》原作本是赫胥黎阐述达尔文的进化论学说和自己的伦理学之间关系的一部著作，但严复翻译该著时，加进了大量的按语（《天演论》卷上十八篇，卷下十七篇，共三十五篇。严复为其中二十九篇写了按语，其中有四篇按语与正文篇幅约略相当，有五篇按语的篇幅超过正文），新加按语大大丰富了全书的内容，更便于中文读者对原作的理解。严复的按语就其内容来说，主要包括三个方面的内容。一是如前所述，借按语介绍斯宾塞的思想理论，并以之与赫胥黎的理论进行对比，使读者对达尔文主义的两支——赫胥黎与斯宾塞的思想理论，有比较清晰的了解。二是在按语中介绍与正文内容相关的西学背景知识，包括一些人物、地名的注释，如在卷上《导言三　趋异》篇的按语中介绍马尔达（即马尔萨斯）的经济学说，在卷下《论三　教源》篇中提到古代希腊哲学家德黎（即泰勒斯，前624—前547）、亚诺芝曼德（即阿那克西曼德，前611—前547）、芝诺芬尼（即色诺芬尼，前565—前473）、巴弥匿智（即巴门尼德，约前6世纪末—前5世纪中）、般剌密谤（约前500—？）、安那萨可拉（即阿那克萨哥拉，前500—前428）、德摩颉利图（即德谟克里特，前460—前370）、苏格拉第（即苏格拉底，前469—前399）、亚里斯大德（即亚里士多德，前384—前322）、阿塞西烈（即阿塞西劳斯，前315—前241）等，在卷下《论九　真幻》篇中介绍法国哲学家特嘉尔（即笛卡尔，1596—1650）等，以增进中文读者对原作的理解。三是与中学、中国的现实结合起来，借题发挥自己的见解，以使中国读者从《天演论》感受到严复本人的思想见解。故对这类按语的解读，也有助于理解严复的维新思想。

在按语中，严复多次将西方学理与中土学术联系起来加以比较，如把斯宾塞的"大旨存于任天，而人事为之辅"的思想比附为"黄老之明自然"，^① 以为赫胥黎的"以理属人治，以气属天行"与宋儒言性之说相同，^② 把先秦的孔、墨、老、庄、孟、荀诸子与古代希腊的"诸智"相对应，^③ 把卷下《论五　天刑》篇与《易传》《老子》作"同一理解"。^④ 凡此例证，说明严复有会通中西、中西互释的意向。应当说明的是，严复这种将西方学理纳入中土学术的框架的处理方式，并不符合赫胥黎、斯宾塞的原意，甚至有伤原作的本意，但在国人缺乏西学知识的背景下，有助于中国士人对《天演论》的理解。

为唤醒国人，刺激国人麻木的心灵，《天演论》中的按语多处表现了严复"保种"救亡的忧患意识。如以墨（美）、澳两洲"土人日益萧条"的事实，向国人发出强烈的呼吁，"此洞识知微之士，所为惊心动魄，于保群进化之图，而知徒高睨大谈于夷夏轩轾之间者，为深无益于事实也"。^⑤ 墨（美）、澳土著"岁有耗减"的惨痛结果提醒国人不要再做"泱泱大国"的美梦，"区区人满，乌足恃也哉！乌足恃也哉！"^⑥ 感叹"中国廿余口之租界，英人处其中者，多不愈千，少不及百，而制度厘然，隐若敌国然"，而"吾闽粤民走南洋非洲者，所在以亿计，然终不免为人臧获，被驱斥也。悲夫！"^⑦ 从古代印度、希腊和近代欧洲的"风教"与"国种盛衰"中，严复看到当时的世界"若仅以教化而论，则欧洲、中国优劣尚未易言。然彼其民，好然诺，贵信果，重少轻老，喜壮健无所屈服之风。即东海之倭，亦轻生尚勇，死党好名，与震旦之名大有异。呜呼！隐忧之大，可胜言哉！"^⑧ 诸如此类的事例，

---

① 《导言五　互争》按语，严译名著丛刊《天演论》，第 16 页。
② 《论十三　论性》按语，严译名著丛刊《天演论》，第 85 页。
③ 《论三　教源》按语，严译名著丛刊《天演论》，第 55 页。
④ 《论五　天刑》按语，严译名著丛刊《天演论》，第 61 页。
⑤ 《导言三　趋异》按语，严译名著丛刊《天演论》，第 12 页。
⑥ 《导言四　人为》按语，严译名著丛刊《天演论》，第 14 页。
⑦ 《导言七　善败》按语，严译名著丛刊《天演论》，第 20 页。
⑧ 《论十四　矫性》按语，严译名著丛刊《天演论》，第 87 页。

生动、具体地说明了"物竞天择，适者生存"的进化原则。

严复在翻译和按语中所做的"中国化"工作，大大加强了译作的现实感，在经历了中日甲午战败的巨大创痛之后，《天演论》所传输的"物竞天择，适者生存"的原则对中国读者的冲击作用，是不言而喻的，许多读者阅读该书时不知不觉地产生共鸣，顺其思路思考民族和国家的前途，或投身维新热潮，或走上革命之路，一场波澜壮阔的变法维新运动终于在这里找到了自己最有力的理论依据。

四　对《天演论》译文的评价

近代以来，西学流入中土，如何在语言上解决译介西学的问题？这是中国士人颇为头痛的一道难题。西学的新名词甚多，中文不易找到对应的语词；西文在句法结构上与中文有明显出入，中文表达有一定难度；西文词义多歧，中文难以反映西文词义的内涵。傅兰雅在《江南制造总局翻译西书事略》对这一问题有所探讨。[①]

严复当时觉察到这些问题，在《译例言》中他备举译事之难，"西文句中名物字，多随举随释，如中文之旁支，后乃遥接前文，足意成句。故西文句法，少者二三字，多者数十百言。假令仿此为译，则恐必不可通，而删削取径，又恐意义有漏。此在译者将全文神理，融会于心，则下笔抒词，自然互备。至原文词理本深，难于共喻，则当前后引衬，以显其意。凡此经营，皆以为达，为达即所以为信也"。[②] 严复表达了一种既反对"直译"又不赞成"节译"，而提倡"达译"的理由。"新理踵出，名目纷繁，索之中文，渺不可得，即有牵合，终嫌参差，

---

　　① 参见傅兰雅：《江南制造总局翻译西书事略》，载黎难秋主编《中国科学翻译史料》，合肥：中国科技大学出版社，1996 年 9 月版，第 417—420 页。

　　② 《天演论·译例言》，《严复集》第五册，第 1321 页。

译者遇此，独有自具衡量，即义定名。"① 严复以 Prolegomena 为例，他先译"卮言"，夏曾佑据内典改译为"悬谈"，严复最后定为"导言"。"一名之立，旬月踯躅。我罪我知，是存明哲。"② 严复在译书文字上，取先秦诸子散文为模范，是为"雅"。在桐城派占据文坛统治地位的当时，严复的译笔风格显示了他与桐城派文学取向的一致，这显然有助于《天演论》取得高级士大夫群体的承认。

《天演论》的成功，尤其是得到士人的激赏，在于严复使用了当时的古典汉语（即先秦古文）译介西方经典。吴汝纶在序中即肯定，"自吾国之译西书，未有能及严子者也""文如几道，可与言译书矣""严子一文之，而其书乃骎骎与晚周诸子相上下"，③ 对严译的语言功底给予了高度评价。以吴氏在晚清文坛的地位，在序中作如此隆重的推许，对《天演论》的流传和严复声名的传扬，自然会产生极大的作用。

《天演论》问世以后，中国知识界围绕《天演论》的评论着重于其翻译方式和译文的正误，众多名家各抒其见。

吴汝纶是《天演论》的作序者，他一方面赞扬该著："匪直天演之学，在中国为初凿鸿蒙，亦缘自来译手，无似此高文雄笔也。"④ "文如几道，可与言译书矣。"⑤ 表达了对严译文字倾向于古雅一面的"桐城派"文学风格的认同。一方面也委婉地批评"往者释氏之入中国，中学未衰也，能者笔受，前后相望，顾其文自为一类，不与中国同"。⑥ "若以译赫氏之书为名，则篇中所引古书古事，皆宜以元书所称西方者为当，似不必改用中国人语。以中事中人，固非赫氏所及知，法宜如晋宋名流所译佛书，与中儒著述，显分体制，似为入式。

① 《天演论·译例言》，《严复集》第五册，第 1322 页。
② 《天演论·译例言》，《严复集》第五册，第 1322 页。
③ 吴汝纶：《天演论·吴序》，《严复集》第五册，第 1317、1318 页。
④ 《吴汝纶致严复书（二）》，《严复集》第五册，第 1560 页。
⑤ 吴汝纶：《天演论·吴序》，《严复集》第五册，第 1318 页。
⑥ 吴汝纶：《天演论·吴序》，《严复集》第五册，第 1318 页。

此在大著虽为小节，又已见之例言，然究不若纯用元书之为尤美。"①
对严译《天演论》不分中、西文制式而将二者熔于一炉的做法表示了
不同的看法，以为译西书宜取法古人译佛经的模式。

梁启超 1897 年春致信严复说："南海先生读大著后，亦谓眼中
未见此等人。"②但他对严译的古雅风格不以为然，以为"文笔太高，
非多读古书之人，殆难读解"。梁氏对严复的批评，反映了其"夙不
喜桐城派古文"的立场。

蔡元培肯定严复的西学成就。"五十年来，介绍西洋哲学的，要
推侯官严复为第一。""他的译文，又都是很雅训，给那时候的学者，
都很读得下去。所以他所译的书，在今日看起来，或嫌稍旧；他的译
笔，也或者不是普通人所易解。"③

胡适早年深受梁启超、严复的思想影响。他评价严译："严复的
英文与古中文的程度都很高，他又很用心不肯苟且，故虽用一种死文
字，还能勉强做到一个'达'字。他对于译书的用心与郑重，真可佩
服。"④但也承认："严先生的文字太古雅，所以少年人受他的影响
没有梁启超的影响大。"⑤

鲁迅对严译《天演论》则颇有好感，他说："最好懂的自然是《天
演论》，桐城气息十足，连字的平仄也都留心。摇头晃脑的读起来，
真是音调铿锵，使人不自觉其头晕。这一点竟感动了桐城派老子吴汝

———————————

　　①　《吴汝纶致严复书（二）》，《严复集》第五册，第 1560 页。严复对吴汝纶的
意见似有保留，从他 1897 年 10 月 15 日致吴氏的信中可见一斑："虽未能悉用晋唐名流
翻译义例，而似较前为优"，严复对自己的译法颇为自信。参见《与吴汝纶书》（一），《严
复集》第三册，第 520 页。
　　②　梁启超：《与严幼陵先生书》，《梁启超选集》，第 42 页。严复对梁启超的批
评并不接受，他向梁氏委婉地表示其反对"文界革命"的立场："仆之于文，非务渊雅也，
务其达耳。""若徒为近俗之辞，以取便市井乡僻之不学，此于文界，乃所谓陵迟，非革命也。"
参见《与梁启超书（二）》，《严复集》第三册，第 516 页。
　　③　蔡元培：《五十年来中国之哲学》，《中国现代学术经典·蔡元培卷》，第 329 页。
　　④　胡适：《五十年来中国之文学》，《胡适文集》第 3 册，第 212 页。
　　⑤　胡适：《四十自述》，《胡适文集》第 1 册，第 71 页。

纶，不禁说是'足与周秦诸子相上下'了。""他的翻译，实在是汉唐译经历史的缩图。中国之译佛经，汉末质直，他没有取法。六朝真是'达'而'雅'了，他的《天演论》的模范就在此。唐则以'信'为主，粗粗一看，简直是不能懂的，这就仿佛他后来的译书。"[①]鲁迅强调严译《天演论》主要是"达"和"雅"，于"信"较弱。

批评的声音以傅斯年为最严厉，他在评论五四运动以前中国译界的情形时说："论到翻译的书籍，最好的还是几部从日本转贩进来的科学书，其次便是严译的几种，最下流的是小说。论到翻译的文词，最好的是直译的笔法，其次便是虽不直译，也还不大离宗的笔法，又其次便是严译的子家八股合调，最下流的是林琴南和他的同调。""严几道先生译的书中，《天演论》和《法意》最糟""这都是因为他不曾对于原作者负责任，他只对自己负责任""严先生那种达旨的办法，实在不可为训，势必至于改旨而后已。"[②]傅斯年是"直译"和用白话文翻译的极力提倡者，他对严译的批评，实际上是为了贯彻他的这一主张。

瞿秋白对严译也有类似的批评。他致信鲁迅说，严复"是用一个'雅'字打消了'信'和'达'。最近商务还翻印'严译名著'，我不知道这是'是何居心'！这简直是拿中国的民众和青年来开玩笑。古文的文言怎么能够译得'信'，对于现在的将来的大众读者，怎么能够'达'！"[③]

贺麟则批评说："平心而论，严氏初期所译各书如《天演论》（1898）、《法意》（1902）、《穆勒名学》（1902）等书，一则因为他欲力求旧文人看懂，不能多造新名词，使人费解，故免不了用中国旧观念译西洋新科学名词的毛病；二则恐因他译术尚未成熟，且无意直译，只求达旨，故于信字，似略有亏。"[④]

① 鲁迅：《二心集·关于翻译的通信》，《鲁迅全集》第4卷，第380、381页。

② 傅斯年：《译书感言》，载欧阳哲生主编《傅斯年全集》第一卷，长沙：湖南教育出版社，2003年9月版，第189、190页。

③ 鲁迅：《二心集·关于翻译的通信》，《鲁迅全集》第4卷，第372页。

④ 贺麟：《严复的翻译》，《论严复与严译名著》，第34页。

范存忠以为严译《天演论》只能算是"编纂"。他认为，"严复的汉译在我国发生过启蒙作用，这是不容否认的，但是他的译法有问题，上面已经提到过了。"这里举一个具体的例子，你翻开《天演论》，一开头就看到这么几句。

> 赫胥黎独处一室之中，在英伦之前，背山而面野，槛外诸境，历历如在几下。乃悬想二千年前，当罗马大将恺彻未到时，此间有何景物。计惟有天造草昧，人功未施，其借证人境者，不过几处荒坟，散见坡陀起伏间。而灌木丛林，蒙茸山麓，未经删治如今日者，则无疑也。

这段文字，通顺、能懂，专读线装书的人一定还觉得相当古雅。但是，毫无疑问，这不是翻译，而是编纂。严复的《天演论》，前有导言，后有按语。全书按语二十九条，除了讲解原文主要论点和西方学术发展情况而外，还针对当时中国政情阐述自己的见解。严氏自己也说：

> 译文取明深义，故词句之间，时有所颠到附益，不斤斤于字比句次，而意义则不倍原文，题曰达旨，不云笔译，取便发挥，实非正法。

"严氏所谓'达旨'，所谓'发挥'，一般理解为意译，实际上是编纂，完全超出了翻译的范围"。①

钱锺书对严译也略加评点："几道本乏深湛之思，治西学求卑之无甚高论者，如斯宾塞、穆勒、赫胥黎辈，所译之书，理不胜词，斯乃识趣所囿也。"②钱先生原有意在写完《林纾的翻译》后，再作一

---

① 范存忠：《漫谈翻译》，载《南京大学学报》（哲学社会科学版）1978 年第 3 期。
② 钱锺书：《谈艺录》，北京：中华书局，1986 年 10 月版，第 24 页。

姊妹篇《严复的翻译》，惜未成文。后虽有汪荣祖先生补作此文，毕竟与钱氏无与焉。

围绕严译《天演论》的讨论，实际上也是对我国翻译西方经典标准取向的争论。首先是关于意译与直译这两者何为优先的问题。严复在《天演论·译例言》中提出"信、达、雅"的译事标准，但他在翻译《天演论》时明显以"达、雅"为主，甚至有刻意追求"雅"的倾向，以致有为"达、雅"而伤害"信"的偏弊，所以《天演论》虽归类为意译，实则以严复自己的话来说只是"达旨"而已。对严译的过于"中化"，吴汝纶已有所不满，表示翻译西典宜别立制式，但吴氏对严译的古"雅"倾向仍给予鼓励。[1] 五四运动以后，译界多以直译为上，故对严译的这种"达旨"的意译方式更是批评甚多。严复本人在自己的翻译实践中，似也感受到自己"达旨"的意译方式的局限，中期的译作如《原富》等，越来越重视译文的"信"，几乎是取直译的方式，这一点已为论者所注意。[2] 其次是关于文言文与白话文译文语言的选择何者为宜的问题。严复崇信典雅，自信只有古文能得"达、雅"的效果，故其以上古文字为译文语言。但其译文因过于"雅训"，很难为一般青年学子所接受，

----

① 1898年3月20日，吴汝纶致信严复，表明中学"以古为贵"的取向，他说："鄙意西学以新为贵，中学以古为贵，此两者判若水火之不相入，其能熔中西为一治者，独执事一人而已。"参见《严复集》第五册，第1561页。1899年4月3日，吴汝纶给严复的信中更是道明"与其伤洁，毋宁失真"的求"雅"倾向，他说："欧洲文字，与吾国绝殊，译之似宜别创体制，如六朝人之译佛书，其体全是特创。今不但不宜袭用中文，并亦不宜袭用佛书，窃谓以执事雄笔，必可自我作古。又妄意彼书固自有体制，或易其辞而仍其体似亦可也。不通西文，不敢意定，独中国诸书无可仿效耳。来示谓行文欲求尔雅，有不可阑入之字，改窜则失真，因仍则伤洁，此诚难事。鄙意与其伤洁，毋宁失真。凡琐屑不足道之事，不记何伤。若名之为文，而俚俗鄙浅，荐绅所不道，此则昔之知言者无不悬为戒律。"参见《严复集》第五册，第1564页。吴汝纶的这两段意见，为严复所接受。

② 贺麟：《严复的翻译》，《论严复与严译名著》，第34页。贺氏将严复的翻译分为初、中、后三期，初期译作为《天演论》《法意》《穆勒名学》，中期译作为《群学肄言》《群己权界论》《原富》《社会通诠》，后期作品为《名学浅说》（1908）、《中国教育议》（1914）。鲁迅也注意到这一点，他提到严复"后来的译本，看得'信'比'达雅'都重一些。"参见鲁迅：《关于翻译的通信》，《鲁迅全集》第4卷，第381页。

梁启超当时即对此有所批评。随着新文学运动的开展，白话文逐渐为学术界普遍使用，故对严译以古文为"达"的做法更为不满，严译作品遂成为时代的陈迹，只能作为古董供人们欣赏了。

五 《天演论》的历史作用评估

严复翻译《天演论》，对自己有不同于一般译品和翻译家的要求，表现了超乎寻常的雄心，他既想将这本"新得之学""晚出之书"介绍给国人，借此显示自己超前的思想，又想将西学与中学熔于一炉，把赫胥黎所表达的思想以一种最能为当时高级士大夫所接受的方式表达出来。他既要作一种学理的探讨，以《天演论》为中心展现自己渊博的西学学识，又欲借外来的学理剖析中国的现实和世界的大势，寻求中国维新、自强之道。他既提出了一种新的翻译标准，为中国译界译介西方学术著作提供一种不同于传统翻译佛典的新模式，又逢迎"桐城派"的文学审美趣味，以一种古奥、典雅的译文进行创作。严复翻译的《天演论》定位如此之高，以致它长久被人们奉为典范，故其在近代中国的诸多方面有着划时代的意义。

在近代中国，对士人心理产生震撼性效应的第一本西书当是严复译述的赫胥黎的《天演论》。在此书之前，近代译书事业始于江南制造总局的译书局和一些来华传教士，当时的译书范围，第一类是宗教书，主要是《圣经》的各种译本；第二类是自然科学和技术方面的书，时人称之为"格致"；第三类是历史、政治、法制方面的书，如《泰西新史揽要》《万国公法》等，而文学、哲学社会科学类的书则付诸阙如。对这一现象，胡适的解释是"当日的中国学者总想西洋的枪炮固然厉害，但文艺哲理自然还不如我们这五千年的文明古国了"。[1]中国人翻译西方社会科学方面的书当从严复的《天演论》始，而翻译

---

[1] 胡适：《五十年来中国之文学》，《胡适文集》第 3 册，第 211 页。

西方文学作品则从林纾始，康有为所谓"译才并世数严林"，说的就是严、林两人在当时译界的这种地位。

《进化论与伦理学》初版于 1893 年，增订本出版于 1894 年，严复的翻译工作始于 1896 年，最早的译作发表于 1897 年，中译本与原作的出版时间相差不过二三年，几乎是同步进行，可以说《天演论》是将西方最新的学术研究成果介绍给国人的创试，从此中西文化学术交流工作在新的平台上同步进行，改变了以往中译本作品以陈旧的西方宗教经典（如《圣经》）和较低层次的自然科学作品为主的局面。

《天演论》是严复独立翻译的中文译本，也可以说是国人独立从事翻译西方学术经典著作的开始。在此之前，译书方法主要是采取西译中述的办法，此办法如傅兰雅所述："必将所欲译者，西人先熟览胸中而书理已明，则与华士同译，乃以西书之义，逐句读成华语，华士以笔述之；若有难言处，则与华士斟酌何法可明；若华士有不明处，则讲明之。译后，华士将初稿改正润色，令合于中国文法。"[①] 这种中西合作的办法相对来说有较大的局限性，它实际上是针对当时外国人不精通中文、中国人不熟谙外文所采取的一种权宜的、便通的翻译办法。严复以其兼通中、英文之长从事翻译，对两种语言的会通之处了然于胸，这是国人在近代翻译史上的一大突破。

严复在《天演论·译例言》中提出翻译的标准为"信、达、雅"，并躬行实践，其译文虽因效法周秦诸子，过于古雅；译文本身因只求"达旨"，过于随意，但毕竟已为中国近代翻译提出了新的可供操作的规范，而严译所取的意译方式，实际也在译界风行一时，成为近代中国继第一阶段"西译中述"之后第二阶段的主要翻译方式。对此，贺麟曾评价道："他这三个标准，虽少有人办到，但影响却很大，在翻译西籍史上的意义，尤为重大；因为在他以前，翻译西书的人都没有讨论到这个问题。严复既首先提出三个标准，后来译书的人，总难

---

① 傅兰雅：《江南制造总局翻译西书事略》，《中国科学翻译史料》，第 419 页。

免不受他这三个标准支配。"① 五四运动以后，译界虽多取直译方式，对严译所用的古文基本摒弃，对严译的意译方式多有批评，对直译意译的优长亦各有所见，对严复提出的信、达、雅标准也意见分歧，但严复作为一翻译典范人物在近代翻译史上的地位则为人公认。

在 19 世纪末 20 世纪初的十多年间，《天演论》可以说是中国最为流行的西学译著。据曹聚仁回忆："近二十年中，我读过的回忆录，总在五百种以上，他们很少不受赫胥黎《天演论》的影响，那是严氏的译介本。""如胡适那样皖南山谷中的孩子，他为什么以'适'为名，即从《天演论》的'适者生存'而来。孙中山手下大将陈炯明，名'陈竞存'，即从《天演论》的'物竞天择，适者生存'一语而来。鲁迅说他的世界观，就是赫胥黎替他开拓出来的。那是从'洋鬼子'一变而为'洋大人'的世代，优胜劣败的自然律太可怕了。"② 曹聚仁列举的胡适、陈炯明、鲁迅这三个人都是在 20 世纪初读到《天演论》这本书，并受其影响。而比这些人更长的一辈，如吴汝纶、康有为、梁启超、张元济等则是 19 世纪末的读者了。20 世纪初，许多新学堂使用吴汝纶删节的《天演论》作为教科书，③ 其普及率自然大大提高了。

《天演论》问世以后，畅销不断，"海内人士，无不以先睹为快"，饱学硕儒和青年学子争相追捧，迅即成为影响他们世界观的思想教科书。最早阅读《天演论》的读者，如吴汝纶、康有为、梁启超、黄遵宪等维新志士都感受到一种雷击一般的思想震撼。如吴汝纶读罢《天演论》稿本，即感叹："虽刘先主之得荆州，不足为喻。比经手录副本，秘之枕中。盖自中土翻译西书以来，无此宏制。匪直天演之学，在中国为初凿鸿濛，亦缘自来译手，无似此高文雄笔也。"④ 梁启超在

---

① 贺麟：《严复的翻译》，《论严复与严译名著》，第 32 页。

② 曹聚仁：《中国学术思想史随笔》，北京：三联书店，2003 年 8 月版，第 371、372 页。

③ 参见胡适：《四十自述》，《胡适文集》第 1 册，第 70 页。胡适在上海澄衷学堂所阅《天演论》即为教师指定的吴汝纶删节的读本。

④ 《吴汝纶致严复书》，《严复集》第五册，第 1560 页。

《天演论》未出版之前，已读到《天演论》的稿本，亦对是著极为敬佩，传呈给其师康有为，"南海先生读大著后，亦谓眼中未见此等人。如穗卿言，倾佩至不可言喻"。① 可见，《天演论》未出版以前，读到此稿的维新志士已感悟到它所带来的冲击，并将之作为维新变法的依据。《天演论》出版以后，风行于学界士林。黄遵宪奉《天演论》为经典，反复嚼读，自谓"《天演论》供养案头，今三年矣"。② 1901 年在南京矿路学堂就读的鲁迅购到《天演论》，兴奋不已，从此对严复崇拜得五体投地，他又将《天演论》赠送给自己的弟弟周作人阅读。以后，严复每出一书，鲁迅设法一定买来。③ "严又陵究竟是'做'过赫胥黎《天演论》的，的确与众不同，是一个 19 世纪末年中国感觉锐敏的人。"④ 严复宣传的进化论是对青年鲁迅影响最大的外来思想理论。无独有偶，1905 年在上海澄衷学堂就读的胡适经老师推荐，买到了经吴汝纶删节的严复译本《天演论》，国文教员还以"物竞天择，适者生存，试申其义"为题命学生作文，胡适在《四十自述》中谈及《天演论》对自己的影响："读《天演论》，做'物竞天择'的文章，都可以代表那个时代的风气。"⑤

辛亥革命时期，革命志士在《民报》上撰文承认："自严氏书出，而物竞天择之理，厘然当于人心，而中国民气为之一变，即所谓言合群、言排外、言排满者，固为风潮所激发者多，而严氏之功盖匪细。"⑥ 伴随《天演论》的风行，进化论成为戊戌运动以后二十多年间最具影响力的西方思潮。

在学术界有一种颇具影响的误会，即以为严译《天演论》是第一

---

① 《梁启超致严复书》，《严复集》第五册，第 1570 页。

② 《黄遵宪致严复书》，《严复集》第五册，第 1571 页。

③ 周作人：《鲁迅的青年时代·关于鲁迅之二》。

④ 鲁迅：《热风·随感录二十五》，《鲁迅全集》第 1 卷，第 295 页。

⑤ 胡适：《四十自述·在上海（一）》，《胡适文集》第 1 册，北京：北京大学出版社，1998 年版，第 70 页。

⑥ 胡汉民：《述侯官严复最近之政见》，载《民报》第二号，1905 年。

本宣传达尔文进化论学说的译著，或者进化论输入中国，是从严复开始。①其实在 19 世纪 70 年代至 1897 年《天演论》问世以前，已有多种经由传教士翻译的格致书籍中夹杂有进化论的介绍。②但《天演论》确是第一本系统介绍进化论并产生巨大社会影响的译著。自《天演论》问世后，进化论在中国知识界蔚然成为一股具有影响力的思潮，许多人步严复的后尘，译介有关进化论的著作，可以说《天演论》是进化论在中国传播过程中的一块里程碑。五四运动以后，随着马克思主义、实验主义等新的外来思想的流行，进化论思潮的影响力逐渐退潮，《天演论》的读者群自然随之大为缩小，傅斯年、瞿秋白这些五四时期崛起的新青年敢于以轻蔑的语气调侃严译《天演论》，这表明作为思想范本的《天演论》从此退出历史的舞台。

最后，对这里收入的《天演论》《进化论和伦理学》作一简要说明：《天演论》系按 1981 年 10 月商务印书馆出版的《天演论》（该版是在 1931 年商务印书馆出版的"严译名著丛刊"基础上改进）收入；《进化论与伦理学》曾于 1971 年 7 月由科学出版社出版，此书由该书翻译组直译，只译了第一、二部分，现据原文将全书的五部分全部译出；*Evolution and Ethics* 是依 1894 年伦敦 *Macmilan and Co* 出版的 *Evolution and Ethics and other Essays* 收入，原作有五部分，现只收前两部分。之所以将这三种收集在一起，是便于读者对严译与原作的区别进行比较，以加深读者对严译《天演论》的理解。

2009 年 7 月 7 日于北京海淀蓝旗营

本文为作者 2005 年 10 月 30 日—31 日在天津参加南开大学主办的"严复与天津"国际学术研讨会时提交的论文，原载《广东社会科学》2006 年第 1 期。

---

① 参见王栻：《严复与严译名著》，《论严复与严译名著》，第 5 页。
② 参见马自毅：《进化论在中国的早期传播与影响——19 世纪 70 年代至 1898 年》，《中国文化研究集刊》第五辑，上海：复旦大学出版社，1987 年版。

辛亥革命时期严复的思想演变及其抉择

进入 20 世纪以后，中国社会内部急剧酝酿"求变"的浪潮。外有孙中山为代表的革命党人和康有为为首的保皇党人，他们在清廷之外开始大张旗鼓地展开活动。内有清朝自身开始宣布"新政"，将预备立宪提上议事日程。在这二者之间游移的士人学子，他们的政治动向虽受到内外的约制，但他们的动向却构成风气转向的重要因素。特别是在内外两种力量的搏斗和较量中，"中间力量"的归趋常常对时局的变化、走向起着重要的作用。在 20 世纪初的十年间，这些所谓"中间力量"包括地方士绅、名流、新兴的社会阶层（如商人、留学生、新型企业主）等，甚至对清朝忠诚度有限的汉族官吏、新军也可囊括在内。严复是这股力量的思想代表，他一方面寄希望变革，但又不愿意革命，因此与革命党人和在海外活动的保皇党人保持某种程度的关系；一方面对清朝并不抱多大希望，而是尽可能在自己力所能及的范围内开始拓展新的生存空间，以发展自己的实力。从历史发展的进程看，社会走向或趋向往往取决于两头的抉择，而社会的平衡度则有赖于中间力量的合作和选择。"中间力量"与内外两种力量的互动成为清末新的政治格局的一个特点，也是本文借以考察严复在清末活动的一个新的视角。

一　走出体制外的抉择

1900 年 6 月下旬，八国联军攻打天津，尽毁天津机器局和北洋水师学堂，严复遂由津转沪，从此脱离了他在任长达二十五年之久的北洋水师学堂。在戊戌变法失败后的近两年间，严复虽未被牵连，但心情沉郁，颇感人事两茫。离开北洋水师学堂，实际上意味着他摆脱了现有体制对他的约制。

7月26日，严复参加了唐才常等人在沪上策划召开的"中国国会"，并被举为副会长。"中国国会"的成员成分复杂，意见不一。由容闳起草的对外英文宣言宣布：

> 中国独立协会（即自立会——引者注），鉴于端王、荣禄、刚毅之顽固守旧，煽动义和拳以败国，是以决定不认满洲政府有统治清国之权，将欲更始以谋中国人民及全世界之乐利，端在复起光绪帝，立二十世纪最文明之政治模范，以立宪自由之政治权，与之人民，借以驱除排外篡夺之妄。凡租界、教堂，以及外人并教会中生命财产，均力为保护，毋或侵害，望我友邦人民，于起事时勿惊惶。[1]

这份宣言据说由严复"译成汉文"。"中国国会"所存时间短暂，但它的成立和标榜"以立宪自由之政治权，与之人民"之主张，实际拉开了立宪运动的序幕。

1900年7月至8月间，严复在上海创办了中国第一个"名学会"，并自任会长。此后一段时间，严复常往"名学会"演讲，前往听讲的孙宝瑄在其《忘山庐日记》中对此常有记载。[2]

1901年5月上旬，严复应开平矿务局督办张翼之邀，赴天津任开平矿务局华部总办一职。此职虽属虚衔，实权操诸英人手中，

---

① 尚秉和：《辛壬春秋》，北京：中国书店，2010年版，第230页。
② 参见孙宝瑄：《忘山庐日记》上册，上海：上海古籍出版社，1983年版，第330、331页。

但给严复带来一笔不菲的收入——每月五百银元。^①严复在 19 世纪八九十年代为寻求个人出路，亦曾自谋开矿，没有成功。现在他得以参与经营中国当时最大的煤矿。^②任职期间，1904 年 12 月他随张翼赴伦敦，在英国、法国、瑞士、意大利等地游览三个月。这是严复继出国留学后又一次赴欧之行，前后相距近三十年时间，严复借此行"重游英、法两都，得见儿、媳，差为可乐；至于馆事，颇令人悔"。^③因对张翼之为人深感失望，严复遂在 1905 年 1 月底离开张某，辞去其所任华部总办一职。3 月 1 日，严复致信张元济，告称："复此行毫无所得，惟浪费三千余金而已。""一家十余口，寄食他乡，儿女五六，一一皆须教养，此皆非巨款不办，真不知如何挪展耳。若自为所能为作想，只有开报、译书、学堂三事尚可奋其弩末，此事俟抵家时须与槥长从长计议也。"^④从欧洲归国后，严复遂将其精力主要投入学堂和译事两大领域，"开报"之事并未实施。

严复离开北洋水师学堂后，其人际关系网不仅没有缩小，反而扩大，举凡教育界、出版界、翻译界、朝野上下及新旧士人圈，严复都有广泛的联系。这一方面固然与严复个人知名度提高、社会声望扩大，其活动范围明显亦随之增大有关；另一方面也与新兴的社会阶层日益活跃的社会活动及相互之间的联系、互动加强有关联。严复在清末十年间，与从前主要局促于天津不同，其活动地域扩大到包括北京、上海、安庆、南京等在内的南北大中城市，时南时北，国内国外，奔波

---

① 参见王栻主编：《严复集》第三册，第 540、546 页。据严复《致熊纯如函》（未刊稿）语："复在北，岁入殆近万金。"其在开平矿务局任职实占其收入的一半。在严复任职开平矿务局的期间，严复另在京师大学堂编译局领取薪水每月 300 元。其他还有稿费收入，但因盗版甚多，版税收入有限。

② 有关严复与开平矿务局的关系，参见皮后锋：《严复大传》，福州：福建人民出版社，2003 年 10 月版，第 242—278 页。

③ 《与张元济书（十六）》，《严复集》第三册，第 553 页。

④ 《与张元济书（十八）》，《严复集》第三册，第 555 页。

不已，真正成为一个集思想与活动、著述与行政于一身的大家。自戊戌变法失败后，一批具有维新思想的士人被迫出走或愤然离开官场；庚子事变以后，许多地方汉族官员和实力派人士与清朝的关系亦若即若离、渐行渐远，原有那种对清朝的忠诚关系实已不复存在。清朝政权真正面临土崩瓦解、分崩离析的危机。

二 在教育转型中获取新的权势

严复在清末十年一项引人注目的工作是参与新教育事业的创办，这是当时许多学人士子乐于参与的一项活动，也是他们极力拓展的变革事业。在 1902 年 5 月发表的《与〈外交报〉主人书》一文中，严复表达了急切发展新教育的意见："今日国家诏设之学堂，乃以求其所本无，非以急其所旧有。中国所本无者，西学也，则西学为当务之急明矣。""今世学者，为西人之政论易，为西人之科学难。政论有骄嚣之风（如自由、平等、民权、压力、革命皆是），科学多朴茂之意，且其人既不通科学，则其政论必多不根，而于天演消息之微，不能喻也。此未必不为吾国前途之害。故中国此后教育，在在宜著意科学，使学者之心虑沈潜，浸渍于因果实证之间，庶他日学成，有疗病起弱之实力，能破旧学之拘挛，而其干图新也审，则真中国之幸福矣！"[①]严复的这一看法反映了当时具有西学背景的知识分子的意愿，实为这些人拓展新教育的思想动力。

严复与新教育机构发生关系者主要有：京师大学堂、复旦公学、安徽高等学堂。这些学堂的建设成为一批具有革新倾向的新型知识分子心营目注的所在，也成为他们掌握的新的主要资源。

严复与京师大学堂的关系，始于 1902 年 2 月被聘任为京师大学

---

① 《与〈外交报〉主人书》，《严复集》第三册，第 562、564、565 页。

堂译局总办。严复初因吴汝纶不肯就任京师大学堂总教习一职，自己亦随其后不肯赴任，3月才同意应聘。对此梁启超曾有所评论："回銮后所办新政，惟京师大学堂差强人意，自管学以下诸职司，皆称得人。……总教习吴君挚甫、译书处总办严君又陵，闻皆力辞。虽然，今日足系中外之望者，只此一局，吾深望两君稍自贬抑，翻然出山，以副多士之望也。"①可见当时海内外士人对吴、严期望甚殷。而吴、严不肯就任，表现了当时怀负革新之志的士人与清朝的关系由过去的忠诚合作演变为若即若离地保持距离。6月，京师大学堂译书局"开局"，严复正式上任，手订《京师大学堂译书局章程》。章程分局章、薪俸、领译合约三项，其中《局章》第一条规定"现在所译各书，以教科为当务之急，由总译择取外国通行本，察译者学问所长，分派浅深专科，立限付译"。《薪俸》规定，"总译一员，月薪京平足银三百两"。《章程条说》对译书局的译书范围也作了相应规定："原奏译书事宜，与两江、湖广会同办理。但外省所译者，多系东文，今拟即以此门归其分任，庶京师译局可以专意西文。间有外省翻译西文之书，应令于拟译之先，行知本处，免其重复。"②可见，译书局以译西文书籍为主。严复在译书局任职达两年之久，至1904年离职赴沪，他与译书局的关系实际告一段落。③民国元年（1912），严复被袁世凯任命为京师大学堂末任总监督，后京师大学堂改名为北京大学，严复遂转任首任校长，此为后话。

严复与复旦公学的关系要追溯至其1905年5月从欧洲访问归来以后。他甫抵上海，即与张謇、熊希龄、萨镇冰、熊元锷等二十八位

---

① 《国闻短评大学得人》，载清光绪二十八年（1902）四月十五日《新民丛报》第八号，第65页。

② 《京师大学书局章程》，《严复集》第一册，第127、129、131页。

③ 参见张寄谦：《严复与北京大学》，载《近代史研究》1993年第5期。马勇：《严复与京师大学堂》，载习近平主编《科学与爱国——严复思想新探》，北京：清华大学出版社，2001年11月版，第291—301页。两文均认定严复离开译书局约在1904年。

社会名流被聘请为复旦公学校董。此后，他帮助马相伯创建复旦公学，"共筹新舍"，制定"本学教授管理法"。严复被推荐为总教习，坚辞未就。①7月23日，《时报》刊登复旦公学启事："震旦"更名"复旦"。"本学教授管理法，由严几道、马相伯两先生评定，并请校董熊季廉、袁观澜两先生分任管理之责，一切续行刊布。"一月以后，复旦公学首次招生，由严复与马相伯两位主持考试，报名者五百余人，仅录取了五十名。9月14日，复旦公学在吴淞正式开学。1906年11月29日，复旦诸生致书严复恳请为之监督（校长）。而严复此时意在办上海女校，对兼顾两职颇有疑虑。12月6日，他在南京面见两江总督端方时，当面提及此两事："一是复旦公学须得彼提倡，肯助开头及后此常年经费，吾乃肯为彼中校长；又力劝此老兴办上海女学有完全国粹教育者。此二事渠皆乐从，且云为费有限，总可出力云云。"②严复担任复旦公学监督后，因同时任安徽高等学堂监督，故时常来往于上海、安庆、南京之间。其工作之繁忙可以想象。严复致信朱夫人抱怨道："吾在此间公事应酬极忙，饮食起居诸凡不便，甚以为苦。"③担任复旦公学监督约一年半，1908年4月，严复作诗云："桃李端须著意栽，饱闻强国视人才。而今学校多蛙蛤，凭仗何人与洒灰？"④对复旦公学充斥"蛙蛤"之状颇感灰心，遂生辞意。他上书端方，告以复旦公学现状，并坚辞监督职，举夏敬观自代。⑤

严复与安徽高等学堂的关系始于1906年3月，此时恩铭接替诚勋为安徽巡抚，派姚永概赴沪聘请严复任安徽高等学堂监督一职，严

---

① 参见孙应祥：《严复年谱》，第236页。
② 《与甥女何纫兰书（八）》，《严复集》第三册，第832页。
③ 《与夫人朱明丽书（二）》，《严复集》第三册，第735页。
④ 《三月自吴淞复旦学堂还寓，因忆昌黎食虾蟇诸诗，不觉大笑，戏成三绝句》，《严复集》第二册，第366页。
⑤ 《与端方书（二）》，《严复集》第三册，第583、584页。有关严复与复旦公学的关系研究，参见张仲民：《严复与复旦公学》，载《历史研究》2009年第2期。

复接受了该职。随即严复到达安庆，并偕姚永概到上海物色教员。4月，安徽高等学堂召开欢迎会，欢迎严复就职。[①] 初到任的严复与人谈及该学堂的状况：

> 高等学堂起，盖费银六万余两，云系新任上海县某大令所定之图。虽未遽臻合法，然规模尚宏敞，讲堂、学舍、宿所、餐间亦颇完备其物，则吾始料所不及者也。管理皆由绅士，全省学务处即在其旁，大家尚谨慎将事。或云腐败之尤，其言过矣。独至内容功课，实无可言。学生西学程度极浅，此则由无教员之故。经史、国文、舆地种种，虽有人课，但用中文，学生受益，究为至微。……但教员至为难得。颇想自课，又患体力不胜，正不知如何了此债务耳。[②]

严复甫上任，即有"恨不能插翅回沪"之念。尽管如此，他还是对该学堂尽其所能大加整顿，包括制定教学计划，调整教学内容；加强师资队伍建设，裁汰不称职的旧教员，聘请新教员；加强校务管理，规范管理机构。[③] 经过一番整顿，学堂渐入正轨。严复对此不无自豪："本学堂自经我秋间整顿之后，至今日有起色，学生亦肯用功，毫无风潮，皖人同声倾服，至今惟恐吾之舍彼而去也。"[④] 但好景不长，严复请来的教员与当地学生产生矛盾，1907年5月24日，安徽高等学堂学生陈寄密、谢师衡作揭帖三道，声讨严复和他聘请的斋长周献

[①] 参见罗耀九主编：《严复年谱新编》，福州：鹭江出版社，2004年2月版，第214、215页。

[②] 马勇整理：《严复未刊书信选》，载《近代史资料》总104期，北京：中国社会科学出版社，2002年12月出版，第76、77页。

[③] 参见周家华：《严复与安徽近代高等教育》，载李建平主编《严复与中国近代社会》，福州：海风出版社，2006年版，第185—191页。

[④] 《与夫人朱明丽书（四）》，《严复集》第三册，第736页。

琛及闽籍教员，并借故煽动罢课。严复电令学堂将首事者牌示开除，同时自己亦致电恩铭，表示辞去该校监督职务。6月5日，安徽高等学堂有学生向严复投递"公愤书"，要求他辞职。严复遂于当日留下辞职信，离开了安徽高等学堂。① 关于此次学生风潮及严复辞职事，严复本人在给其外甥女何纫兰的信中作了解释。②《直隶教育杂志》丁未年第八期所载《严几道先生辞安庆高等学堂监督意见书》更是将其在安徽高等学堂的苦衷和盘托出。③

　　严复参与清末教育改革的另一举动是参与回国留学生的考试，担任考官。第一届游学毕业生考试于1906年10月14日举行，由外部侍郎唐绍仪为总裁，严复与詹天佑、魏翰等为同考官，严复实主其事。此次试毕，清朝赐留学生陈锦涛、颜惠庆等三十一人为进士、举人出身。④1907年7月3日—5日，严复应两江总督端方之约，在江宁提学使司衙门主持宁、苏、皖、赣官费留美学生考试。⑤ 考毕，他对新教育推行难见成效颇感悲叹："程度及格者不过五六人，其余虽送出洋，不能入大学堂肄业也。至于女生十余人中直无一人可及半格，三名之阙不知如何取补。人才难得如此。江、皖、赣三省讲求学务六七年，年费不下半兆银两，而认真考校时，成效不外如此，何异掷金以投扬子乎，可叹可叹！"⑥1907年10月初，第二届游学毕业生考试在京举行，严复任同考官。1908年9月下旬，举行第三届游学毕业生考试，此次应考者一百二十七名，9月24日—26日三天进行考试，严复与

① 参见罗耀九主编：《严复年谱新编》，第240、242页。
② 参见《与甥女何纫兰书（十三）》，《严复集》第三册，第835、836页。
③ 孙应祥、皮后锋：《〈严复集〉补编》，福州：福建人民出版社，2004年7月版，第89—95页。
④ 朱寿朋：《光绪朝东华录》，北京：中华书局，1958年版，第5575页。
⑤ 有关考试情形，参见《考试选美留学生》，载《神州日报》1907年7月5日。又见《与甥女何纫兰书（十四）》，《严复集》第三册，第836页。
⑥ 《与甥女何纫兰书（十五）》，《严复集》第三册，第837页。

罗振玉、曹汝霖任同考官。清末与留学生有关的考试中，几乎都有严复的身影，他俨然成了国人心中的西学"形象大使"，以致一些地方大员（如两江总督端方）对他亦以"宾师之礼"相待，执礼甚恭。

1909 年 5 月，严复被学部聘为审定名词馆总纂，11 月"开馆"，"自此供职三年，直至国体改革，始不视事"。① 对此工作，严复在家信中告知："我在此间责任颇重，且赶数月成书，故甚忙迫。"②"名词馆开办后，尚为得手，分纂调聘亦无滥竽；惟部中诸老颇欲早观成效，不得不日夜催趱耳。"③ 可见其对此工作颇为投入。1911 年 2 月28 日，他在《普通百科新大辞典》序中称："自欧美学科东渐亚陆，其所扬榷而举似者，不独名物异古已也，即其理想往往为古人之所无。将欲废之乎？则于今日之事，必有所之。将欲倡之乎？则其势且将以蔑古。……今夫名词者，译事之权舆也，而亦为之归宿。"④ 表达了他对审定名词在中西文化交流中重要性的高度重视。

与此同时，严复被派在学部丞参上行走。他当时所担任的一项重要工作是审定《国民必读》。据其日记载：1909 年 12 月 3 日，"看图书公司所编国文教科书，纰谬百出"。12 月 12 日，"评《国民必读》"。12 月 17 日，"到部，见严、宝两侍郎，言《国民必读》事"。12 月21 日，"严、宝两侍郎以《国民必读》相托"。⑤ 以后严复日记频繁地出现有关他与《国民必读》的记录。12 月 24 日，"会议《国民必读》事"。12 月 27 日，"到馆，理《国民必读》"。12 月 31 日，"在家改《国民必读》，闷损之极"。1910 年 1 月 5 日，《国民必读》第二集上卷完"。1 月 8 日，"到馆，交《国民必读》七本"。1 月 24 日，"到部。交

---

① 严璩：《侯官严先生年谱》，《严复集》第五册，第 1550 页。
② 《与夫人朱明丽书（二十八）》，《严复集》第三册，第 752 页。
③ 《与甥女何纫兰书（十九）》，《严复集》第三册，第 841 页。
④ 《〈普通百科新大词典〉序》，《严复集》第二册，第 276、277 页。
⑤ 《宣统元年己酉日记》，《严复集》第五册，第 1499—1501 页。

《国民必读》与朗溪"。2月5日，"缴《国民必读》卷，到部"。可见，为此事，严复忙碌了一阵，至1910年2月5日才将《国民必读》各卷定稿，呈学部审定。

不过，严复在学部兼差，薪水似不太高，给人清水衙门之感。1908年9月，严复初到学部，即告家人："学部系是苦部，薪水恐难从丰，所以与汝商量省费之法，务须体会此意。"①1910年9月8日，严复致信朱夫人诉苦道："现在学部经费极支拙，吾月薪三百银恐难敷衍，另行想法，尚无头路，奈何！"②9月12日，再次致信提及收入有入不敷出之感："我薪水不过在京三百两，江南一百，终久是靠不住的，所以甚见忧烦。处处裁减经费，即会运动亦难，况我不会运动耶！"③9月底，严复又致信毓朗，乞其推荐任游美学务公所副职，内中也提到自己的收入问题："前在京，南北洋皆有津贴，略足敷衍，比者因计部裁减一切经费，皆已坐撤，仅剩学部月三百金，一家三十余口，遂有纳屦决踵之忧。"④在清廷财政日蹙的情势下，严复日感收入困难，以致为稻粱谋，他也不得不凭己之长，伸手要待遇。1911年3月18日记载："下午，到学部丞参堂，领出二月薪水一百两。"⑤可见，清朝到日暮之际，京官收入也得不到保障，稿费版税成为严复补充收入的重要来源，他常去信商务印书馆张元济，请其开支稿费。

1910年1月17日，严复与辜鸿铭、詹天佑、伍光建等十九人，被钦赐"文科进士出身"。对于一个曾数度在科场名落孙山的士人来说，这本应是一个慰藉，但在科举制度废除，新学堂风气大开的背景下，这一迟到的荣誉似已不值一文，故严复毫无欣喜之意，淡然处之。有

---

① 《与夫人朱明丽书（十六）》，《严复集》第三册，第744页。
② 《与夫人朱明丽书（四十六）》，《严复集》第三册，第766页。
③ 《与夫人朱明丽书（四十七）》，《严复集》第三册，第767页。
④ 《与毓朗书》，《严复集》第三册，第596页。
⑤ 《宣统三年辛亥日记》，《严复集》第五册，第1506页。

其当日诗作为证:"自笑衰容异壮夫,岁寒日暮且踟蹰。平生献玉常遭刖,此日闻韶本不图。"①

　　通过创办新学堂、参与选拔留学生考试,严复实际上已成为新教育领域的权势人物。20世纪初的前十年,新旧教育交替加速转型,教育的主导权已渐次落入具有西学背景或倾向新学的一派学人手中。在《论教育与国家之关系》一文中,严复回顾了近代教育在中国兴起的历程,他从奕䜣、文祥在京师办同文馆,曾国藩派遣留美学生,左宗棠、李鸿章兴办南北水师学堂谈起,慨叹:"然除此数公而外,士大夫尚笃守旧学,视前数处学堂,若异类之人,即其中不乏成材,亦不过以代喉舌供奔走而已。"他本人的早期经历实为这一情形的缩影。甲午战争失败以后,新学堂纷纷兴起,"然而行之数年,无虑尚无成效,问其所以,则曰无经费也,又曰无教员也。此中小学堂之通病也。至于高等学堂,则往往具有形式,而无其实功;理化算学诸科,往往用数月速成之教习,势必虚与委蛇,愒日玩岁,夫人之日时精力,不用于正,必用于邪。功课既松,群居终日,风潮安得以不起乎? 此真中国今日学界不可医之病痛也。鄙见此时学务,所亟求者,宜在普及。欲普及,其程度不得不取其极低,经费亦必为其极廉。而教员必用其最易得者"。②新学堂在20世纪初的前几年里虽遍地开花,发展甚快,但成效不著,严复以为其因在缺乏经费和师资,这一情形在短期内自然不易改变,故严复所期望的"教育救国"实在是一条漫长的路。

---

① 《见十二月初七日邸钞作》,《严复集》第二册,第378页。
② 《论教育与国家之关系》,《严复集》第一册,第166、169页。

三 为立宪改革探寻理论

立宪思潮是 20 世纪初中国新兴的重要政治思潮，它不仅构成清末新政的政治理论来源，而且是立宪运动的思想动力。清末立宪运动来势猛烈，但真正了解国外立宪政治制度的人却寥若晨星，严复真正钻研过世界诸国的立宪政治理论，他是立宪政治的极力鼓吹者，也是立宪运动的政治指导家。

严复有关立宪的言论最早见于 1900 年 4 月《日本宪法义解》序一文，此书为日本伊藤博文所著的中译本。严复为之作序时指出该书的价值："而日本维新之规，凡所以体国保国，纪纲四国，经纬万端者，具于此矣。""日本之立宪也，伊藤氏之曹，实杂采欧洲诸国所已行者就之，间亦度其国势民情所能行者以为损益。"严复在序中讨论了国、民、法的关系："今夫政学家之言国制也，虽条理万殊，而一言蔽之，国立所以为民而已。故法之行也，亦必视民而为之高下。方其未至也，即有至美之意，大善之政，苟非其民，法不虚行；及世运之进也，民日以文明矣，昧者欲殉区区数百千人之成势私利，执其湿束肳使之法，挟天祖之重，出死力保持，求与之终古，势且横溃荡决，不可复收，而其群以散。此为治之家所必消息于二者之间，以行其穷变通久之术，则法可因民而日修，而民亦因法而日化；夫而后法与民交进，上理之治，庶几可成。而所谓富强之效，抑其末已。"[1]

严复在辛亥革命前的十年大力从事翻译。其中《群己权界论》《社会通诠》《法意》均与其谋求立宪政治相关。《原富》虽为经济学著作，但与政治也有密切的关系。这反映了严复此时对政治的强烈兴趣和对立宪改革的强烈向往。他以译述代言，表达他对政治的关切和立

---

① 《〈日本宪法义解〉序》，《严复集》第一册，第 96 页。

宪的意见。

在《群己权界论》译凡例中，严复提到"立宪民主"与争自由之间的关系。"贵族之治，则民对贵族而争自繇。专制之治，则民对君上而争自繇，乃至立宪民主，其所对而争自繇者，非贵族非君上。贵族君上，于此之时，同束于法制之中，固无从以肆虐。""穆勒此篇，本为英民说法，故所重者，在小己国群之分界。然其所论，理通他制，使其事宜任小己之自繇，则无间君上贵族社会，皆不得干涉者也。"①严复翻译此书，内含提倡"立宪民主"之意。严复在《宪法大义》一文中还明确提到他所译《社会通诠》与"立宪"亦有密切关系："代议之制，其详具《社会通诠》中。"②

《政治讲义》系据严复于 1905 年夏天在上海基督教青年会的演讲稿整理而成。演讲的内容最初在《直隶学务官报》《政艺通报》《广益丛报》《中外日报》《日日新闻》等刊发表，1906 年交由商务印书馆出版。关于该著的性质有两种看法，传统的看法以王栻先生主编的《严复集》为代表，认定该著为严复的专著。③新近的看法以戚学民为代表，戚认为该书并非严复的撰述，而是根据英国 19 世纪历史学家西莱（John.R.Seeley）的《政治学导论》（*Introduction to Political Science*）一书译述而成，其性质犹如严译其他名著一样。本人对这两种说法均持保留意见，以为将《政治讲义》定位为严复的专著似不妥，但如确定为严复的第九部译著则亦不可。近代中西文化交流的过程中，由于没有严格确定翻译和著述的标准，翻译与著述常常混杂，因而出现了一种不伦不类的文体：不是忠实原著的翻译，也非原创意义的著作，它介于编译与编著之间，这是近代中西文化交流中出现的一种特

---

① 《〈群己权界论〉译凡例》，《严复集》第一册，第 134 页。
② 《宪法大义》，《严复集》第二册，第 242 页。
③ 参见《著译部分说明》，《严复集》第五册。

殊著述现象。① 与严译其他八部名著相比，《政治讲义》虽有诸多取自西莱著作的内容和材料，但其著述的成分确实也超出了其他译作。从文本内容看，其他八部严译名著的正文内容基本上系据原著而译，严复的意见主要是通过按语或夹注的形式来表达，而《政治讲义》则无任何按语，全篇皆以演讲的形式出现，著译混杂，因此如将此作遽定为译作，亦易让人感到不妥和疑惑。

《政治讲义》一著缘于严复对"立宪"主题的关注，他在该著的开篇之言即对此作了明白交代：

> 不佞近徇青年会骆君之请，谓国家近日将有立宪盛举，而海上少年，人怀国家思想，于西国政治，所与中国不同者，甚欲闻其真际。不揣寡昧，许自今日为始，分为八会，将平日所闻于师者，略为诸公演说。②

内中"将平日所闻于师者"一语，实为交代其所讲寓含编译，有如古代之"假托"。严复后来自认"言宪法制度之大体，诸公欲知其源流本末，求之《社会通诠》《政治讲义》二书，十可得八九"。③ 如是之谓也。

《政治讲义》共"八会"，即八讲。第一会讨论政治的定义、国家的含义。第二会讨论政治与历史的关系、政治学的分类等问题。第三会讨论社会与国家进化的三阶段：宗法、宗教和国家。第四会讨论市府、邦域两种国家的差异以及邦域国家的由来。第五、六会着重讨论"政会自由"。第七会讨论"国民以众治寡之制"，即民主制。第

---

① 罗家伦最先发现严复的《政治讲义》"译而兼著"情形，参见罗家伦：《近代中国文学思想的变迁》，载 1920 年 9 月 1 日《新潮》第 2 卷第 5 号，第 872 页。

② 《政治讲义·第一会》，《严复集》第五册，第 1242 页。

③ 《宪法大义》，《严复集》第二册，第 242 页。

八会讨论专制与立宪之区别，并提出"政治要例"十二条。全著除了讨论政治学的一般原理，如政治的定义、国家的历史及其分类、政治自由、政治制度的分类和政治的基本原则等基本问题外，[①] 也对时人所关注的"立宪"问题结合政治学原理作了解答，他认为中国"立宪"改革之实质在于给人民以权，限制暴君，限制政府。"夫立宪义法固繁，而语其大纲，要不过参与民权而已。不过使国中人民，于政府所为之事，皆觉痛痒相关而已。""欧洲近日政界方针，大抵国民则必享宪法中之自由，而政府则必去无责任之霸权。然此今日文明国家则然，至旧日初级社会，其事大异此。""立宪者，立法也，非立所以治民之刑法也。何者？如是之法，即未立宪，固已有之。立宪者，即立此吾侪小人所一日可据以与群上为争之法典耳。其无此者，皆无所谓立宪，君上仁暴，非所关于毫末也。"[②] 严复认为"立宪"改革是欧美国家近代以来的发展趋势，"是故自由、立宪，限制君权，议立大典，定国民应享权利等语，皆五百年来产物，非西国当日所旧有者，不可取论以前之世局"。[③] 他特别表彰和推崇英国为"立宪"之楷模，因其虽无暴力革命，而实为"时时革命"也：

> 专制之国，国主当阳，而宰相辅治，宰相之黜陟由人主。立宪之国，人主仰成，宰相当国，而宰相之进退由国民。此英国至今，所以可决言其无革命之事也。虽然，谓英国无革命可，谓英国时时革命亦可。一政府之改立，皆革命也。专制之革命，必诛杀万人，流血万里，大乱数十年（或）十余年而后定。英民革命，轻而易举，不过在议院占数之从违。庄生有言，万死方不死。真

---

① 参见俞政：《严复著译研究》，第 280—323 页。
② 《政治讲义》，《严复集》第五册，第 1268、1269、1284 页。
③ 《政治讲义·第四会》，《严复集》第五册，第 1269 页。

立宪制，政如是耳。①

　　无独有偶，后来胡适对美国政治制度的评价，与严复对英国"立宪"政制的评价几乎如出一辙。②严复特别强调国会、议会在"立宪"中所发挥的作用，以为其为避免革命发生之所在。"机关既具，前之权力，不但宣达有从，又可测视，得以及时，为之剂泄，而乱无由作。此立宪之国所以无革命，而代表之皇室所以不倾。""立宪之国会，于国事无所不闻者也，其实乃无所问，要在建造扶持破坏其见行之政府，以此为其天职而已。"③严复虽然主张"立宪"，放政于民，但对多数民众的政治素质又持怀疑态度。所以他对"少数服从多数"的政治原则并不看好："夫以众治寡，实无公理可言……所庶几可言者，不过三占从二，其事易行；又数至极多之时，于公道为稍近……此乃历古以来，政界中一最有关系之新法。""慎勿谓多数所从，斯为合理优胜；亦勿谓民之多数，无异全体之公。苟为此说，立成谬论。"④他认为专制系由下扶持而成，"旧说谓专制之权，由上及下；众治之权，由下及上。吾所发明，乃谓专制之权，亦系由下而成，使不由下，不能成立"。⑤对"少数服从多数"和下层民众素质，严复有一种保持警觉的"幽暗意识"。因此，严复认为英国式的代表制比较适宜。《政治讲义》不仅在中国政治学史上占一重要地位，是近代政治学科成立的标志性著作，而且是清末"立宪"最重要的具有指导意义的理论著作。

　　1906 年，是清朝"预备立宪"紧锣密鼓的一年，严复连续发

①　《政治讲义·第八会》，《严复集》第五册，第 1314 页。
②　参见胡适：《漫游的感想》，《胡适文集》第 3 册，第 33、34 页。
③　《政治讲义·第八会》，《严复集》第五册，第 1315、1316 页。
④　《政治讲义·第七会》，《严复集》第五册，第 1301 页。
⑤　《政治讲义·第八会》，《严复集》第五册，第 1311 页。

表《论英国宪政两权未尝分立》《续论英国宪政两权未尝分立》《宪法大义》三文，阐述他对"立宪"的见解。英国"宪政"制度是严复情有独钟的制度，也是他撰述前两文的缘由之所在。严复认为，英国制度有三大特点。一是首相之权力实为议院所予。"今日之英国，主其治者首辅也。而首辅之事权，实议院之所予，假其中过半之众，与之背驰，则其罢废。"二是议院为最高权力机关。"宰相之兴废，政府之迭代，党派之胜负，一切以议员之向背为断。"三是美、法为三权分立，英国立法与行政两权"未尝分立"。"是故英之阁部，是名行政，而立法之权，实重且大于议院之名立法者。议院之于立法也，议之而已，各示之以己意之从违而已。至阁部之于一法也，必为之发起焉，必为之计划焉，至于至纤至悉而后已，此于法度大者，莫不然矣，非不知一法之立，无间小大，必经议院多数之所赞成，而后称制。"①

《宪法大义》可谓严复表述其"立宪"思想的经典之作。在文中，严复说明了西方有关世界政体分类法的源流。"最古者莫如雅理斯多德。其分世界治体，约举三科：一曰独治；二曰贤政；三曰民主。至孟德斯鸠《法意》出，则又分为三：一曰民主；二曰独治；三曰专制。而置贤政，不为另立。""盖专制自孟氏之意言之，直是国无常法，惟元首所欲为，一切凭其喜怒；至于独治，乃有一王之法，不得悉由己意。"严复以为中国为"立宪"之国，相当于孟氏所谓"独治"。"而吾国自唐虞三代以来，人主岂尽自由？历代法律，岂尽凭其喜怒？且至本朝祖宗家法，尤为隆重。"②既然如此，对朝野上下纷纷议论的"立宪"究竟意指什么，严复的回答是：

> 可知今日吾人所谓立宪，并非泛言法典，亦非如《法意》中

---

① 《论英国宪政两权未尝分立》，《严复集》第一册，第 219、227 页。
② 《宪法大义》，《严复集》第二册，第 239、240 页。

所云，有法为君民上下共守而已。其所谓立宪者，乃自其深者、精者、特别者而言之，乃将采欧美文明诸邦所现行立国之法制，以为吾政界之改良。故今日立宪云者，无异云以英、法、德、意之政体，变中国之政体。然而此数国之政体，其所以成于今日之形式精神，非一朝一夕之事。专归其功于天运，固不可，专归于人治，亦不可；天人交济，各成专规。①

接着，严复对政治变革提出了一个颇具见解的看法："制无美恶，其于适时；变无迟速，要在当可。"这个原则可能成为保守的遁词，但它点出了变革之关键在于适合国情，这也是严复为什么特别强调变革与国情的关系的根据所在。不过，严复以为"立宪"之根本在"三权分立"。"其大较，则一须知国中三权之异。三权者，前已及之，立法权，行法权，司法权也。中国自古至今，与欧洲二百年以往之治，此三者，大抵不分而合为一。"严复以为"立宪"政制系近代政治之潮流，"立宪治体，所谓三权之异，具如此。顾所言者，乃英国之制，演成最早，而为诸国之所师。至于法、美诸国，所谓民主立宪，德、义诸国，所谓君主立宪，皆有异同，不尽相合。诸公他日治学，自然一及之，非今夕所能罄尽。但以上所言，犹是立宪之体式。至于其用，则以代表、从众、分党三物经纬其间，其制乃行。夫此三者之利弊短长，政家论之审矣。顾法穷于此，舍之则宪法不行"。②其视"代表、从众、分党"为立宪政治功用的三大功能。对于中国将要实行的"立宪"改革，严复的期待是："顾欲为立宪之国，必先有立宪之君，又必有立宪之民而后可。立宪之君者，知其身为天下之公仆，眼光心计，动及千年，而不计一姓一人之私利。立宪之民者，各有国家思想，知爱国

---

① 《宪法大义》，《严复集》第二册，第 240 页。
② 《宪法大义》，《严复集》第二册，第 242、244 页。

为天职之最隆，又济之以普通之知识，凡此皆非不学未受文明教育者之所能辨明矣。且仆闻之，改革之顷，破坏非难也，号召新力亦非难也，难在乎平亭古法旧俗。知何者之当革，不革则进步难图；又知何者之当因，不因则由变得乱。一善制之立，一美俗之成，动千百年而后有，奈之何弃其所故有，而昧昧于来者之不可知耶！"①严复在《宪法大义》一文中所表述的这些思想，在今天读来亦不为过时，面对中国百年来政治变革之进步维艰，严复当年所提示的那些原则，仍耐人寻味。

1910 年 11 月 5 日，载泽被充为纂拟宪法大臣，严复即向其条陈："窃以谓纂拟宪法，乃绝大事，此后开局辟僚，固不能纯取旧学之士，然选其新矣，亦宜相其实有功侯，知法制本原，能为国家计虑深远者。而东学小生，用之尤不可不慎也。欧美游学治法典者亦不尽佳，又多苦不能本国文字，然其中亦有数四佳者，窃欲荐列。"②对新开"立宪"之局使用人才持谨慎态度，对留学日本者尤存戒心。

清朝为安抚新兴社会名流，在宣布"预备立宪"的同时，给予这些人以各种名目的待遇和兼职名分，以拉拢人心，稳定政局。1908年 8 月，严复被杨士骧任命为"新政顾问官"。1909 年 5 月，严复被委任为宪政编查馆二等咨议官，兼任度支部清理财政处咨议官、福建省顾问官。9 月，又被派往学部丞参上行走。1910 年，海军部新设，严复被授为海军协都统（或称一等参谋官）。同年，资政院成立，严复以"硕学通儒"资格被征为议员。③这些虚实不等的待遇，除了给严复这些社会贤达以参政、议政的名分和渠道外，也能带来一些不菲的收入。严复在自己的家书、日记中时常提到来自各方面的收入，虽然数目不大，且不固定，但时常有之。

---

① 《宪法大义》，《严复集》第二册，第 245、246 页。
② 《与载泽书》，《严复集》第三册，第 595、596 页。
③ 参见孙应祥：《严复年谱》，第 340、343 页。

严复是清末立宪运动的积极推动者。过去人们常将其此举视为阻挠革命、维护清朝的反动行径。实际上，从严复的"立宪"言论看，其真实意图是在争取放权与民，限制君权，为新兴社会力量参与政治组建新的平台。早在 1904 年 2 月 26 日他致熊季廉的信中即已指出："以今日之政府，搜文教，奋武卫，乃至商务、工务，无一可者。此吾国之所以不救也。"[1] 这已清楚表明严复对清朝并不抱希望。从这个意义上说，严复参与的清末立宪运动实为中国近代民主运动的重要组成部分或重要环节。

清末官场礼节性的往来不减，故应酬繁多。1908 年 10 月 19 日，严复与朱夫人书谓："自初三日考事毕后，无日不是应酬，脑满肠肥，极为讨厌……京事俟回家时细谈，大抵黑暗糊涂，不大异三年前，立宪变法，做面子骗人而已。""但自被学部挽留后，心中颇不高兴耳。吾看今时做官，真是心灰意懒也。"[2] 看穿了清朝"立宪变法"不过是"做面子骗人"，对做官"心灰意懒"，如此的心境深深表现了严复对清朝政治前途的失望。清朝的预备立宪对严复这些人来说，只不过是一张空头政治支票而已。

四　置身风云诡谲的辛亥变局

1911 年前九个月，严复的个人生活并无波澜，他在学部、币制局、海军部、名词馆四处兼职，并行走于这些部门，出席会议，与朋友应酬往来，其生活并无多少变化。这一年他的个人著述明显减少，译作几无，官场公务应酬增多。但政局不稳，社会动荡带来的风云变幻，明显增强了人们心中的不安全感和世事难测的不确定感。这一年，严

---

① 马勇整理：《严复未刊书信选》，载《近代史资料》总 194 号，第 67 页。
② 《与夫人朱明丽书（十）》，《严复集》第三册，第 739、740 页。

复占卜算卦的次数明显增多，日记中频繁出现这方面的记录。这对一个倾力西学、提倡科学的新学者来说，不无讽刺，反映了严复此时心境的紧张和焦虑。

1911 年 10 月 10 日武昌起义，是时局急转直下的转折点，也是形势变化的显著标志，严复的个人生活亦开始面临新的抉择。10 月以后的严复日记打破以往的常规，多处记载形势发展和京城动向，而对其个人行迹着笔反而不多。10 月 9 日"夜九点，瑞澂拿革党三十五人"。10 日"武昌失守"。14 日"京师颇骚乱，南下者多"。15 日"起袁世凯督鄂，用岑西林督蜀"。23 日"长沙失守"。26 日"数日风声甚恶"。11 月 7 日"数日风声极恶，江浙皆告独立，资政院民选议员鸟兽散"。12 日"报言江宁恶战。福建松督自尽，朴留守被害。报言武昌内讧"。在大局已变的情势下，严复必须作出相应的准备。他与林纾商量应对时局之策，决定搬离北京。10 月 18 日"晤林畏庐，以或云其尽室南行也"。26 日"十一箱往天津，寄荣官处"。11 月 8 日"家轸来电话，催出京"。第二天，离京赴津，"寓裕中洋客店"三日。12 日"由津同三儿回京"。13 日"领学部、海军部、币制局三处薪水。袁项城到京"。[1]严复回京似为领取薪水，同时可能与袁世凯回京上任有关。严、袁两人早在天津时即已结交，当时严复在北洋水师学堂任教，袁世凯在天津小站练兵。严复与袁世凯同时回京，给人以无限联想，在一定程度上反映了严对袁主持内阁的期待和他们双方的某种默契。果然，12 月 2 日"四点，往袁世凯内阁，得晤"。随后，9 日"九点赴汉口"。12 日"过江，到青山织呢厂见黎元洪"。17 日"到沪，住沧洲旅馆"。[2]严复在此非常时期南下武汉、上海，据《郑孝胥日记》披露，是作为"袁世凯指派之各省代表"之一，[3]

① 《宣统三年辛亥日记》，《严复集》第五册，第 1511、1512 页。
② 《宣统三年辛亥日记》，《严复集》第五册，第 1512 页。
③ 参见《郑孝胥日记》第三册，北京：中华书局，1993 年版，第 1370 页。

前往汉口专见黎元洪，从这可以推测他极有可能是借其与黎的师生关系，斡旋袁世凯与黎元洪之间的关系。

在严复的《宣统三年辛亥日记》册最后空白页留有六条和北方议和人员名单。

> 车驾无论何等，断断不可离京。
>
> 须有人为内阁料理报事。禁之不能，则排解辨白。
>
> 梁启超不可不罗致到京。
>
> 收拾人心之事，此时在皇室行之已晚，在内阁行之未迟。
>
> 除阉寺之制是一大事。又，去跪拜。
>
> 设法募用德、法洋将。[①]

这六条现有两种解释：一种意见认为是严复12月2日与袁世凯会晤时所提出的六条建议；一种意见认为是严复从南方回京以后向袁世凯提出的建议，时间则应在12月下旬。[②] 这种意见认为"得杨士奇同意，严复先回北京。到北京后，严复告了唐绍仪一状，后为袁世凯献策"。这些策略即归之为六条。[③] 这两种意见的共同之处，即均肯定这六条是严复往谒袁世凯时提出的策略建议，只是在时间上一前一后，说法不一。不过，两说对于这六条的含意均没有作进一步的解读。从这六条的内容来看，如确系严复向袁世凯提出的建议，则不可小视。它至少可说明两点：一是严复自袁世凯内阁成立后，严系袁所罗致的"幕僚"或非常亲近的高参，二是严向袁所提建议不是一般的建议，而是关系政局的重要意见。当然这六条也有可能是严复个人心迹的流露或看法的记录，如第一条"车驾无论何等，断断不可离京"，

---

① 《宣统三年辛亥日记》，《严复集》第五册，第1513页。
② 参见孙应祥：《严复年谱》，第383页。皮后锋：《严复大传》，第337页。
③ 参见罗耀九主编：《严复年谱新编》，第289页。

似乎谓严复心迹的流露更为合适，因对袁世凯来说，不管是前往南京就任民国大总统，还是留在北京担任大总统，都不存在"车驾无论何等"的问题，而对严复来说，南下还是驻京，则可能有很大区别。此条如果系严复个人的选择，对政局影响相对就会较小，只是反映严复的倾向而已。

不管是上述哪一种情形，这六条所隐含的政治密码都值得解读。第一条如系向袁世凯提出的策略，则袁世凯后来不肯南下就任总统，其中有严复的"作用"存在，甚或可能出自严的意见。这表明了严复在南北和谈中所持的与南方对立立场，也不排除系严复个人的打算。即严复本人作出"不离京"决定。据郑孝胥12月21日日记载："幼陵读余近诗曰，'子生平数有奇辟之境遇以成其诗之奇，此天相也'。又曰，'经此事变，士君子之真面目可以见矣。南方学者，果不值一钱也'。"[1]此中所谓"南方学者"可能是指章太炎诸人。由于学术、文风的不同，严、章二人早已构怨。1906年，章太炎曾作《〈社会通诠〉商兑》称："严氏皮傅其说，以民族主义与宗法社会比而同之。""少游学于西方，震叠其种，而视贵人为畏贱，若汉若满，则一丘之貉也。故革命、立宪，皆非其所措意者，天下有至乐，日营菟裘以娱老耳。""就实论之，严氏固略知小学，而于周秦、两汉、唐宋儒先之文史，能得其句读矣。然相其文质，于声音节奏之间，犹未离于帖括，申夭之态，回复之词，载鸣载飞，情状可见，盖俯仰于桐城之道左，而未趋其庭庑者也。"[2]章氏此恶诋，与1900年9月康有为《与张之洞书》称赞严复"译《天演论》为中国西学第一者也"，以及1902年梁启超在《新民丛报》第一号发表《绍介新著〈原富〉》盛推"严氏于西学、中学皆为我国第一流人物"的高评俨然形成鲜明

---

① 《郑孝胥日记》第三册，第1373页。
② 章太炎：《〈社会通诠〉商兑》，载《民报》第12号，清光绪三十三年（1907）。

对比。对与革命党人有深厚渊源关系的南方学人的不满，可能是严复打定"不可离京"主意的主因。第二条表示严复认识到报界舆论的重要性，需要有人帮助"料理"。此人从后一语来看，极有可能是指梁启超。第三条表示严复认识到梁启超的分量，欲将其"罗致到京"。据丁文江编撰的《梁任公先生年谱长编初稿》载："从去冬起（指1911年——引者注），先生就有联袁的趋势，所以今年春间，先生直接间接与袁氏往来讨论各种问题的信电很多，现在把袁氏就临时大总统前后先生和他往还的几篇材料依次抄在下面，借见先生当时联袁情形之一斑。"[1] 袁世凯与梁启超建立联系应与严复的献计和搭桥有一定关系。第四条表示严复已对清皇室失去信心，将希望转向袁世凯内阁。第五条为其对政制改革之设想，即废除宦官制度和传统的官场礼仪，这可能意味着严复甚至袁世凯已有弃清另寻他路的打算。本来12月21日、22日，严复与郑孝胥在上海会面时，谈到何去何从时，亦表示其拥清立场不变。严复对郑表示，自己"不剪辫，以示不主共和之意"（21日）。"或询其素主新学，何为居腐败政府之下而不去也？答曰：尝读柳子厚《伊尹五就桀赞》，况今日政府未必如桀，革党未必如汤，吾何能遽去哉！"[2]（22日）在此之前，严复于11月28日曾致信英国《泰晤士报》记者莫理循，表明自己倾向君主立宪的立场，以为中国现状适合于"保存君主，削其权力，适度立宪以使政府比前更具活力，得因时制宜，不断进步"。从这一则材料看，在1911年11月底以前，严复的"君主立宪"立场确无改变。但在与革命党人展开的南北和谈中，严复探得南方革命党人的"和谈"底线，这在他12月13日给陈宝琛的信中有明白交代：

① 丁文江、赵丰田编：《梁任公先生年谱长编初稿》，北京：中华书局，2010年4月版，第319页。
② 《郑孝胥日记》第三册，第1373页。

一、党人虽未明认君主立宪，然察其语气，固亦可商，惟用君主立宪而辅以项城为内阁，则极端反对。

一、党人以共和民主为主旨，告以国民程度不合，则极口不承；问其总统何人为各省党人所同意者，则以项城对，盖彼宁以共和而立项城为伯理玺得，以民主宪纲钳制之，不愿以君主而用项城为内阁，后将坐大，而至于必不可制。此中之秘，极耐思索也。

一、无论如何下台，党人有两要点所必争者：一是事平日久，复成专制，此时虽有信条誓庙，彼皆不信，须有实地钳制；二是党人有的确可以保全性命之方法，以谓朝廷累次失大信于民，此次非有实权自保，不能轻易息事。

一、若用君主，则冲人教育必从新法，海陆兵权必在汉人之手，满人须规定一改籍之制。[①]

借革命党人开出的条件，严复显然有胁迫清室"逊位"之意，这正是袁世凯后来之所为。此举是否为袁所托，或严代袁有意所为，值得进一步考证。将严复与郑孝胥的谈话内容与此信的内容相比照，可以看出，严复当时一方面向清朝方面（郑、陈是清朝忠臣）"输诚"表忠，一方面借革命党人开出的严苛条件，隐含逼迫清室退位之意。这样左右逢源，为自己在未来的政治舞台谋得最大利益。严复的这种做法实为袁世凯当时的抉择。当南方革命党人在1912年正式建立中华民国时，北方一派的汉族实力派（包括严复）亦迎立袁世凯出面主持大局，这样清室先逊位，孙中山再让总统位于袁，中国重归一统的局面得以形成。严复等南北汉族实力派终于在这场变局中获取了最大利益。第六语提出募用洋人领军，实际上是清朝在镇压太平军时"借师助剿"旧戏的重演，是严复为袁世凯避免两面作战的又一献计。这

---

① 《与陈宝琛书（四）》，《严复集》第三册，第502、503页。

些意见除第六语"设法募用德、法洋将"外，其他五条在后来都得以实行。有的论者以为严复《民国初建》诗中的"美人"系指袁世凯，[①]但这个袁世凯应是在民国建制后受到民国政纲钳制、准备出山的"袁大总统"，而不再是替清朝收拾残局的"袁内阁"。在这一点上，严复实际上已经接受了中华民国建立这个事实。

1912年严复的日记空缺。这究竟是严复未写，还是其本人或保存日记者在后来作了处理？我们现不能遽断。不过，后一种的可能性较大。1912年应是严复与袁世凯相互合作、互动更为频繁的一年，这一年发生的南北议和以及严复出任北京大学校长之事，均是严、袁密切合作的历史见证。在袁世凯称帝失败，严复因列名筹安会，遭到国人的诟病之后，严复可能不希望保存自己与袁氏合作的这些历史纪录，从而出现了撕去其这一年日记的一幕。

五 结语

清末的政治舞台主要有四大政治势力。一是清朝以满族为主的统治集团，他们是清朝的核心集团。二是以张之洞、袁世凯为代表的汉族新贵势力，这股势力可以上溯到以曾国藩和李鸿章为代表的湘、淮两系，张之洞、袁世凯为其继承者。三是活跃在北京及各省的立宪派，他们是各种新兴经济、教育、文化、社会事业的推动者，构成一股新的社会力量。四是孙中山为代表的革命派，为清朝的对立面。严复是游移在二、三股力量中的一员。这几股力量的互动和人员组合，构成清末政治力量离合的关键。1909年，当清朝将袁世凯罢官遣回原籍，张之洞"老臣凋谢"，当朝汉族新贵失去了他们所依托的重心所在。

---

① 王宪明：《"美人"期不来，诗人自多情——严复〈民国初建〉"诗人"新解》，载《近代史研究》1996年第5期。

1911 年清朝成立"皇族内阁",堵塞了立宪派力图借"预备立宪"之机发展自身实力和拓展新的政治空间的可能。第二股力量原有与清朝的合作关系和第三股力量与清朝那种若即若离的关系迅速向离异的方向演变,清朝满族核心集团为加强自身对全局控制力的举措反而成了自我孤立的败笔。革命终于成为突破这一政治僵局的瓶颈。

在辛亥革命的浪潮中,革命党人抓住时机,因势利导,主导了时局向民主共和制这一方向发展的趋势。清朝满族统治者因失去其他两股势力的合作,孤立无助,只能拱手让出皇位。革命党人以建立共和制为满足,以礼让总统大位换取了袁世凯的合作和对共和制的承认,达到了其革命的初衷。袁世凯虽不具革命、共和之思想,但对清朝的忠诚度因其下野闲置早已不复从前,故在获得革命党人的承诺后,转向对清朝满族皇室"逼宫",表面上成了这场大戏的赢家,实际上他不得不接受民国政制对他的钳制。

严复本人并不是一个心怀大志的政治家,也非有意玩弄权术的政客,他缺乏传统官僚的圆滑、练达和内敛,这是他在晚清官场频频失意的主观原因。在清末十年和民国元年(1912),他转向发挥自己所长,凭借自己的西学素养和背景,在教育、翻译、出版、宪政等方面获取重要地位,并登上北京大学首任校长这一显赫位置,达到了自己人生的顶点,这是严复一生最有成就、最有影响力的历史时期。从这个例证可以看出,辛亥革命的荣光并不仅仅属于革命派,社会新兴力量、立宪派,甚至汉族官僚、地方实力派也贡献了他们的力量,并实际分享了辛亥革命的成果。

辛亥革命的标志性成果虽然是在政治上推翻帝制,建立共和制,但为达成这一最大目标,社会生活、风俗习惯、文化思想、经济结构也发生了相应的变革,甚至这些变革为政治革命作了重要铺垫。从这个角度考察辛亥革命时期发生的种种变化,我们不能忽视或低估革命派以外其他革新势力和社会新兴力量的历史作用,他们与革命党人的互动、合作最终成就了一场历史上前所未有的革命。将革命党人与其他新兴社会力量、立宪派和袁世凯的妥协视为"软弱"，或将袁世凯、立宪派和其他地方实力派与革命派的合作定为"投机"，都是不恰当的。革命党人以袁世凯承认共和制为交换条件，礼让总统大位，以避免内战的激化和升级，这表现了他们的智慧和成功不必在我的高尚品德；袁世凯及其立宪派势力背弃清朝，转向选择共和制，是其在政治上的明智之举，虽然迈出这一步在后来有所反复甚至倒退，袁世凯并不情愿接受民国的政治规范，但民国建立已成为一个不可逆的历史转折。可见，辛亥革命的成功恰恰是各方妥协、合力推动的成果。

本文为作者 2011 年 6 月 26 日—29 日赴澳门参加"孙中山与辛亥革命"国际学术研讨会提交的论文，原载《北京大学学报》（社科版）2011 年第 5 期。收入《孙中山与辛亥革命》论文集上册，北京：社会科学文献出版社，2012 年 9 月版。

严复看第一次世界大战

第一次世界大战是 20 世纪世界一系列重大事件的开端。它不仅在战争规模上涉及世界主要国家，而且在战争投入上第一次使用陆、海、空三军联合作战，这是一场前所未有的世界大战。战争以浓缩的景观将各国的政治、军事、经济、文化、外交反映在战场上，世界面貌因此发生了巨大的变化。从战争初始到战争落幕，人们对这场战争的评论、反省和争议就连绵不断，不绝于史。

一战爆发之时，中国国内朝野上下热切关注，各方舆论竞相报道、各大政党纷纷组织欧事研究会，追踪战局的发展。国人意识到这是中国可能重新返回国际舞台的一次机遇。严复早年赴英留学学习海军，供职北洋水师学堂二十载，对战争自然有其职业军人的敏感；他又是同时代最具国际视野和世界眼光的思想家，国人对世界形势的把握常常依赖于他的判断。严复军人加思想家的双重身份，加上他身为总统外交顾问，公干私趣集于一身，他对第一次世界大战的观察、评断为我们留下了那个时代一份重要思想文献，其见解确有超乎常人、颇具眼光的洞见。同时代思想家（如孙中山、梁启超、陈独秀等）对第一次世界大战虽亦有评述，但大都是零星、片断的，几无像严复这样对战争进程和当时世界变局的评判，留下了较为完整的文献材料。过去虽有论者注意到这份文献的宝贵思想价值，并加以论述，[①] 但仍有相当值得讨论的空间。本文主要是从严复对一战进程之观察及与中国之关联这一侧面，探讨严复第一次世界大战观的思想价值和时代意义。

一 欧战前期战局的准确解析

时人习称第一次世界大战为"欧战"。严复观察欧战前期的材料主要存留于《居仁日览》和私人书札中。

《居仁日览》是进呈时任总统袁世凯日常阅读、了解国内外情势的读物。我们现见的《居仁日览》，辑入《袁世凯史料丛刊》。这部《居仁日览》编辑的时间跨度从民国四年（1915）1月1日至2月28日，内容多为取材古典史书（如《资治通鉴》）有关历代治国方略一类的故事，与第一次世界大战并无关涉。

第一次世界大战爆发后，国人被这场突如其来的战争所震慑。严复以其敏锐的眼光，开始关注战争的进程。严复与《居仁日览》之关联，有两条线索可循：一条是1915年4月21日严复致熊纯如一信，信内提及："报载复与马、伍诸公，翻译进呈之事却非虚语。日来正办《欧战缘起》，以示此老也。"[②] 此处所提译呈《欧战缘起》，正是供袁世凯阅读的《居仁日览》。另一条是1915年8月5日严复致信熊纯如，再次透露："复自欧陆开战以来，于各国胜负进止，最为留神，一日

---

① 参见何君超：《侯官严先生眼中之第一次世界战争》，载1944年《东方杂志》第40卷第16号。该文节抄严复与熊纯如书信中有关第一次世界大战的言论，分引言、战争之推测、论交战国之实力财政及战时组织、论中德绝交、论天演及公理与强权、论战后中国及中国文化、结论七节，俾时人参考。林启彦：《第一次世界大战期间严复的国际政治观：参战思想分析》，载习近平主编《科学与爱国——严复思想新探》，第302—318页。陈友良、王民：《"留心世局，瞻怀宗邦"——严复的欧战观述论》，载郭卫东、牛大勇主编《中西通融：严复论集》，北京：宗教文化出版社，2009年7月版，第237—256页。

② 《与熊纯如书（二十二）》，《严复集》第三册，第621页。

十二时，大抵六时皆看西报及新出杂志也。"①信至此留有按语，"按：每摘要论述，送公府备览，积年余，至数万言，取名《居仁日览》，俱未留稿"。②可见，严复译呈《居仁日览》与欧战有关，探讨战局之进程是袁世凯交代给严复的一项特殊任务。此前，袁世凯任命严复为外交顾问，此事严复与熊纯如信中曾提及，③然欧战爆发前夕，因"无事见顾"，故已停止支薪。④

我们现见严复译呈的《居仁日览》共有七篇，其中《严复合集》第五册⑤收入中国社会科学院近代史研究所藏三篇，北大图书馆藏有三篇，黄克武先生在上海图书馆新发现一篇。其篇目如下：

一、《泰晤士今战史——欧战缘起第一》（上海图书馆收藏）。⑥

二、《日耳曼开战兵略第二》（《严复合集》第五册已刊）。

三、《〈伦敦时报〉书〈布来斯审查会报告书〉后》（北大图书馆收藏）。

四、《英国军械大臣来德佐治在满哲沙劝谕工人演说》（北大图书馆收藏）。

五、《英人狄仑论今战财政》（北大图书馆收藏）。

① 《与熊纯如书（二十五）》，《严复集》第三册，第624页。
② 罗耀九主编：《严复年谱新编》，第347页。此条另见严璩：《侯官严先生年谱》，《严复集》第五册，第1551页。
③ 《与熊纯如书（二十九）》，《严复集》第三册，第629页。信中谓："外交顾问挂名久矣，然以无事见顾，则亦不支薪俸。"
④ 1914年7月9日严复日记载："问公府主计六月顾问薪水。""本日得信，顾问薪水自六月起停支。"《严复集》第五册，第1517页。
⑤ 王庆成主编：《严复合集》第五册，台北：财团法人辜公亮文教基金会，1998年8月版。
⑥ 1915年4月21日严复回复熊纯如，谓："报载复与马、伍诸公，翻译进呈之事却非虚语。日来正办《欧战缘起》，以示此老也。"（《严复集》第三册，第621页）即指此文。

六、《希腊前相文尼芝禄上希腊王书》（《严复合集》第五册已刊）。

七、《美人宣告德国近情》（《严复合集》第五册已刊）。

北大图书馆保存的三篇《居仁日览》，文前都有一行"中华民国四年严复译呈"，文后留有袁世凯手批"阅"字样。黄克武先生通过检索《泰晤士报》《纽约时报》电子数据库，发现上述文章的出处：第一、二篇原作出自 *The Times Illustrated History of the War*（《泰晤士报战争图史》），为该书的第一、二章。1914 年 8 月 25 日《泰晤士报》刊出第一部分，即第一、二章。第三篇出自 1915 年 5 月 13 日第 9 版《泰晤士报》的 *A Record of Infamy*。第四篇出自 1915 年 6 月 4 日《泰晤士报》的 *A Work shop War, The Crying Nead for Shells, Plain Words Emocracy from Mr. Lloyd George, and Compulsion*。第六篇出自 1915 年 4 月 21 日伦敦《每日记事报》（*The Daily Chronicle*）的 *Venizelous's Statement to King Constanton*。文章原刊自英文报纸，这些文章基本上反映了英国的立场，时间范围约在 1915 年 4 月至 6 月。① 从严复翻译所选材料的原始出处看，他对战争的观察材料实际取材于英国，严复本人实际也是选择站在协约国一边。

严复选译这些文章，一如过去他翻译西方经典一样，都有其明确的用意。《泰晤士今战史——欧战缘起第一》《日耳曼开战兵略第二》两篇是介绍第一次世界大战发生的历史原因和开战之初德军猛烈推进的进程。《〈伦敦时报〉书〈布来斯审查会报告书〉后》一文系揭露德军侵入比利时残酷杀戮的暴虐行径，明显带有谴责德军之意。《英人狄仑论今战财政》一文较长，共有十二节：德人之金战、法人财政

---

① 参见黄克武：《严复与〈居仁日览〉》，载黄瑞霖主编《严复思想与中国现代化》，福州：海峡文艺出版社，2008 年 11 月版，第 166—176 页。

之见绌、俄人之仓遽、三国协助财政于巴黎、俄之酒禁、俄国禁酒之效果、巴黎三国财政协商之决议、英法之所以助俄、俄之谷麦能输出乎、俄与瑞典之兵费、勃牙力与其政府、德人何故而助勃。这篇文章有助人们了解战争各方财力及其相互关系。严复分析一战参战各国，颇为注重各国的资源、财力比较，这是他分析战况的重要依据，此文足资参考。《希腊前相文尼芝禄上希腊王书》一文则可能借文尼芝禄上书要求放弃中立，对德、奥盟国塞尔维亚宣战一事，暗示中国应取法此举。

严复平时保有阅读英文报刊的习惯，他对中文报纸自有成见。对此，他并不隐讳，自谓："复向于报章，舍英文报外，不甚寓目，北京诸报，实无一佳，必不得已，《亚细亚报》或稍胜也。"[1] 他还说，"中国南北报纸，皆属机关。《亚细亚报》自经政府利用之后，所谋失败，信用自属全无；而《顺天时报》，又系日本机关，此时专以倾袁为目的，欲求纪载较实，议论较正者，殆绝无也。"[2] 显然，严复对中文报刊持不信任的态度。《居仁日览》是供总统平时阅览的读物，实相当于今日《参考消息》，自然对总统决策可以发生重要影响，甚或是其制定政策的重要理据。只是欧战前期，因中国并没有卷入，严译《居仁日览》只不过是"内部参考"而已。严译《居仁日览》是否还有其他未发现的篇目，仍有待考察。

除了《居仁日览》，严复在私人书信往来中，也常发表对第一次世界大战观察的意见。开战伊始，严复即跟踪战局，1914 年 8 月 29日他致信庄蕴宽，对战争可能的结局作了预测：

此次世界战端一起，进出口货物交往当有隔碍。以德奥之强，

---

① 《与熊纯如书（二十四）》，《严复集》第三册，第 624 页。
② 《与熊纯如书（三十一）》，《严复集》第三册，第 635 页。

初战当能与协约国以盛势。然彼国资源远远逊英法美，如战局久持，德奥必遭败北，可断言也。①

从所控资源的角度比较战争双方的实力，得出德奥终究不敌英法美的结论，这是严复深具眼力的远见。

1914年9月24日，严复在给熊纯如的信中，对战争双方实力作了精辟分析，他以为此时占住优势的德国终将不敌英国：

> 乃不幸月余以来，欧洲大局，忽见燎原，其影响之大，殆非历史上所能梦见，从此中国舍自尽其力而外，别无可为，或乱或治，或亡或存，殆非一昔之谈所能尽也。
>
> 德意志联邦，自千八百七十年来，可谓放一异彩，不独兵事船械事事见长，起夺英、法之席；而国民学术，如医、如商、如农、如哲学、如物理、如教育，皆极精进。乃不幸居于骄王之下，轻用其民，以与四五列强为战，而所奉之辞，又多漏义，不为人类之所通趣……顾计所不及者，英人之助比、法也，列日之致死为抗也，奥人之节节失败也。至于今，曩所期于半月十日之目的，乃遥遥而犹未达（谓巴黎之破）。而比、法乃皆迁都矣，英人则节节为持久之画，疏通后路，维持海权，联合三国，不许单独媾和……大抵德人之病，在能实力而不能虚心，故德、英皆骄国也。德人之骄，益以剽悍；英人之骄，济以沉鸷，由是观之，最后擅场，可预计矣。②

严复既肯定德国自1870年统一以来所取得的现代化成就，又指

---

① 王庆成主编：《严复合集》第五册，第97页。
② 《与熊纯如书（十七）》，《严复集》第三册，第615、616页。

出其轻率发兵，与多国开战为不智之举；对英、法作持久战之计乐观以待。

1914年10月23日，严复致信熊纯如，言及欧战情形，断言协约国绝不会屈服于德国，战期可能因此拖长：

> 盎瓦尔之破，足征德人炮械之精，士卒之练。英、法逢此强对，提心吊胆，正未知何日可告息争也。德之君民抟心一志者，三十余年，决以武力与列强相见，可谓壮矣。独惜所敌过众，恐举鼎者，终至绝膑。吾辈试思，国若英、法、俄者，岂能中途折服，以俯首帖耳受战胜者之条件乎？是以德人每胜，则战事愈以延长，此固断然可知者耳。①

1915年8月5日，严复致信熊纯如，对德、英、法三国的状况作了分析：

> 德意志国为之强，固可谓生民以来所未有，东西两面敌三最强国矣。而比塞虽小，要非可轻。顾开战十阅月，民命则死伤以兆计，每日战费不在百万镑以下，来头勇猛，覆比入法，累败俄人，至今虽巴黎未破，喀来未通。东则瓦骚尚为俄守……海上无一国徽，殖民诸地十亡七八，然而一厚集兵力，则尽复奥所亡地，俄人退让，日忧战线之中绝，比境法北之间联军动必以数千伤亡，易区区数基罗之地，所谓死齼不得入尺寸者也。不独直抵柏林，虽有圣者，不能计其期日，即此法北肃清，比地收复，正未易言。英人于初起时，除一二兵家，如罗勃、吉清纳外，大抵以为易与，至令始举国忧竦，念以全力注之，尚不知最后之效果为何若也。

---

① 《与熊纯如书（十八）》，《严复集》第三册，第617页。

于政治则变政党之内阁，而为会同；于军械子药则易榴弹，以为高炸。取缔工党，向之以八时工作者，至今乃十一时，男子衽兵革，妇女职厂工，国债三举，数逾千兆镑，而犹若未充……法之政府于平日军储，必不弛然急缺如去岁明矣。且由此而知，国之强弱无定形，得能者为之教训生聚组织绸缪，百年之中，由极弱可以为巨霸。①

德国东西两面受敌、殖民地尽失；英国调整内部，全力投入战争，实力倍增。战争形势正朝着不利于德国的方向发展。

随着战争的激烈进行，双方进入相持阶段。严复仍不看好德国之"霸权"，以为德之财力不敌英、法：

欧战行又经年，自瓦萨之破。巴尔干诸邦全体震动。勃、希两国，民则向衡，君则私纵，遂演成今日之局。达智尼海峡，英法攻之，不能即下，死伤近十余万人，此自常智观之，未有不以德、奥为得手矣。顾以仆策之，则今日之事，其解决不在战陈交绥之中，而必以财政兵众之数为最后。英法之海军未燔，而财力犹足以相持，则中央得手，徒以延长战祸，而中心点渐以东行而已。胜利终归何方，尚难以一言决也。冬日必无兵事可言，明岁春夏，殆其时矣。总之，今之战事，非同昔比，英、德两系，必有一亡，而长短在所不论。平意观之，德之霸权，终当屈于财权之下，姑先言之，贤者留为后验可耳！②

严复如一位出色的球赛评论员一样，对战况的点评、把握，准确

① 《与熊纯如书（二十五）》，《严复集》第三册，第624、625页。
② 《与熊纯如书（二十八）》，《严复集》第三册，第628、629页。

到位。

综览严复上述对欧战前期的评论，他自始即对英、法终将战胜德国抱持信心，这一看法既是他站在英国一边的立场使然，也与他对英、法、德三国实力的认识有关。当时持严复这种观点的中国学人可谓凤毛麟角，绝大多数学人都看好德国的实力和优势，梁启超、陈独秀即这方面的代表。徐国刚先生论及"大战的爆发与中国的反应"时注意到这方面的情形："陈独秀在《新青年》1916 年第 1 期的开篇文章里预言德国在这个新年里有可能取胜。梁启超最初也认为德国必胜。他在 1914 年写道，德国拥有良好的社会秩序和优势的士兵，而最重要的是德国全国上下为了战争能够众志成城。梁启超甚至认为，'彼德国者，实今世国家之模范，使德而败，则历史上进化原则，自今可以摧弃矣'。德国在中国军人当中有强大的影响，那些曾在欧洲以及日本受过训练的军官都深信德国的武力是不可战胜的。"① 显然，梁启超、陈独秀对欧洲各交战国的实力和资源缺乏真正的了解。

除了译呈《居仁日览》，与朋友书信往来时加议论外，严复有关一战的言论几不见诸报端。用他自己的话说："所怀万端，不能宣露，

---

① ［美］徐国刚：《中国与大战：寻求新的国家认同与国际化》，马建标译，上海三联书店，2013 年版，第 90 页。徐文提到的陈独秀那篇文章是指《一九一六年》（载1916 年 1 月 15 日《青年杂志》第 1 卷第 5 号），文中谓："欧洲战争，延及世界，胜负之欺，日渐明瞭。德人所失，去青岛及南非洲、太平洋殖民地外，寸地无损；西拒英、法，远离国境；东入俄边，夺地千里、出巴尔干，灭塞尔维亚；德、土二京，轨轴相接。德虽悉锐南征，而俄之于东，英、法之于西，仅保残喘，莫越雷池。回部之众，倾心于德，印度、波斯、阿拉伯、埃及、摩洛哥，皆突厥旧邦，假以利器，必为前驱。则一九一六年以前英人所据欧亚往还之要道，若苏彝士，若马丁，若锡兰，将否折而入于德人之手；英、法、俄所据亚洲之殖民地，是否能保一九一六年以前之状态；一九一六年之世界地图，是否与一九一五年者同一颜色？征诸新旧民族相代之先例，其略可得而知矣。英国政党政治之缺点，日益暴露，强迫兵役，势在必行。列国鉴于德意志强盛之大原，举全力以为工业化学是务。审此，一九一六年欧洲之形势，军事、政治、学术、思想，新受此次战争之洗礼，必有剧变，大异于前。"此段分析欧战文字，显见陈独秀看好德国之倾向。

聊为足下言之如此。"① 这可能与严复当时总统外交顾问的身份容易引起外界猜测、联想有关。在外交问题上,他对外界舆论持颇为谨慎、戒备的态度。1915 年底至 1916 年上半年,袁世凯从酝酿帝制到公开称帝,再到取消帝制,中国政局经历了巨大的动荡。严复身陷国内政治旋涡之中,不情愿地被拉进了"筹安会",因此似转移了他的注意力。在这半年里,可能因身陷国内政局的困扰,严复除了对日本动向的观察发表看法外,几乎没有留下对第一世界大战和外界的观察记录或评论意见。

二 一战后期世界变局的深刻透视

在全国人民的一片倒袁声浪中,1916 年 6 月 6 日袁世凯气急病薨于新华宫,严复以一首《哭项城归梓》表达自己对这位密友加上司去世的感伤情怀。中国政局随后发生重大变动,严复因列名"筹安会",一度盛传为帝制"祸首",后经李经羲替之说情,才从祸首名单中剔除。② 虽未被追究,严复却从此离开了政治核心圈。1916 年 10 月 25 日,严复致信熊纯如,叹谓:"迩来脱身政界,生事颇苦窘乏,长此以往,行为庚癸之呼,顾亦只得听之而已。"③ 字里行间流露出低落之情绪。然其心未泯,对世局时借《公言报》加以评论。④ 有的学者认定 1917 年 2 月 10 日至 5 月 21 日《公言报》所载以"地雷"笔名发表的十四

---

① 《与熊纯如书(十七)》,《严复集》第三册,第 616 页。
② 参见陶菊隐:《筹安会"六君子"传》,北京:中华书局,1981 年版,第 119 页。
③ 《与熊纯如书(四十)》,《严复集》第三册,第 649 页。
④ 1916 年 10 月 25 日,严复在给熊纯如的信中交代:"近日复颇有文字刊登京中新出之《公言报》。"参见《与熊纯如书(四十)》,《严复集》第三册,第 650 页。

篇文章即为严复所写，此说是否成立，仍待确证。① 不过，在严复与熊纯如等私人往来书札中，一战战况和世界形势仍是他常道及的主题。

到 1917 年初，第一次世界大战实已进入后期。对中国来说，面临两大问题，一是如何处理对德外交。是维持与德外交关系，严守中立，还是对德绝交？二是沙俄发生革命。对这一历史性的变化如何评价？在这两个问题上，严复都给予了自己的回答。

维持邦交还是对德宣战不是一个容易作出的决策，这不仅因当时德国对华政策比较友好，故许多人对德国怀有好感，而且在华的德国人大肆活动，对当政者有一定影响力。

1917 年 2 月 28 日，严复写信给熊纯如，明确主张对德断交："辰下京中有三大问题，一曰复辟，二曰中德断交，三曰改组内阁。""至其二问题，鄙人则主张加入协约，曾于《公言报》著论一首，即持此义。但政府抗议后，在中国境内德人极为恐慌，益出死力向各当路游说，政府中人于欧洲兵事向少宣究，易为游言所惑，恐亦不能有贯彻之主张，后此外交将至一无所得，两不讨好，甚可叹也！""欧洲战事日烈，德自协约国拒其和议后，乃以潜水艇为最后图穷之匕首……此时中国，如有能者把舵，乘机利用，虽不称霸，可以长存；假其时机坐失，则受人处分之后，能否成国，正未可知。"② 以为若坐失对德宣战良机，

---

① 参见王宪明：《严复佚文十五篇考释》，《清华大学学报》（社会科学版）2001年第 2 期。孙应祥、皮后锋对此说曾提出质疑，参见孙应祥、皮后锋编：《严复集补编》，第 339、340 页。故是书编者将署名"地雷"的《公言报》社论只是作为"附录"收入，以示存疑。笔者对此说亦存保留意见，原因有二。一是这些文章的行文风格不太像严复所写，文字比较浅显，甚少用生僻字。二是这些用"地雷"化名发表的文字，大多与一战和世界形势有关。在袁世凯当政时期，严复没有在报刊公开发表过有关一战和世界形势的文字；袁世凯倒台后，严复似不太可能频繁发这方面的文字，何况当时他是"戴罪之身"。当然也不排除另一种可能，这些文字由严复和相同观点的人授意，他人（记者）代写。有人提示 1922 年林白水可能署名"地雷"在上海《星光报》发表作品，参见陈玉堂编著：《中国近现代人物名号大辞典》，杭州：浙江古籍出版社，1993 年版，第 555 页。林白水正是《公言报》的主编，此说可供参考。

② 《与熊纯如书（四十九）》，《严复集》第三册，第 663、664 页。

甚或"一无所得，两不讨好"，将贻害无穷。

1917 年 3 月 3 日，严复致信熊纯如，再谈对德外交：

> 吾国近日外交，自不佞观之，殆无第二策可行。盖前之抗议，明言德若潜艇政策不加制限，吾国当与绝交。今德之复文，于潜艇制限一节，已置诸不论不议之列，吾国不向第二、三步进行，前言复成何语。夫中国于胶州一事，已授德国口实，今者又起抗议，故使德人而胜。即如此中止，其执辞仇我，正与得罪到底者相等也。中道而止，又何济乎？至于协商一面，更缘中止而开罪益深，转不若前勿抗议之为愈矣。甚矣！暗懦之人真不足与计事也。

> 若察欧洲战势，德人乃处强弩之末。潜艇虽烈，不足制英人死命……转眼春末夏初，西面或沙朗尼加必有剧烈战事。疆场之事，一彼一此，固不敢料德、奥之即败，然以一盈一竭之理言，则最终胜负，皦然可睹。[1]

严复料定德国已是强弩之末，无限制潜艇战不过是图穷匕见、困兽犹斗，力主与德绝交。

3 月 14 日，北京段祺瑞政府宣布与德绝交，此举引发了府院之争和国会各党派之间的纷争。身处边缘的严复并不愿袖手旁观，4 月 5 日他致信熊纯如说："本月二日美总统威尔逊亲临国会，与德已宣战矣。而吾国走到第二步之后，忽然中止，颇闻国会中党派尚有借此时机，作种种顾党人不顾国之计划。宣战固为正办，然如此之政府国会，其能有益于国不反害否？真未可知。"[2]他希望中国步美国之后，对德宣战。4 月 26 日，他给熊纯如的信中，特别提到在华德侨运动

———————

① 《与熊纯如书（五十）》，《严复集》第三册，第 664 页。
② 《与熊纯如书（五十一）》，《严复集》第三册，第 666 页。

反对中国参战情形:"加入战团,于德本谋无关出入,而以此为大祸,而将蒙莫大损失者,乃在三四千寓华营业之德侨。此等素与吾国大贾、军官亲密,今闻有此,则其大肆运动,不问可知,其以德之胜负为喜惧,而反对加入者,皆以此耳。"① 张勋复辟失败后,段祺瑞重掌政权,于 8 月 14 日对德宣战。

严复的意见显然被采纳。朝野主张对德绝交、宣战者并不止严复一人,但在此问题上始终坚持如一的立场,严复则可谓代表。当时其他一些重量级人物对德宣战态度不一,如章士钊、孙中山即力持中立说,梁启超则主张见机行事。② 与这些意见相较,严复对德宣战主张明显计高一筹。

对德宣战之意义对改变中国的国际地位不可低估,"中国通过参战得以挽回部分国家主权,并废除德奥庚子赔款,从而部分地洗刷掉中华民族的耻辱。尽管参战所得没有完全达到中国领导人最初的参战期望,但是中国至少能够出席战后和平会议,从而使中国的命运引起世界的关注,并且在战后和平会议上参与世界新秩序的创建。更何况,中国的参战政策在一定程度上打破了旧的不平等条约体系:中国在第一次世界大战结束后就与冒牌的敌人德国签署第一个平等条约。假如中国当初没有主动参战,那么所有这些外交成就将无法实现"。③ 由此可见,对德宣战,实在是一个明智而富有前瞻性的抉择。

第一次世界大战后期发生的一件大事是俄国革命。严复对此事的进展亦颇为关注。1917 年 3 月 11 日,严复日记载:"俄国革命开始。"3 月 15 日又载:"俄国沙皇让位于其弟。"4 月 23 日记道:"俄国全部战

---

① 《与熊纯如书(五十二)》,《严复集》第三册,第 668 页。
② 相关讨论参见林启彦:《第一次世界大战期间严复的国际政治观:参战思想分析》,载习近平主编《科学与爱国——严复思想新探》,第 302—318 页。
③ [美]徐国琦:《中国与大战:寻求新的国家认同与国际化》,马建标译,第 13 页。

费至 1916 年底共计二十三亿四千五百八十万镑。"① 显然，这时他密切关注俄国事态的发展。

1917 年 4 月 5 日，严复致信熊纯如，对俄国革命首次表态：

> 俄之革命，有法之历史在前，群知为戒，当不至为其已甚，使数十年祸乱相寻。其当路人比之吾国程度为高，亦不至如吾国改革后之现象。吾国现有之参、众两议院，率皆毫无价值之人，俄尚不然，故曰不至。但其国幅员大广，中杂亚族，教育未遍，民多不学；皇室久为齐民所崇奉，俄皇以一身而兼教主，西人宗教观念，比之吾国常深，此皆最难解决问题。故吾辈于其国体，一时尚难断定。大抵独裁新倾之际，一时舆论潮热，自是趋向极端，而以共和为职志；数时之后，见不可行，然后折中，定为立宪之君主。此是鄙意，由其历史国情推测如此，不敢谓便成事实也。②

严复对俄国革命的初步印象并不抱成见或敌视的态度。

随着事态的发展，俄国革命波及中国北部边陲，对中国社会发生影响，严复注意到这一情形："欧战自俄国革命之后，事势迁流，几于不可究极。诘其影响，已及吾国北陲。"③"自革命以来，世界日益豪侈，军政两界，皆以攫利为归，百万之室，目为小康，问其所由，大都造业。嗟呼！无天道则亦已耳！如其有之，则往复平陂，特转瞬耳。不见俄国今日社会党专与资本家富官僚为仇者乎？"④ 他开始探究指导俄国革命的社会主义理论，对之前途似犹疑不决："俄之社会主义，

---

① 《民国六年丁巳（1917 年）日记》，《严复集》第五册，第 1524、1525 页。
② 《与熊纯如书（五十一）》，《严复集》第三册，第 665 页。
③ 《与熊纯如书（六十六）》，《严复集》第三册，第 681 页。
④ 《与熊纯如书（六十七）》，《严复集》第三册，第 682、683 页。

能否自成风气，正未可知。而吾国居此潮流之中，受东西迫拶，当成何局，虽有圣者，莫能睹其终也。"① 面对世界正在发生翻天覆地的变化，严复感到没有持守不变的真理："故一切学说法理，今日视为玉律金科，转眼已为蓬庐刍狗，成不可重陈之物。"② 对于新的思想变革，特别是俄罗斯采用共和制，严复则不以为然，他极力强调俄罗斯行使共和制可能产生的恶果："俄罗斯若果用共和，后祸亦将不免，败弱特早暮耳。"③ 严复对俄国革命的抵制态度与他对国内国民党人的立场基本一致。

戊戌维新以后的十余年间，严复译介西方经典八部，较为系统地向国人展示了西方近代思想世界，被人们誉为传播近世西方思想第一人。然经历第一次世界大战，目睹战争的惨况，严复对于西方文明的认识开始发生变化，他重新估价西方文明的示范作用："今所云西人之学说，其广者，曰平等，曰自由；其狭者，曰权利，曰爱国。之四者，岂必无幸福之可言？顾使由之趋于极端，其祸过于为我兼爱与一切古所辟者，殆可决也。欧罗巴之战，仅三年矣，种民肝脑涂地、身葬海鱼以亿兆计，而犹未已。横暴残酷，于古无闻。兹非孟子所谓率土地以食人肉欤！则尚武爱国，各奋其私，不本忠恕之效也。"④ 严复以为第一次世界大战是西方文明"尚武爱国，各奋其私"一面的后果。他借英人之语重申了自己这一观感。

> 西国文明，自今番欧战，扫地遂尽。英国看护妇迦维勒 Miss Cavell 当正命之顷，明告左右，谓："爱国道德为不足称，何则？以其发源于私，而不以天地之心为心故也。"此等醒世

---

① 《与熊纯如书（六十八）》，《严复集》第三册，第 683、684 页。
② 《与熊纯如书（五十二）》，《严复集》第三册，第 667 页。
③ 《与熊纯如书（五十二）》，《严复集》第三册，第 667 页。
④ 《太保陈公七十寿序》，《严复集》第二册，第 350、351 页。

名言，必重于后。政如罗兰夫人临刑时对自由神谓："几多罪恶假汝而行也。"往闻吾国腐儒议论谓："孔子之道必有大行人类之时。"心窃以为妄语，乃今听欧美通人议论，渐复同此，彼中研究中土文化之学者，亦日益加众，学会书楼不一而足，其宝贵中国美术者，蚁聚蜂屯，价值千百往时，即此可知天下潮流之所趋矣。①

从西人热衷研究中国文化的暗潮中，严复感觉到中国文化在未来世界可能显现新的价值："不佞垂老，亲见脂（支）那七年之民国与欧罗巴四年亘古未有之血战，觉彼族三百年之进化，只做到'利己杀人，寡廉鲜耻'八个字。回观孔孟之道，真量同天地，泽被寰区。此不独吾言为然，即泰西有思想人亦渐觉其为如此矣。"②中华文化终将有大放光彩之日。严复对中西文明的重新估价，常被人们解释为向中国传统文化的回归，其实不过是他谋求沟通中西文化的再一次努力。严复作为一个跨文化人，其倾注的思想主题始终是会通中西文化，前期着力译介工作是如此，后期对西方文明尚武、自私一面的揭露其实仍是未离其初衷。

从谴责战争的罪恶走向反省西方文明的缺陷，再到重新认识中国传统文化的价值，严复这些对西方文明的批评言辞，与战时在西方出现的"西方的没落"的声音相似。它说明东西方的思想家通过审视第一次世界大战的消极影响，对西方文明的弊病和局限有了新的认识。战后世界范围内出现非资本主义化的浪潮，与这一认识有着深刻的内在关联。

---

① 《与熊纯如书（七十三）》，《严复集》第三册，第690页。
② 《与熊纯如书（七十五）》，《严复集》第三册，第692页。

三 "穷苛极酷" "求其大欲" 的日本

第一次世界大战对日本来说，同样是一次机遇。西方列强因倾力欧战，无暇东顾，这就打破了西方列强在华原有的利益均衡格局。日本正是想利用西方列强在欧洲相互厮杀之机，图谋实现其侵吞中国、独霸东亚的野心。因此，在军事、外交上，日本对中国不断施加各种压力，以达其目的。

第一次世界大战初起，日本即乘德国陷身欧战，对德宣战，攻占德在山东的殖民地。如何处置此事，严复有他的独特看法，他并不主张轻言对日开战：

> 日围青岛，占及济南，譬彼舟流，不知所届，顾为中国计，除是于古学宋之韩侂胄，于今学清之徐桐，则舍"忍辱负痛"四字，无他政策。夫云山东祸烈，固也，然我不授以机，使之无所借词，则彼虽极端野蛮，终有所限，以俟欧洲战事告息，彼时各国协商，而后诉之公会，求最后之赔偿，无论如何，当较今之不忍愤愤者为胜耳。吾岂忣忣倪倪？但谋国之事，异于谋争，通计全盘，此时决裂，万无一幸。第一存于财力，其次存于兵械，其次海军，其次稍练任战之陆旅，但有一物可以言战者，严复必不忍为是言也。试问雌弱之辱，方之万劫不复为何如，国民果有程度，则死灰之然，当尚有日，如其不然，战而徒送国民于沟壑，诚何益乎？社会情状，寂寂沈沈，恐此时政要其如此，无识之民，发扬蹈厉，转害事也。[1]

---

[1] 《与熊纯如书（十八）》，《严复集》第三册，第617页。

1915 年 1 月 18 日，日本为谋求独霸中国，向袁世凯政府进一步提出"二十一条"，随后中日双方展开秘密谈判。[①] 身为袁世凯外交顾问的严复对当时中日秘密交涉之险恶情形十分清楚。1915 年 3 月 4 日，严复致信熊纯如说："日本于群雄战事未解之日，要求条件，穷苛极酷，果如所请，吾国之亡，盖无日矣！"[②] 以"穷苛极酷""吾国之亡，盖无日矣"表示对日本所提条件的厌恶，足显严复对日本侵略野心之警觉。

对于近代日本的崛起和它的侵华欲望，严复亦有深刻的分析，他认为日本在中日之争中"未必长享胜利"，中国欲"雪耻吐气"，非"痛除积习"不可：

> 倭乘群虎竞命之时，将于吾国求所大欲，若竟遂其画，吾国诚破碎。顾从其终效而观之，倭亦未必长享胜利，如此谋国，其眼光可谓短矣。倭虽岛国，卅年已来，师资西法，顾所步趋，专在独逸。甲午以还，一战克我，再役胜俄，民之自雄，不可复遏，国中虽有明智，然在少数，不敌众力；又国诚贫，见我席腴履丰，廓然无备，野心乃愈勃然，此我所以为最险也。雪耻吐气，固亦有日，然非痛除积习不能，盖雪耻必出于战，战必资器，器必资学，又必资财，吾人学术既不能发达，而于公中之财，人人皆有巧偷豪夺之私，如是而增国民担负，谁复甘之？[③]

4 月 21 日，严复致信熊纯如，辟谣英、法、俄三国认可日本对中国勒索之条件，称"实无其事"：

<hr>

① 有关中日谈判之最新研究，参见唐启华：《被"废除不平等条约"遮蔽的北洋修约史 (1912—1928)》，北京：社会科学文献出版社，2010 年 9 月版，第 154—173 页。

② 《与熊纯如书（二十）》，《严复集》第三册，第 619 页。

③ 《与熊纯如书（二十一）》，《严复集》第三册，第 620 页。

报纸谓日本要求条件，政府逐渐承认，此亦难以过信。至谓英、法、俄三国使臣，转劝吾政府承认要求者，则实无其事。此间洋文京津时报，半系英人机关，于中日交涉，大声疾呼，力劝政府不宜死守秘密，又痛箴日本不宜出此侵略之策……由此观之，欧人偏袒日本以侮吾人者，决其必无此事也……总之，日来外间谣诼甚多，或谓日劝袁专制，即真为帝；或又谓日将逐袁，恢复帝制，朝夕百变，不可捉摸，大抵皆难深信而已。①

5月6日，严复致信熊纯如，再次提及中日交涉、英日同盟和日本之野心，提醒国人不要授日本以开战之借口：

日本此次要求中有二说：一是欲趁此时机，使日得华，犹英得印；一是懔于白种之横，自命可为导师，欲提挈中国，用中国民命钱财，以与白横相抗。不知二说，实无一可。举国成狂，而后有此。假使今番之事，彼倘然一意径行……则恐欧洲列强，至竟无奈彼何，而美人籍口孟禄主义，亦必退缩。然则日本求所大欲，行且径得之欤？曰："必不能。"彼之所为，将徒毁中国，而无所利，而数年之后，行且与中国俱亡，徒为白人增长势力而已！（至于吾国今日政策，舍"忍辱退让"四字，亦无他路可由。妄交一锋，浪发一弹，政皆坠其计中者也。非不知日本之兵已有六万在吾国境。然使我处处退让，而不允许，则不知彼将如何开战交锋也。）②

一方面指出日本"求所大欲"必不可能，"行且与中国俱亡"，此说为后来二战的事实所验证；一方面指出日本强兵压境，中国除"忍

---

① 《与熊纯如书（二十二）》，《严复集》第三册，第621页。
② 《与熊纯如书（二十三）》，《严复集》第三册，第622、623页。

辱退让"，别无选择，轻言战争实坠日本之计。

袁世凯在与日交涉中讨价还价，以争取减小损失。5月25日，中、日双方签订《中日民四条约及换文》。对于袁世凯在中日交涉中的表现，严复大为失望，在6月19日给熊纯如的信中，从外交转向内政，称袁世凯不过为"一才督抚"：

> 中国之弱，其原因不止一端，而坐国人之暗，人才之乏为最重。中倭交涉，所谓权两祸而取其轻，无所谓当否，第五项一时似不至再行提议，但若政府长此终古，一二年后，正难言不与敌以间隙耳。大总统固为一时之杰，然极其能事，不过旧日帝制时，一才督抚耳！欲与列强相抗衡，则太乏科哲知识，太无世界眼光，又过欲以人从己，不欲以己从人，其用人行政，使人不满意处甚多，望其转移风俗，奠固邦基，呜呼！非其选尔。顾居今之日，平情而论，于新旧两派之中，求当元首之任，而胜项城者，谁乎？此固事之所以重可叹也。①

信中所提"第五项"（第五号）大概是指最为苛刻的、被袁世凯视为亡国条件的条款，如中国中央政府须聘用日本人充任政治、财政、军事等顾问，中日合办警察，在福建省内筹办铁路、矿山如需外国资本之时，先与日本协议等内容。这一条款经中国代表交涉，日本后来撤回。严复在此信中对袁世凯的不满溢于言表。严复后来虽被杨度等人强邀拉进"筹安会"，但在袁世凯复辟帝制时，始终消极无为，实际表现了他对袁世凯称帝不合作的态度，这大概与其不看好袁世凯称帝的前途有关。

---

① 《与熊纯如书（二十四）》，《严复集》第三册，第623、624页。

四　战后国际形势的另一种解读

1918 年 11 月 11 日，德国正式宣布投降，第一次世界大战终告结束。十天以后，严复携三子严琥、侄伯勋一行离开天津南下，从此严复告别了政治中心，这也象征着他的政治生涯的结束。到达上海时，严复看到西人庆祝胜利的狂欢场面。第二天他致信诸儿："又昨晚抵沪，则遇西人庆贺得胜，举国若狂。大马路全不许横穿而过，跑马厅起个木塔，用纸帛糊成威廉帝全家，聚而焚之。数万人群集呼噪，摩托车千余辆，各装奇服鬼脸，饮酒歌呼，由黄埔滩直往静安寺以西。"[①] 第一次世界大战终以严复当初预测的结局落下帷幕，作为一战"观察员"角色的严复，到此完成了他的历史使命。1918 年 12 月 9 日，严复回到老家阳崎养病，在这里度过了余生的最后三年。

第一次世界大战结束以后，国际上，围绕处理战争遗留问题，先后召开巴黎和会、华盛顿会议，中国与西方列强、日本之间就如何处理德国在中国山东的殖民地问题展开谈判，这是一场新的较量。在国内，以五四运动为起点，掀起一股新的强劲的爱国浪潮。面对纷扰不安、激烈动荡的国内外局势，回到家乡的严复，虽病魔缠身，仍扶病关注时局。

面对波及全国的五四爱国运动，严复冷眼旁观，以为学生运动于救国无济：

> 世事纷纭已极。和会散后，又益以青岛问题，集矢曹、章，纵火伤人，继以罢学，率率罢市，政府俯殉群情，已将三金刚罢职，似可作一停顿矣。迄乃沪市有东人行毒之谣，三人市虎，往

---

① 《与诸儿书（一）》，《严复集》第三册，第 822 页。

往聚殴致命，点心食物小本营生无过问者，而小民滋苦已。苏、浙、鲁、鄂相继响应之后，最晚继之以闽。他所学商联合，而闽则学商界分。……咄咄学生，救国良苦，顾中国之可救与否不可知，而他日决非此种学生所能济事者，则可决也。[①]

他的四子严璿在唐山工业学校参加学生运动，严复致信予以斥责。[②] 严复自认为："学生须劝其心勿向外为主，从古学生干预国政，自东汉太学，南宋陈东，皆无良好效果，况今日耶？"[③] 他对学生运动不以为然。由此，严复甚至推责蔡元培，对之不无微词，称蔡"偏喜新理，而不识其时之未至，则人虽良士，亦与汪精卫、李石曾、王儒堂、章枚叔诸公同归于神经病一流而已，于世事不但无济，且有害也"。[④] 严复对五四运动的这一态度，反映了当时政治上进步与保守两派之间的深度分化。严复虽已离开政治（权力）中心，但他心系北洋政府的立场并未改变。

对于上海的"三罢"，严复别有所解，以为背后必得欧美的"默许"，为欧美制衡日本之举："者（这）番上海罢市，非得欧美人默许，自无其事。而所以默许之者，亦因欧战以还，日本势力在远东过于膨胀，抵制日货，将以收回旧有商场，而暗中怂恿，以学生、康摆渡等为傀儡耳。"严复真正忧虑的是日本军国主义势力的再次抬头："日本维新以还，所步趋者德国，欧战开场，群以德人为必胜，故外与协商联盟，而内与德人密约。去年德败，石破天惊，而近日其密约又为英、美人所发暴，故其处势最难。而自大正继统之后，国中革命之说暗长潜滋，统用武力弹压，又数年中因以军械售与俄、华两国，骤富者多，

---

① 《与熊纯如书（七十九）》，《严复集》第三册，第 694、695 页。
② 参见孙应祥：《严复年谱》，第 514 页。
③ 《与熊纯如书（八十）》，《严复集》第三册，第 696 页。
④ 《与熊纯如书（八十一）》，《严复集》第三册，第 696、697 页。

而民嚚日起，老成凋谢，公德日隳。弟书中所言，殆昔之日本，非今之日本耳。"①严复的这一看法，后为日本进一步恶化的现实所证明。

战后在俄罗斯出现新兴的苏维埃，东欧社会主义运动风起云涌，中国的社会主义思潮亦随之兴起。严复以明末李自成、张献忠之流比喻新兴的东欧和苏俄社会主义运动，这对国内当时匆匆作出的热烈反应自然是泼了一盆冷水："欧东过激党，其宗旨行事，实与百年前革命一派绝然不同，其党极恶平等、自由之说，以为明日黄花过时之物。所绝对把持者，破坏资产之家，与为均贫而已。残虐暴厉，其在鄂得萨所为，报中所言，令人不忍卒读，方之德卒入比，所为又有过矣。足下试思，如此豺狼，岂有终容于光天化日之下者耶？此如中国明季政窳，而有闯、献，斯俄之专制末流，而结此果，真两间劫运之所假手，其不能成事，殆可断言。"②由此可见，严复内心深处对"自由、平等之说"仍存一份温情。反省欧战时，他曾谴责这一学说所造成的流弊；面对革命的无情，他又重温"自由、平等"之不可失缺。这种思想矛盾正是一个保守的自由主义者所处的窘况。

严复的上述言论，与当时进步思想界的主张确不合拍。战后世界形势出现了非资本主义化的新趋向，一方面是社会主义思潮汹涌澎湃，由西向东，席卷而来，中国被其影响，初步的共产主义者宗奉它自不待说，国民党、研究系也竞相研究、评介、宣传社会主义，谈论社会主义在五四运动前后一时蔚然成风。另一方面，伴随对西方资本主义文明的反省，国内兴起一股新的文化保守主义思潮。继梁启超发表《欧游心影录》、梁漱溟出版《东西文化及其哲学》后，《学衡》杂志创刊，该刊连篇累牍地刊登严复与熊纯如的书札，严复晚年思想遂成为滋补文化保守主义的重要思想资源。须加说明的

---

① 《与熊纯如书（七十九）》，《严复集》第三册，第695页。
② 《与熊纯如书（九十）》，《严复集》第三册，第704页。

是，严复重估中西文化的言论，早于梁启超、梁漱溟发出，他可谓开战后中国文化保守主义思想之先河。但不管是严复也好，二梁也罢，他们的声音在当时强大的革命浪潮中的确是微弱的，不过是一种边缘化的选择。也许在人们理解他们的合理性和内在逻辑后，他们的思想价值可能得到某种程度的确认，被认可为一种富有价值的文化选择或文化互补。

五　结语

研究严复，人们着力阐述他作为启蒙思想家的历史地位，通常重视他在晚清这一段的思想影响。对民国初年的严复，则将目光投射到他在国内政治生活中与国民党人相对立的那一面，故后期严复的形象易让人产生保守、负面之感。但从严复对第一次世界大战的评述来看，他对协约国的信心，他力主对德宣战，他对战争形势的准确把握，仍有其超乎寻常的过人之见，这些对战后提升中国的国际地位多少有所助益。严复的思想眼光主要来自他的西学素养和对西方的真实了解。与同时代的人物相比，严复堪称是当时中国真正了解世界情势的思想家。

第一次世界大战是人类历史上一次空前的劫难，主战场在欧洲，故与中国关系较少。相反，趁欧美列强卷入战争、无力东顾之时，中国民族资本主义获得新的发展机会。人们在观顾到战争客观上给中国造成的机会之外，似乎很少注意到思想家们的主观努力和外交家们的正确抉择。事实上，如果中国没有及时地对德宣战，向欧洲派出大批华工，加入战争的行列，战后中国就谈不上享受"战胜国"的资格，这场战争对中国可能就没有多少意义，战后国内出现新的形势也不可能。从这个意义上说，严复对第一次世界大战的观察和决断，自有其相当正面的价值，它实在是寻求提升中国新的国际地位的一次努力。

2013 年 10 月 3 日初稿，10 月 24 日修订于海淀水清木华园

本文为作者 2013 年 10 月 12 日—13 日参加北京大学主办的"严复：中国与世界"国际学术研讨会提交的论文，载《中国高校社会科学》2014 年第 1 期。

以译代著、唤醒中华
——严复逝世百年纪念感言

严复研究成果已足称汗牛充栋，这并不意味着对严复的研究可以止步。如果细览一遍严复研究论著目录就可发现，严复的本职是海军，探讨严复海军生涯和海洋观的论文虽有一些，以之为主题较有分量的研究专著却付诸阙如；严复饱读西书，堪称近世西学第一人，但有关严复阅读史或《严复藏书书目》之类的书籍尚未得见。严复是1921年10月27日在福州老家去世的，陈宝琛题写的《清故资政大夫海军协都统严君墓志铭》，与严复的身份和当时的国号极不相称，这也是令人纳闷的问题。举此诸例，微观严复研究仍有长进的空间。严复是中国近代史上的经典人物，常读常新，温故而知新。借纪念严复逝世一百周年这个机会，谈三点我新近研读严复的心得，与大家分享。

一　中国近代思想的基本路径、特征

在中国近代思想史上，严复为什么重要？回答这个问题，要从中国近代思想的基本路径、特征说起。郭湛波先生撰著《近代中国思想史》时曾谓："西方的文化，虽相继输入，但新的思想，终无由发生、形成。所以我们讲中国近代史，应自鸦片战争始，讲中国近代思想应自甲午中日之战始。"①1895年是中国近代思想史的真正起点，站在这个起点上的有康有为、严复为代表的一批维新志士。而我认为严复

---

① 参见郭湛波：《近代中国思想史》，香港：龙门书店，1973年版，第6页。

是真正称得上具有近代意义的第一位启蒙思想家。所以我在北大开设通识课，讲中国近代思想史，也是从严复讲起。

将中国近代思想置于大历史的视野去考察，中国近代思想的产生与发展主要是依循两条路子：一条是"推陈出新"，即在中国传统经学（儒学）内部，发现与时代相结合的思想生长点，从中国传统学术的内在理路出发，提出具有时代意义的新思想、新理论、新学说，以龚自珍、魏源、康有为为代表的今文学派和自称"返本开新"的现代新儒家走的就是这条路子。一条是"援西入中"，即通过传播、译介外来思想理论，为中国近代思想的发展输入新的血液，在此基础上提出自己的维新、变革理论和建构新的思想系统，严复可谓这条路子的第一个典型代表,他翻译的《天演论》即是这条路子的第一个经典案例。

当然，这两条路子并不是判然有别，这两类思想家也不是绝然分流，而是互为表里，相互渗透。康有为吸收了西方的进化论、社会主义等外来思想；新儒家思想更是容纳了诸多西方的元素，1994 年 11 月我在台北与海外新儒家代表牟宗三先生的最后访谈中，牟先生特别向我强调自己独力译述了康德的三部批判（即《纯粹理性批判》《实践理性批判》《判断力批判》），表明他不仅治中国哲学史，而且在西方古典哲学上也下了很大气力。另一方面，严复翻译的西方八部名著，则以中国典雅的先秦古文这种古典形式来包装，他的成名作《天演论》恭请桐城派代表吴汝纶为之作序，吴氏称他的《天演论》与周秦诸子的文章不相上下，严复的身价在学界因此大增。这两类思想家并不画地为牢，往往都以追求中西交融为其思想的极致。

我个人更倾向于严复所开创的"援西入中"这条路子。所以我过去选择研究的近代历史人物，如胡适、丁文江、傅斯年，都是这一派人，这实际表明我对他们的重视和兴趣。当然，我也不排斥康有为、陈焕章以及现代新儒家所代表的"推陈出新"这一派人物，我认可他们的思想合理性，也欣赏梁漱溟、辜鸿铭这些"怪杰"爱好偏执、特立独行的思想个性。

在我看来，从文化价值的角度看，有选择比没有选择要好，因为有选择意味着有目标定向，它比无目标的盲目自然要好；两种选择比单一选择又要好，因为它提供了一种最基本的比较视野，给予人们选择的可能；多种选择又比两种选择更具现代意味，它使人们可以跳出非此即彼的二元对立思维模式，提供多样化的想象空间。现代性本质上毕竟是多元性、多样化的合理统一。

我之所以作这样的选择，不仅是出于个人的思想偏好，更重要的是基于对历史的理解。近代中国与古代中国的根本区别在于二者对外关系不同，或者说中国与世界的关系发生了根本变化。古代中国相对封闭，自成一统，它是相对独立的。古代世界各个文明古国都具有一定的地域性特征。因此，中外关系在古代中国相对比较单纯，它与本国的政治、经济、文化的发展不能说没有关系，但关联度不大，古代中国除了受到印度传来的佛教影响较大外，其他外来因素对中国的影响都颇为有限。所以研究古代中国政治、经济、军事，对外来因素并不太在意，或很少联系。古代中国基本上抱持"华夷之辨"的指导思想处理与周边国家或其他民族的关系，华夏中心主义是传统文化的核心价值或核心内容，这种思想准则的提出和坚持是基于中原华夏文化的优越地位，是建立在以汉族文化（或华夏文化）为主体的先进性基础之上，它具有深厚的政治、经济、文化基础和历史渊源。在中国未与近代欧洲交通以前，华夷之辨思维模式的合理性基本上没有动摇，也没有被国人质疑。

近代中国与世界的关系发生了根本变化。李鸿章是最早意识到这种情形的清朝大员，他哀叹中华民族遭遇到了"三千年未有之大变局"。他说："臣窃惟欧洲诸国，百十年来，由印度而南洋，由南洋而东北，闯入边界腹地，凡前史之所未载，亘古之所未通，无不款关而求互市。我皇上如天之度，概与立约通商以牢笼之，合地球东西南朔九万里之遥，胥聚于中国，此三千余年一大变局也。"[1] 他还说："历代备边多在西北，其强弱之势，客主之形皆适相埒，且犹有中外界限。今则东南海疆万余里，各国通商传教往来自如，麇集京师及各省腹地，阳托和好之名，阴怀吞噬之计，一国生事，诸国构煽，实为数千年来未有之变局。轮船电报之速，瞬息千里；军器机事之精，工力百倍；炮弹所到无坚不摧，水陆关隘不足限制，又为数千年来未有之强敌。外患之乘，变幻如此，而我犹欲以成法制之，譬如医者疗疾不问何症，概投之以古方，诚未见其效也。"[2]

自古以来，周围列国都是为朝贡而来，天朝的威严不曾撼动，如今远道而来的欧洲列强破关而入，要求通商互市，清朝对之毫无抵挡之法，束手无策，只能拱手签约"安抚"之，真是旷古未闻。近代中国这种"世变"的基本特征即中华民族遭遇了文明程度高于自己的强敌。西方列强不仅在军事技术、工商经济方面较中国发达，而且在政治制度设计、精神文明层面也优于中国。从第一次鸦片战争到第二次鸦片战争，从中法战争到中日甲午战争，一次一次战争的挫败伤害了国人的自大自傲自尊，促使他们开始反省。从魏源提出"师夷长技以制夷"，到曾国藩、左宗棠、李鸿章发动洋务运动，再到康有为、梁启超、严复、谭嗣同推动维新运动，可以看出国人对西洋文明优越性的认识一步一步向前发展。中国是近代世界资本主义体系中相对薄弱的一环，中国是被强制性地拉入世界资本主义体系的，近代中国发生的一系列变化与外部条件或外力冲刺有着密切的关系，这样看并不是"外因论"，而是近代中国这一特定历史阶段的现实情形。从传统的

① 李鸿章：《筹议制造轮船未可裁撤折》清同治十一年五月十五日（1872年5月20日），载顾廷龙、戴逸主编《李鸿章全集》第5册《奏议》五，合肥：安徽教育出版社，2008年版，第107页。

② 李鸿章：《筹议海防折》清同治十三年十一月初二日（1874年12月10日），载顾廷龙、戴逸主编《李鸿章全集》第6册《奏议》六，第159、160页。

"华夷之辨"到承认近世西洋文明的优越性，从认同家国同构的天下体系到遵循"万国公法"的国际秩序，中国与世界的关系发生了根本性的变化。这种变化的直接后果就是中外关系在国家生活和历史进程中的分量明显加重，中外关系与近代中国政治、经济、文化、军事各个领域的发展演变密不可分。近代中国各个方面的发展离不开与世界的关系，中外关系所占比重甚重，甚至可以说，中外关系是制衡中国发展的一个关键因素。不独中国如此，进入近代以后的其他国家都是如此，发达资本主义国家更是如此，它们对世界的依存度相对更高，这是由近代以后出现的全球化趋势决定的。这种全球化的基本面相就是你中有我，我中有你，相互影响，互相制约。不过，全球化还带有某种不平衡性，强者渗透，弱者承受，国族相争，弱肉强食，这种帝国主义强盗逻辑又同时借东西交通大行其道。

近代中国文化发展的基本趋向是从传统向新文化转型。这里的新文化之所谓"新"，主要表现在吸收西方文化和传统文化的自我更新。其中吸收西方文化更为重要，更具拓展性意义。这是因为在西方文化处于强势文化的大背景之下，传统文化的"推陈出新"很大程度上也有赖于与西方文化碰撞、交流与融合。外来文化构成中国文化的"新"元素，它具有激活中国文化的作用，这是近代文化的一种特殊现象。

返观严复一生所作的最重要工作，他译介近代西方八部名著，以译代著，声震华夏，笔醒山河，向国人推出一个崭新的文化世界，为中国学术从传统的经史子集四部之学向近代的文理工法商农医七科之学科体系转换，为中华民族跳出自古秉持的历史循环论向变易革新的进化论思维方式转化奠定了学理基础。严复实为中国学术思想从传统向近代转型的枢纽性人物。

二 通晓"世变"的维新思想

严复的维新思想"新"在哪里？严复思想的先驱性首先表现在他正确把握了时代的"世变"。他从甲午战争的炮火中认识到洋务运动的局限性和改革的必要性，1895年2月—5月，他在德人汉纳根(Constantin von Hannekan)刚刚创办的《直报》上发表了政论《论世变之亟》《辟韩》《原强》《救亡决论》，率先发出了救亡图存、维新变革的强烈呼声。

严复非常重视"世变"这一概念，他的第一篇政论即为《论世变之亟》。该文指出改革的急迫性，指出中国社会的深层问题是在文化学术。其开首即曰："呜呼！观今日之世变，盖自秦以来未有若斯之亟也。夫世之变也，莫知其所由然，强而名之曰运会。运会既成，虽圣人无所为力，盖圣人亦运会中之一物。"这里所谓"世变""运会"犹谓今"时代潮流"之意也。在这篇文章中，严复对中国自古以来的历史观、圣人观给予了批判，对西方的富强之道给予了赞赏。"今之称西人者，曰彼善会计而已，又曰彼擅机巧而已。不知吾今兹所见所闻，如汽机兵械之伦，皆其形下之粗迹，即所谓天算格致之最精，亦其能事之见端，而非命脉之所在。其命脉云何？苟扼要而谈，不外于学术则黜伪而崇真，于刑政则屈私以为公而已。斯二者，与中国理道初无异也。顾彼行之而常通，吾行之而常病者，则自由不自由异耳。"① 这就指出了中西差距之所在，实际上也点出了中国变革应朝科学、法治、自由的方向发展。

《原强》提出"鼓民力，开民智，新民德"的救国思想。严复在比较古今之"外夷"的区别时引用苏轼的话说，在古代"中国以法胜，

---

① 《论世变之亟》，《严复集》第一册，第1页。

而匈奴以无法胜"。也就是说，中原华夏民族是以深植文明、持守法度优胜于周围蛮夷；而北方匈奴则以野蛮凶残、无法无天横行疆域；然进入中原后，蛮夷则不免汉化。"故其既入中国也，虽名为之君，然数传而后，其子若孙，虽有祖宗之遗令切诫，往往不能不厌劳苦而事逸乐，弃惇德而染浇风，遁天倍情，忘其所受，其不渐靡而与汉物化者盖已寡矣。"①但是，近代之西洋则"不可同日而语"，为什么呢？"彼西洋者，无法与法并用而皆有以胜我者也。自其自由平等以观之，则其捐忌讳，去烦苛，决壅蔽，人人得以行其意，申其言，上下之势不相悬，君不甚尊，民不甚贱，而联若一体者，是无法之胜也。"②"彼以自由为体，以民主为用"，③这是其所以可畏之处。严复对西方列强有法与无法、文明与野蛮两面性的揭示，给时人以深刻的启示。严复的这一思考在后来辛亥革命志士、五四新文化人那里得到了回响，关于中西文明比较、文明与野蛮关系的思索也在不断深化。

《辟韩》开首即直抒胸臆："往者吾读韩子《原道》之篇，未尝不恨其于道于治浅也。"批评了韩愈在《原道》篇中对君、臣、民关系的论述，对君主专制的治国之道给予了猛烈抨击，声明孟子所谓"民为贵，社稷次之，君为轻"乃"古今之通义也"。严复对西方与中国的君、臣、民关系作了对比，"是故西洋之言治者曰：'国者，斯民之公产也，王侯将相者，通国之公仆隶也。'而中国之尊王者曰：'天子富有四海，臣妾亿兆。'臣妾者，其文之故训犹奴虏也。夫如是则西洋之民，其尊且贵也，过于王侯将相，而我中国之民，其卑且贱，皆奴产子也。"④中西这两种关系的优劣相较之下明显可见，由此伸

---

① 《原强修订稿》，《严复集》第一册，第 22 页。
② 《原强修订稿》，《严复集》第一册，第 22 页。
③ 《原强修订稿》，《严复集》第一册，第 22 页。
④ 《辟韩》，《严复集》第一册，第 36 页。

张了民主思想。

《救亡决论》凭借个人的痛苦经验，直陈"八股取士"的三大弊害——"锢智慧""坏心术""滋游手"，指出"夫数八股之三害，有一于此，则其国鲜不弱而亡，况夫兼之者耶"！[①] 这就提出了废除八股取士的科举制度的理据，不啻动摇了传统的教育秩序根基。

上述这四文组合在一起，实际上构建了一套系统的维新改革思想纲领。如果将严复表述的维新思想与康有为等在"公车上书"中提出的维新主张作一比较，就不难看出二者之间的差异或差距。康有为"公车上书"的主张有四："一、下诏鼓天下之气；二、迁都定天下之本；三、练兵强天下之势；四、变法成天下之治。"即"拒和、迁都、练兵、变法"这四项主张，这实际上只是应对危难时局的方略或对策。从康有为的思想表述中，人们看不到严复那样的中西比较视野，看不到对韩愈《原道》中君、臣、民关系论述那样具有颠覆性意义的批评，看不到对八股取士流弊的抨击，康有为等人对现有的政治、文化制度多少还保持一份温存的敬意，他们的"改制""变法""维新"是一种有限度的改革（The limits of change）。

严复是维新派中最先告别"中体西用"洋务模式的思想家。他在《与〈外交报〉主人书》中说："有牛之体，则有负重之用；有马之体，则有致远之用。未闻以牛为体，以马为用者也。中西学之为异也，如其种人之面目然，不可强谓似也。故中学有中学之体用，西学有西学之体用，分之则并立，合之则两亡。议者必欲合之而以为一物。且一体而一用之，斯其文义违舛，固已名之不可言矣，乌望言之而可行乎？"[②] 这段话成为人们诟病、讽刺洋务派的经典名言。

严复维新思想的先锋性主要表现在他对"世变"的深刻洞察，对

---

① 《救亡决论》，《严复集》第一册，第42页。
② 《与〈外交报〉主人书》，《严复集》第三册，第558、559页。

君主专制的犀利批判，对民众启蒙的极度重视，对传统科举制度弊端的猛烈抨击，对洋务派"中体西用"模式的决裂态度，这种先锋性也决定了他的孤独性。在戊戌维新中，康有为、梁启超这些本土派开明士绅占据主导地位，像严复这样身兼理科、西学、英法经验多重外来元素的"海归"可谓凤毛麟角，绝无仅有。严复的维新思想可以说是与他的素养相匹配的。严复思想所表现的锐利、精准、创新的精神气概，在同侪中罕见其匹，康有为惊叹"眼中未见此等人"实为此谓。

三 作为"隐喻"的《天演论》

为什么说《天演论》是中国近代思想史上一部具有划时代意义的著作？这要从《天演论》揭示的思想主题及其影响效应说起。我个人认为，严复的《天演论》与鲁迅的《狂人日记》同类，它们都是具有划时代意义的作品，都内含"隐喻"性的强烈暗示，都产生了震撼性的思想影响。事实上，青年鲁迅也是从严复译著《天演论》那里获取思想的灵感，开启了新思想之窗。

严复翻译的《天演论》是选译 1894 年版的第一、二部分，中文书名译为《天演论》，仅取原作的前半部分。过去有两种截然不同的意见：史华兹、李泽厚以为严复不同意赫胥黎原作把自然规律（进化论）与人类关系（伦理学）分割、对立起来的观点，意在表现其崇斯宾塞绌赫氏的倾向。[①] 汪荣祖则别有见解，以为此举"正见严氏刻意师古，精译'天演论'，略去'人伦'"。[②] 在我看来，这两种意见，都忽略了中文"天"与"演"两字的区别，实际上 evolution 只对应"演"，在演化前面加上"天"的前缀，严复可谓煞费苦心，别有一番深意，

---

① 参见李泽厚：《论严复》，《中国近代思想史论》，第 261 页。[美] 本杰明·史华兹：《寻求富强：严复与西方》，第 93 页。

② 参见汪荣祖：《严复的翻译》，《从传统中求变》，第 148 页。

值得我们细究。

《天演论》的译名实在是一个隐喻。"天"字在中文中有多重含义：或指气候，如人们说"天变了"，指天气由热变冷，由晴变雨；或引申为政治气候，指政治风向变了，甚至是改朝换代；或含宗教意味，如说"天啦"，与上帝同意；或为天然，与自然同义。"天"字包含丰富的意蕴，易使人浮想联翩。"演"字意为演变、演义，与进化同义。严复在这里使用"天演"，在"演"字前增一"天"字应另有含义，有时意指天然（自然）演化，这时可勉强对应 evolution；有时意指时代演变，"天演论"则可以理解为"天变论"的委婉表达，它针对的是"天不变，道亦不变"的传统论调，暗示人们天变了，也就是时代变了，因此治理国家的"道"也须改变。严复的这重寓意，实际上在《论世变之亟》《原强》《辟韩》《救亡决论》诸文中已经直率道明，只不过《直报》是外人所办报刊，严复没有避讳的顾忌。而在当时中文的语境里，或在清朝官方体制内，如果直接发出"天变了！"的呼喊，势必犯忌。因此严复假借翻译，表达自己要求变革的心声。所以《天演论》表面上看去是探讨自然规律的演变或过去人们常说的进化规律的变化，实为论"时代演变"或"时代潮流"的隐喻。

我想借用列奥·施特劳斯的一个观点来说明我的这一观察。列奥·施特劳斯在《迫害与写作艺术》中认为，在某种特定条件下，间接写作会成为传达意义的一种重要途径。隐秘写作通常可能出现在那些需要隐秘写作的环境中。在一个对思想异端严密控制甚至高度迫害的社会，表达具有突破性的意见，必须非常迂回，不能让审查者轻易看出来，或让统治当局觉察你的意图。① 因此，严复假借翻译，利用

① 参见 [德] 列奥·施特劳斯《迫害与写作艺术》一书对写作与政治律法之间关系的讨论。列奥·施特劳斯：《迫害与写作艺术》，刘锋译，北京：华夏出版社，2020 年版。

外人之笔表达自己对时事、对现实、对变革的批判性意见，这样既可以表达自己的思想，又可以保护自我，不至因为表达一种非常尖锐的意见而受到迫害。这是严复为什么取名《天演论》的缘故，也是我对《天演论》译名的新解。

我这一说法并非随意臆想，而是有其文本的理据。《天演论》的首篇是《导言一 察变》，它首先批驳了"天不变"之旧说："故事有决无可疑者，则天道变化，不主故常而已。特自皇古迄今，为变盖渐，浅人不察，遂有天地不变之言。实则今兹所见，乃自不可穷诘之变动而来。"天道是变化不居的，大地万事万物也是如此。"且地学之家，历验各种僵石，知动植庶品，率皆递有变迁……故知不变一言，决非天运。而悠久成物之理，转在变动不居之中。"① 天地万物变化无常，而在这些变化之中，却有不变的"天演"。"天演"谓何？严复的解释是，"虽然，天运变矣，而有不变者行乎其中。不变惟何？是名天演。以天演为体，而其用有二：曰物竞，曰天择。此万物莫不然，而于有生之类为尤著。物竞者，物争自存也，以一物以与物物争，或存或亡，而其效则归于天择。天择者，物争焉而独存"。② 这里的"天演"可作自然规律解。也就是说，天地万物处在变化之中，但支配这些变化的自然规律则不变，所谓"天择"就是合乎自然规律。严复在《天演论》中没有阐明什么是自然规律或社会规律，但后来他所译《社会通诠》给出了答案，这就是人类社会进化是按照图腾社会、宗法社会、军国社会（或政治社会）三阶段向前发展的。中国社会尚处在宗法社会，西方已步入军国社会。20世纪初在留学生中兴起的军国民教育运动，与严复的这一启导直接相关。

———————————

① 《天演论·卷上·导言一 察变》，《严复集》第五册，第1324页。
② 《天演论·卷上·导言一 察变》，《严复集》第五册，第1324页。

在《天演论》的《导言二　广义》篇中，严复对"世变"作了进一步的解释："自递嬗之变迁，而得当境之适遇，其来无始，其去无终，曼衍连延，层见迭代，此之谓世变，此之谓运会。运者以明其迁流，会者以指所遭值，此其理古人已发之矣。"①这里的"运会""世变"同义，都是意指时代潮流、时代变迁，引导人们要顺应时代潮流。严复认为古老的佛教、伊斯兰教、犹太教所谓神明创造说皆不可靠，"故用天演之说，则竺乾、天方、犹太诸教宗所谓神明创造之说皆不行"。天地万物都是依循自然规律自行演进，"是故天演之事，不独见于动植二品中也。实则一切民物之事，与大宇之内日局诸体，远至于不可计数之恒星，本之未始有始以前，极之莫终有终以往，乃无一焉非天之所演也"。②

严复针对国人尊崇圣人的传统，在《论二　忧患》篇中对圣人与世运、天演之关系作了自己的新解："夫转移世运，非圣人之所能为也。圣人亦世运中之一物也，世运至而后圣人生。世运铸圣人，非圣人铸世运也。使圣人而能为世运，则无所谓天演者矣。"③这就明确指出圣人不过是适应"世运"之一分子，进而将认识时代潮流（"世运"）与把握自然进化规律（"天演"）结合在一起。严复这种时势造圣人的历史观，恰与康有为圣人造时势的历史观形成强烈对比。

从《天演论》对"天演""运会""世变"的解释，可以看出严复翻译此著，是处处提示人们要看清"时代的变迁"，要尊重"世变"的自然规律。这是他题名《天演论》的微意，也是全书的隐喻。《天演论》作为一部具有划时代意义的思想文献，第一次从理论上论证了顺应时代演变与世界潮流的合理性，警示国人面临的"物竞天择，适

---

① 《天演论·卷上·导言二　广义》，《严复集》第五册，第 1326 页。
② 《天演论·卷上·导言二　广义》，《严复集》第五册，第 1326、1327 页。
③ 《天演论·卷下·论二　忧患》，《严复集》第五册，第 1362 页。

者生存，自然淘汰"的严重生存环境，从而在 19 世纪末向国人真正敲响了新世纪、新时代来临的警钟。

本文为作者 2021 年 10 月 27 日在北京大学海洋研究院主办"纪念严复先生逝世百周年学术报告会"发表的演讲整理稿，内容小有修改、扩充。原载《福建论坛》2021 年第 12 期。

严复的文明互鉴之道及其现代意义

放宽历史的大视野，近代中国将明末清初以来中西文化交流推进到一个新的重要阶段，严复无疑是这个阶段最具代表性的关键人物。我们之所以取题"严复的文明互鉴之道"，此处的"道"包含道路（路径）、道理（逻辑）两义，着力阐发他的独特视角和他的取径逻辑，意在表现他深邃的思想和前瞻的眼光。文明互鉴是近代文化交流的核心内容，严复因其身居中西文化交流的要冲，关于文明互鉴留下了大量思想文献，重新品读严复有关文明互鉴的论述，再细细推敲梁启超、蔡元培、胡适、毛泽东等人的不同政见、不同党派的代表人物对严复在中西文化交流史上地位的定评，在今天这个中西冲突、充满变数的大时代，我们将能获取某些新的历史启示。

一　求治西学"莫若先通其语言文字"

语言文字是文明的基本元素，也是文化交流的媒介。引进西方先进文化，自然应从学习西方语言入手。在近代中西文化交流中，严复以他长期浸泡西学的切身体会和经验，意识到学习西语的特殊重要性，他强调在学习西方先进文明的进程中，首先要从学习西语入手，要通过阅读原文获取原汁原味的西方文化，这是一种不同于传统"道出于一"的复调的文明观。

严复多次谈及学习西语的特殊重要性，他以英国、法国鼓励其外交、军事人员多学外语为例说明此乃近世各国通例："夫国学而习外国之文字者，不徒中国有此事也，故今日东西诸国之君若臣，无独知其国语者。有之，独中国耳。且所习者不止一国也，兼五六国者常有之，果使必牵于所习而崇拜之，则西国之卿大夫，将人人皆犯交通之刑宪，此其事然耶？否耶？且交通之为贼，固莫甚于使与将。而彼职外交者，于外国之语言，固最习也；所不习者，且不中选焉。英之陆军，且增其资俸以劝将弁之通俄语者矣；法之陆军，其将校且必娴德语；至于各国海陆军中，莫不重其通知外国语者，何我之所忌与彼之所求，竟如是其相反也耶！"①他批评国内君臣只知国语，对忌用通事、翻译这类特殊人才的做法表示不满。

在通商口岸，充任译事者常常是买办。因此有人认为"习西语者多为西人效〔劳〕奔走"，严复不否认有这种情形，但以为"为此者其能事皆至浅薄，至于精通，吾见亦罕。且吾人于此，上不责之用人行政之家，下徒责之急谋生计之学子，此其为论，无乃苛欤"，说明这些人大都是为了生计而奔走。"夫草野之人，恒产无资，故必以治生为最切，此人之至情也。且使其人治业十余年，或具私财，或资官帑，幸而成业，于其身有一节之用，而为上者于其才之短长，既莫之鉴别，于其身之饥饱，又漠然无概于其心，则相率而听外人之招，又奚足怪乎？"②在他看来，这些人被外人所招，清廷不用其长难辞其咎。当然，严复也并不因此而排斥学中国语，只是以为通晓西语是吸收西学的便捷途径。"虽然，吾之为此言也，非谓教育之目，必取西文而加诸国文之上也，亦非谓西学之事，终不可以中文治也；特谓欲以中文治西学读西史者，此去今三十年以后之事。居今日而言教育，使西学不足治，西史不足读，则亦已矣。使西学而不可不治，西史而不可不读，则术之最简而径者，固莫若先通其语言文字，而为之始基。假道于移译，借助于东文，其为辛苦难至正同，而所得乃至不足道。"③

---

① 《〈英文汉诂〉卮言》，《严复集》第一册，第 154、155 页。
② 《〈英文汉诂〉卮言》，《严复集》第一册，第 155 页。
③ 《〈英文汉诂〉卮言》，《严复集》第一册，第 156 页。

他不提倡假道翻译、借助"东文"（日文）了解西方文化，而主张直取阅读原文，以为此乃正途。

严复之所以强调要学习西语，主要是考虑到当时世界上的先进科学技术、文学艺术都是以西语书写；要了解世界形势，不得不直接阅读西文报刊。因此，他主张在教育设计上，童年时代可以先习读书写字、图画，"再进则物理、算学、历史、舆地，以次分时，皆可课授。稍长则可读经书""至于国文之课，则必读古文、古诗，选其佳者，必令背诵"。十五岁以后，"则必宜使习西文，英、法、德、意择一皆可。其所以必习西文者，因一切科学美术，与夫专门之业，彼族皆已极精，不通其文，吾学断难臻极，一也；中国号无进步，即以其文字与外国大殊，无由互换智识之故。惟通其文字，而后五洲文物事势，可使如在目前，资吾对勘，二也；通西文者，固不必皆人才，而中国后此人才，断无不通西文之理，此言殆不可易，三也；更有异者，中文必求进步，与欲读中国古书，知其微言大义者，往往待西文通达之后而后能之，此亦赫胥黎之言也，四也；且西文既通，无异入新世界，前此教育虽有缺憾，皆可得此为之补苴"。在严复看来，在 20 世纪只有中西兼备，才能"谓之成学"，才能成大学问，才有为社会所用之价值。"大抵二十世纪之中国人，不如是者，不得谓之成学。假使中无间断，其人早则二十四五，迟则三十可望大成，为八面应敌之才，他日入世，达为王侯将相，隐为师农工商，皆可为社会之所托苊。后五十年不可知，即今而言教育，舍此无他术也。"[①]通晓一门外语，可以打开一个"新世界"，这样的人才可堪大任，这是严复对新世纪人才的定向。

《马氏文通》是我国关于汉语语法的第一部系统性著作。它以古汉语为研究对象，参照拉丁文法，把西方的语法学引进中国，中西结合，创建了第一个完整的汉语语法体系，奠定了中国现代语言学坚实

---

① 《论今日教育应以物理科学为当务之急》，《严复集》第二册，第285、286页。

的基石。通过解剖《马氏文通》这个成功案例，严复意识到即使要真正了解本国语言文字的文法，也要通晓相近的多种语言，通过比较语言学才能获取，因此学习西语也有所必要。他对马建忠精通拉丁语、法语，积二十年之功研究中西文法而成此巨著大加赞赏："昔英学者穆勒有云，欲通本国之文辞而达其奥笈，非兼通数异国之文字言语不能办也。不佞尝以其言为无以易。欧人为学，文字言语为一专宗。顾其童子就傅，必肄罗马文，更进则希腊文。罗马文，尤所重号拉体诸书，不习拉体诸书，不名学者也。故欧人为学，未有孤习本国文字者也。夫道生于对待，得所比较，错综参互，而后原则公例见焉。故欧人国有文规而中国无者，所坐非他，书同文字而又孤习焉故也。吾国文字之学至于国朝可谓极盛，《说文》释词标为小学，然终无文规。独亡友丹徒马眉叔少习拉体诸、法兰西语，又极嗜律训，淫于故籍，则于是有《文通》之作，其积功迨廿年，平生精力抚略尽于是编。书出，海内咶𡄹以为绝伦，特其文繁而征引旧籍多，今贤所束阁者，故不独喻之者寡，即寓目者亦已鲜矣。"正是对《马氏文通》价值的高度认可，严复为陶奎（散生）著《马氏文通要例启蒙》特别作序，给予了热情洋溢的赞扬："吾党舒城陶散生，通中西文，得是书，大通其说，乃以近俗语言为发凡例。盖《文通》者，说文字言语之原则公例者也。原则公例近道，道无往而不存，使其信于古文辞而异于近俗言语者，非《文通》矣。"①《马氏文通》可以说是近人兼采中西、研究汉语文法的一大典范。

为了帮助国人学习英语，严复于1903年10月应熊季廉之请，作英文文谱，编成《英文汉诂》。1904年5月，该书由商务印书馆出版。他自述此书之由："窃念吾国比者方求西学，夫求西学而不由其文字语言，则终费时而无效。乃以数月之力，杂采英人马孙摩栗思等之说，

---

① 《马氏文通要例启蒙》序，载孙应祥、皮后锋编：《〈严复集〉补编》，第164页。

至于析辞而止。旁行斜上，释以汉文，广为设譬，颜曰《英文汉诂》。庶几有以解学者之惑而餍其意欤？未可知也。"① 以后，为满足国内读者对学习西方文化不断增长的需求，严复又作《书〈百科全书〉》（1907）、《英华大辞典》序（1908）、《泰晤士〈万国通史〉》序（1909）等文，推介英文工具类、通识类书籍，为中文世界的读者理解西方文化披荆斩棘、前驱导航。

与西语相联的还有一个问题就是如何对待西医，严复也持相当开放的态度，鼓励其侄留学习西医。"西医一科，欧美进步奇猛，为国民计，须得多数人勤治此科，一也；又医学所关于教育、法政甚大，刻吾国人亦渐知之，十余年以往，必大看重此学，二也；三则我家累世为医，积德累功由来日久，今日子孙仰席余荫，未必不由此故，吾意颇欲不坠先人之绪，三也。以斯之故，甚愿吾姪学医。"② 严氏世代行医，对西医的包容是他接纳西学的自然延续。

二 "以科学为艺，则西艺实西政之本"

科学是西洋近代文明的精粹，是上层建筑的顶层设计，对引领近代文明向前发展、构建上层建筑具有统摄作用。严复主张取法西方近代政治制度，要从掌握构建西方上层建筑的科学原理入手。严复的改革路线不是摸着石头过河，因为近代化毕竟已有先例可循；当然也不是照搬教条，而是先作理论准备，摸清西方政制源流，打好腹稿，以免捉襟见肘、仓促行事。按照这样一种方式改革，虽然渐进，但不失稳健，可以减少剧烈社会政治动荡所付出的成本代价。

甲午战争惨败，朝野上下为之震撼，涌动一股维新变法的潮流，

---

① 《〈英文汉诂〉叙》，《严复集》第一册，第 152 页。
② 《与侄严伯鋆书（二）》，《严复集》第三册，第 827 页。

1895年2月至6月间，严复在天津《直报》上发表《论世变之亟》《原强》《辟韩》《救亡决论》四篇文章，率先发出维新变法的呼喊。但如何学习西政西学，这里涉及西方近代政治与科学的关系。严复强调西方政治架构是以科学原理为基础，因此中国的政治改革必以掌握西学为基础，没有立足于学理的政治改革将是无根之谈。

在分析西方政治与科学的关系时，严复明确指出：

> 名、数、质、力，四者皆科学也。其通理公例，经纬万端，而西政之善者，即本斯而立。故赫胥黎氏有言："西国之政，尚未能悉准科学而出之也。使其能之，其致治且不止此。"中国之政，所以日形其绌，不足争存者，亦坐不本科学，而与通理公例违行故耳。是故以科学为艺，则西艺实西政之本。设谓艺非科学，则政艺二者，乃并出于科学，若左右手然，未闻左右之相为本末也。且西艺又何可末乎？无论天文地质之奥殚，略举偏端，则医药通乎治功，农矿所以相养，下洎舟车兵冶，一一皆富强之实资，迩者中国亦尝仪袭而取之矣，而其所以无效者，正坐为之政者，于其艺学一无所通，不通而欲执其本，此国财之所以糜，而民生之所以病也。①

也就是说，不先治西方科学，通晓其基本原理，欲求西方政制，就难以登堂入室。

严复批评学界热衷议政的喧嚣风气，指示人们要真正究心于西方科学，养成沉潜深思、实证求真的朴学之风，才能破除旧学之流弊。"今世学者，为西人之政论易，为西人之科学难。政论有骄嚣之风（如自由、平等、民权、压力、革命皆是），科学多朴茂之意，且其人既

---

① 《与〈外交报〉主人书》，《严复集》第三册，第559页。

不通科学，则其政论必多不根，而于天演消息之微，不能喻也。此未必不为吾国前途之害。故中国此后教育，在在宜著意科学，使学者之心虑沈潜，浸渍于因果实证之间，庶他日学成，有疗病起弱之实力，能破旧学之拘挛，而其于图新也审，则真中国之幸福矣！"①

严复总结中国教育的大病，自古至今，"一语尽之曰：学古入官已耳！"②这样的教育偏于德育、偏于艺事、重视智识、重视演绎，而欠缺体智、科学、创造、归纳：

> 吾国从来教育即当其极盛，大抵皆未完全。……盖吾国教育，自三育言，则偏于德育，而体智二育皆太少，一也；自物理、美术二方面言，则偏于艺事，短于物理，而物理未明，故其艺事亦难言精进，二也；自赫氏所云二大事言，则知求增长智识，而不重开瀹心灵，学者心能未尽发达，三也；更自内外籀之分言，则外籀甚多，内籀绝少，而因事前既无观察之术，事后于古人所垂成例，又无印证之勤，故其公例多疏，而外籀亦多漏，四也。凡此皆吾教育学界之短，人才因之以稀，社会由之以陋。③

基于对教育现状的这一认识，严复赋予德、智、体以新的意义："德育当主于尚公，体育当主于尚武，而尚实则惟智育当之。一切物理科学，便教之学之得其术，则人人尚实心习成矣。"④将"尚实"确定为智育的内涵，这是对教育科学化的原则确认，也是对科举教育那种华而不实、浮夸虚饰的学风的颠覆。

文明互鉴的目的是为了学习对方的长处，弥补自己的短板。在严

---

① 《与〈外交报〉主人书》，《严复集》第三册，第 564、565 页。
② 《论今日教育应以物理科学为当务之急》，《严复集》第二册，第 281 页。
③ 《论今日教育应以物理科学为当务之急》，《严复集》第二册，第 280、281 页。
④ 《论今日教育应以物理科学为当务之急》，《严复集》第二册，第 282 页。

复之前，近代译书事业主要是在江南制造总局的译书局和一些来华传教士中展开，当时的译书范围：第一类是宗教书，主要是《圣经》的各种译本；第二类是科技方面的书，时人称之为"格致"；第三类是历史、政治、法制方面的书，如《泰西新史揽要》《万国公法》等。

"这是很自然的。宗教书是传教士自动的事业。格致书是当日认为枪炮兵船的基础。历史法制的书是要使中国人士了解西洋国情的。"[①]至于文学、哲学社会科学类的书籍则付诸阙如。

为了适应甲午战争后中国要求社会政治变革的要求，严复将近代以来的译事拓展到社会政治领域，其目的是为了指导现实的政治改革。《天演论》在世纪末向国人敲响了"物竞天择、适者生存、优胜劣汰"的生物进化规律的警钟，提醒人们"世变之亟"，从而预告了新时代的来临。翻译亚当斯密的《原富》，是因为其书关系到国计民生，"云原富者，所以察究财利之性情，贫富之因果，著国财所由云尔"。甚至与民族之命运密切相联，"夫计学者，切而言之，则关于中国之贫富，远而论之，则系乎黄种之盛衰"。[②]《群己权界论》指出"自繇"的真义"乃自繇于为善，非自繇于为恶"，[③]引导人们把握个人与社会关系的分际、反抗专制、追求宗教自由、思想自由，追求真理。《社会通诠》描绘了人类社会从图腾社会到宗法社会，再到军国社会的历史进化线路，指出中国社会浸淫于宗法社会已达四千余年，而英、法去封建"仅仅前今一二百年而已"，"二者相差之致，又不能为无因之果，而又不能不为吾群今日之利害，亦已明矣"。[④]这对中国军国民教育的兴起有着直接的引导作用。《法意》绘出了一幅世界各国政制立法源流得失的图景，为清末预备立宪提供了英国版的君主立宪模

---

① 胡适：《五十年来中国之文学》，《胡适文集》第 1 册，第 190 页。
② 《译斯氏〈计学〉例言》，《严复集》第一册，第 97、101 页。
③ 《〈群己权界论〉译凡例》，《严复集》第一册，第 134、135 页。
④ 《译〈社会通诠〉自序》，《严复集》第一册，第 135、136 页。

式。《政治讲义》介绍政治学的基本原理、政治自由、政治制度的分类、宪政理论，为清末预备立宪作了必要的理论铺垫。

严复对西方近代文明本质的把握和理解真正达到前所未有的深度，他最先认识到西方文明的精髓是民主和科学，其学术"黜伪而崇真"，政治"屈私以为公"。"且其为事也，又一一皆本之学术；其为学术也，又一一求之实事实理，层累阶级，以造于至大至精之域，盖寡一事焉可坐论而不可起行者也。推求其故，盖彼以自由为体，以民主为用。"① 从而开启了新文化启蒙思想之先河。可以说，严复译介西方经典名著，每一部译著几乎都有明确的现实目的及功用，都是为了介绍、输入西方社会科学的原理，这些原理不仅对推动西方近代社会政治的近代化有着理论指导作用，而且对现实的中国社会政治改革有着文明借鉴的价值和意义。

三 西洋"无法与法并用而皆有以胜我"

战争是近代文明冲突的主要形式，也是最能表现文明本质的单元元素。战争以最直接的方式检验敌我双方实力，观察、研究战争，有助对文明冲突的现象与本质的理解。严复生活的年代正是帝国主义时代，战争频繁，一般文人士大夫谈兵议战因缺乏实战经验，书生意气、慷慨激昂，并无多少实用价值。严复作为职业军人，对战争有着特殊的敏感，他纵横捭阖、视野宏阔，对战争内外，军事与政治、经济多方面的关系都有相当的关照，在中国近代军事史上具有特别重要的军

---

① 《原强》，《严复集》第一册，第11页。

事思想文献价值。① 透过现象看本质，严复对西方列强"无法与法并用"、文明与野蛮两面性并存始终抱以清醒的认识，这是他作为跨文化人的过人与可贵之处。

19世纪下半期西方资本主义文明过渡到帝国主义时代，战争成为这个时期文明冲突的基本样态。帝国主义恶欲膨胀，大肆扩张，横行全球，整个世界弥漫着战争的硝烟。严复履职北洋水师学堂，经历了中法战争、中日甲午战争、八国联军侵华战争。中法战争马尾海战福建水师的重挫，中日甲午战争黄海战役、威海卫战役北洋水师的全军覆没，1900年八国联军进犯天津时摧毁北洋水师学堂设施，这些都给清海军以毁灭性打击，对严复的心灵造成重创。从与西方列强长期打交道过程中，严复认识到今日之西方列强强势压境与古代之匈奴、蒙古游牧民族南下骚扰截然不同：

> 客尚不知种之相强弱者，其故有二：有鸷悍长大之强，有德慧术智之强；有以质胜者，有以文胜者。以质胜者，游牧射猎之民是也。……故其为种乐战而轻死，有魁杰者要约而驱使之，其势可以强天下。虽然，强矣，而未进夫化也。若夫中国之民，则进夫化矣，而文胜之国也。……其文章法令之事，历变而愈繁，积久而益富，养生送死之资无不具也，君臣上下之分无不明也，冠婚丧祭之礼无不举也。故其民也喻生而畏法，治之得其道则易以相安，失其道亦易以日窳，是故及其敝也，每转为质胜者之所制。然而此中之安富尊荣，声明文物，固游牧射猎者所心慕而远不逮者也。②

---

① 1910年冬，清廷成立海军部，严复被授以"协都统"职衔。1911年又被授海军第一等参谋官。严复逝世后，陈宝琛作《清故资政大夫海军协都统严君墓志铭》，称赞严复："六十年来治西学者，无其比也。"又曰，"而其战术、炮台、建筑诸学，则反而为文学掩矣。"有意提醒人们严复的海军职业身份。

② 《原强》，《严复集》第一册，第10、11页。

也就是说，古代游牧民族由于文明程度不如中原农耕民族，进入中原后最终不得不接受中原农耕民族的生活方式，"忘其所受，其不渐靡而与汉物化者"。但近代西方列强所显露的帝国主义本性与之不可同日而语，其"无法与法并用"、文明与野蛮共存：

> 彼西洋者，无法与法并用而皆有以胜我者也。自其自由平等观之，则捐忌讳，去烦苛，决壅蔽，人人得以行其意，申其言，上下之势不相悬，君不甚尊，民不甚贱，而联若一体者，是无法之胜也。自其官工商贾章程明备观之，则人知其职，不督而办，事至纤悉，莫不备举，进退作息，未或失节，无间远迩，朝令夕改，而人不以为烦，则是以有法胜也。其民长大鸷悍既胜我矣，而德慧术知较而论之，又为吾民所必不及。①

严复对西方列强有法与无法、文明与野蛮两面性的揭示，真正深入到帝国主义内在的本质。

外交是调节文明冲突的重要手段。20世纪初，世界局势日益紧张，西方列强群雄环伺，虎视眈眈，中国周边压力重重，严复一方面分析危局，深虑中国外交，"以孤身而立于外交剧烈之场，坛坫周旋，不胜其惫，迁延以至今日，情形之困难，百倍于前"。一方面又鼓励担负中国外交工作者，寄望于培养外交人才："愿我外交诸公，持以定力，驭以精心，默观世界大势之变迁，研究各国现行之政策，相机补救，以历练其外交之经验，培养其外交之人才，则吾国前途，未尝无可冀也。世有俾斯麦、达兰诸人者出，予日望之！"②

清末民初十余年间，发生了两场与中国相关的战争：一场是日俄

---

① 《原强》，《严复集》第一册，第 11 页。
② 《论近日外交之困难》，《〈严复集〉补编》，第 59、60 页。

战争，战争发生在我国东北，日俄双方意在夺取中国东北的控制权。严复默察日俄战争的态势，预测"俄国断难持久"，对战争结局了然于胸：

> 俄国所望专属波罗狄海军，然船数虽多，其坚者不外数艘而已。远道趋敌，无所停泊，战后又无处可修，所挟之煤船医船，在在皆为弱点。又此来于旅顺既覆之后，小胜亦不为功，必全胜而操海权而后有济，据往策今，能乎否耶？况内乱蜂起，国中报纸皆力主罢战；尼古拉第二忧愤欲狂，不得已乃议大集国民代表，以决战媾；顾所难者，媾将如何出之耳。俄为天下强国，而内政腐败，遂无幸若此。[①]

为让国人了解这场战争的真相，严复仿效陆士衡《辨亡论》之例，特作《原败》一文，对日俄战争的来龙去脉、前因后果及俄国战败的原因作了切实分析。该文从俄、法、德三国干涉日本还辽事件谈起，讲到俄国沙皇经营东方的侵略政策、日俄战端的挑起、俄国内部军政的腐败。在严复看来，俄国之战败完全是咎由自取："今夫俄之败者，非日本之能败也，其十七八皆俄自败之。若鲁巴金，知名而有阅历之将也，其终归堕绩，至求瓦全而不得者，盖内困于谗人，而外穷于将士之不用命也。夫俄兵之横暴无人理，此次之发现于满洲者，殆历史之所无。日本以此而收其功，吾民以此而当其厄。"严复对俄罗斯沙皇专制和其外强中干的面目亦有独到的分析："是故东方之溃败，于俄国非因也，果也。果于何？果于专制之末路也。夫俄皇尼古拉，亲为十九、二十世纪之国主，乃欲守二三百年大漠西域之旧制。宗教则务使民为迷信，风俗则塞外输之文明，报纸则监之以申援尔，宪法则

---

① 《与张元济书（十八）》，《严复集》第三册，第555页。

言其时之未至，加以群凶在位，独厉威严。""东方之败之于俄，譬诸人身，其肢末之瘰疬。"①严复这篇文字，可能是中文世界对日俄战争分析最为透彻、到位的一篇文字。

另一场是第一次世界大战，战场虽远在欧洲，战争却与中国息息相关。1914 年欧战爆发后，严复受命研究欧战，通过搜寻英文报刊一手材料，译呈《居仁日览》，为中国应对形势，制定正确的决策提供可靠的战争资讯。严复研究欧战不是单纯的军事观点，而是综合国家实力对战争双方进行评估，这是他的战争观的一个重要特点。正是基于这一视角，严复并不怎么看好德国在战争初期闪电战的凌厉攻势，认为支撑持久战争的资源仍是国家的经济财力和广阔的世界殖民地资源。为赢得中国在战后的主动权，严复主张中国加入协约国行列，对德奥宣战。此举为中国战后获取战胜国资格、提高中国的国际地位迈出了关键的一步。

严复欧战观的另一个重要特点就是深刻的文明批判。欧战期间两大军事集团疯狂残杀、生灵涂炭，严复目睹近代科技、强权政治、军国主义的负面作用，西方文明的光环在他心目中从此暗淡下去：

> 西国文明，自今番欧战，扫地遂尽。英国看护妇迦维勒 Miss Cavell 当正命之顷，明告左右，谓："爱国道德为不足称，何则？以其发源于私，而不以天地之心为心故也。"此等醒世名言，必重于后。政如罗兰夫人临刑时对自由神谓："几多罪恶假汝而行也。"往闻吾国腐儒议论谓："孔子之道必有大行人类之时。"心窃以为妄语，乃今听欧美通人议论，渐复同此，彼中研究中土文化之学者，亦日益加众，学会书楼不一而足，其宝贵中国美术

---

① 《原败》，《严复集》第一册，第 163、164 页。

者，蚁聚蜂屯，价值千百往时，即此可知天下潮流之所趋矣。①

> 太息春秋无义战，群雄何苦自相残。欧洲三百年科学，尽作驱禽食肉看。（战时公法徒虚语耳。甲寅欧战以来，利器极杀人之能事，皆所得于科学者也。孟子曰："率鸟兽以食人。"非是谓欤？）

> 汰弱存强亦不能，可怜横草尽飞腾。十年生聚谈何易？遍选丁男作射弸。（德之言兵者，以战为进化之大具，谓可汰弱存强，顾于事适得其反。）②

严复"暮年观道"，由对西方文明的深深失望，转向对中国传统儒学的重新估价，大力发掘孔孟之道的思想价值及其现代意义：

> 不佞垂老，亲见脂那七年之民国与欧罗巴四年亘古未有之血战，觉彼族三百年之进化，只做到"利己杀人、寡廉鲜耻"八个字。回观孔孟之道，真量同天地，泽被寰区。此不独吾言为然，即泰西有思想人亦渐觉其为如此矣。③

从对欧战形势的审时度势、对西洋文明负面的深刻认识、力主中国参战的及时决断，可以看出严复确是当时中国最具世界眼光、并真正了解世界情势的思想家。

---

① 《与熊纯如书（七十三）》，《严复集》第三册，第690页。
② 《何嗣五赴欧战归，出其记念册子索题，为口号五绝句》，《严复集》第二册，第403页。
③ 《与熊纯如书（七十五）》，《严复集》第三册，第692页。

四 "期于文明可，期于排外不可"

近代中国是中西两大文明激烈冲突、交融的大时代。围绕处理中西文化关系，国内产生、流行过各种不同论调，这些论调囿于传统的、本土的视野，表现出这样那样的局限。针对时兴的这些论调，严复以其世界性的眼光，表达了不同凡响之见。

为抵触引进西洋近代工业的影响，晚清出现了"西学中源"的奇谈怪论，严复对此批评道："晚近更有一种自居名流，于西洋格致诸学，仅得诸耳剽之余，于其实际，从未讨论。意欲扬己抑人，夸张博雅，则于古书中猎取近似陈言，谓西学皆中土所已有，羌无新奇。如星气始于奥区，勾股始于隶首；浑天昉于玑衡，机器创于班墨；方诸阳燧，格物所宗；烁金腐水，化学所自；重学则以均发均悬为滥觞，光学则以临镜成影为嚆矢；蜕水蜕气，气学出于亢仓；击石生光，电学原于关尹。哆哆硕言，殆难缕述。此其所指之有合有不合，姑勿深论。第即使其说诚然，而举划木以傲龙骧，指椎轮以訾大辂，亦何足以助人张目，所谓诟弥甚耳！"他对近代西方科学与鬼神迷信作了区别，指出两者之间的本质差异："夫西学亦人事耳，非鬼神之事也。既为人事，则无论智愚之民，其日用常行，皆有以暗合道妙；其仰观俯察，亦皆宜略见端倪。第不知即物穷理，则由之而不知其道；不求至乎其极，则知矣而不得其通。"对于鼓惑"西学中源"说，"此种令人呕哕议论，足见中国民智之卑。……时局到今，吾宁负发狂之名，决不能喔咿嚅唲，更蹈作伪无耻之故辙"。[①]

"中体西用"论是自洋务运动以来奉行的官方哲学，也是保守势力阻挡西学的盾牌，严复对其弊端有深刻的洞察，"善夫金匮裘可桴

---

① 《救亡决论》，《严复集》第一册，第52、53页。

孝廉之言曰：体用者，即一物而言之也。有牛之体，则有负重之用；有马之体，则有致远之用。未闻以牛为体，以马为用者也。中西学之为异也，如其种人之面目然，不可强谓似也。故中学有中学之体用，西学有西学之体用，分之则并立，合之则两亡。"①对"中体西用"论这种"风马牛不相及"的体用二分法作了鞭辟入里的批判。

"文明排外"论貌似合理而实为不当，严复以为其万不可行："突厥、埃及、波斯、印度是已。之数国者，夫岂不言排外？其所以排外之道，夫岂不自谓文明？其于教育也，夫岂不自张其军，而以他人为莫我若？然而其效，则公等所共见而共闻者矣。吾故曰：期于文明可，期于排外不可。期于文明，则不排外而自排；期于排外，将外不可排，而反自塞文明之路。……总而论之，今日国家诏设之学堂，乃以求其所本无，非以急其所旧有。中国所本无者，西学也，则西学为当务之急明矣。"②其力斥"文明排外"论，将学习西学放在优先地位。

随着社会达尔文主义的流传开来，强权即公理猖獗盛行、肆无忌惮。严复不认同这种论调，他发表题为"有强权无公理此语信欤"的演说："不佞颇闻近日学界，盛行有强权无公理之说，道德本属迂谈，公法亦为虚论，日甚一日，不知所终。使此说而为感慨有激之言，犹之可也；乃至奉为格言，取以律己，将其流极，必使教化退行，一群之中，抵力日增，爱力将息，其为祸害，不可胜谈。"③其对学界流行"有强权无公理"的论调抱以警觉的态度，认为"公理自属世间长存不坏之物，而强权有效，亦必藉重公理而后可行"，强权之说与自由平等之义相矛盾，二者不可相互包容。但诚如斯宾塞所说，"言为众口所传，虽谬不实，常含至理，不可忽也"。因此对于强权即公理之巷谈，切不可忽视。"故有强权无公理之说虽大谬，而其中有至信

---

① 《与〈外交报〉主人书》，《严复集》第三册，第558、559页。
② 《与〈外交报〉主人书》，《严复集》第三册，第561、562页。
③ 《有强权无公理此语信欤》，《〈严复集〉补编》，第52页。

者存焉。盖于此可见有文德者，必有武备，无强权而独恃公理者，其物亦不足存也。故国不诘戎，民不尚武，虽风俗温良，终归侮夺"。严复一方面谴责列强"无公理之强权，禽兽之强权也"；一方面又告诫沦为奴隶之国，与其"叹息流涕而但见强权者，何其不早瘳乎"！①他以埃及、土耳其、高丽三国的不同命运为例，警示国人发奋图强，勿沦落为强权之奴隶，勿重蹈高丽之覆辙。

严复对上述"西学中源"说、"中体西用"论、"文明排外"论、"公理强权"论各种论调的批评，实为文明对话，其意是为了促进方兴未艾的近代文化交流。文明互鉴的最终目的是为了消除隔阂，相互融合，走向大同，这是由人类文明发展的大趋势决定的。"五洲人类，既日趋于大同矣，欧亚之各国，其犹一乡一阓之人家乎！"②如果国家不求进步，抱残守缺，成为人类之阻梗，就难免被强者所铲除。从这个意义上说，严复的文明互鉴论不啻是一服唤醒国人自我觉悟的清醒剂。

五　结语

细究严复的文明互鉴之道，我们可以发现：在近代中西文化交流的大背景下，由于欧美文化的相对强势和先进，严复主要扮演将西方先进文化带回本国这样一个角色，他的历史作用和思想贡献表现于此。严复在传播西学时，以常识论道，以理服人，重视语言交流的直接作用，初看上去似乎是偏向西学，但当西风偏离正道，其现代性的弊病充分显露之时，严复又重拾中国传统儒学的价值，重估中西文化，在中西文化之间谋求综合与平衡，表现出与时俱进的一面。他"暮年观

---

① 《有强权无公理此语信欤》，《〈严复集〉补编》，第55、56页。
② 《有强权无公理此语信欤》，《〈严复集〉补编》，第56页。

道，十八九殆与南海相同，以为与吾国旧法断断不可厚非……即他日中国果存，其所以存，亦恃数千年旧有之教化，决不在今日之新机"，①这是严复自我调适的高明。

严复重视科学在文明互鉴中的指导作用。他译介西方政治学、经济学、社会学经典名著，阐述这些学科的基本原理，讲究逻辑、实证，这与传统的论道方式明显有别。他不希望现行的社会政治改革是一场不计成本的变革实验，而要走循序渐进、稳健进步的路子，这种英国版的渐进模式虽不合时宜，却用心良苦。

严复的文明互鉴之道是在充分估衡中西文明价值的基础上形成的。他讲究直面现实，针对性强，不凭空议论，始终保持批判性的姿态，代表着中国文化从传统向现代转型的自我探寻、自我进取。严复的思考，经过 20 世纪大风大浪的历史考验，穿越漫长的时间隧道，对我们当今仍具有不可磨灭的思想价值。

本文为作者 2024 年 1 月 5 日参加福建严复研究会主办"纪念严复诞辰 170 周年：严复思想与中国式现代化学术研讨会"提交的论文，原载《东南学术》2024 年第 1 期。光明日报社《文摘报》2024 年 3 月 20 日摘要。中国人大复印报刊资料《历史学文摘》2024 年第 2 期摘要。《社会科学文摘》2024 年第 6 期摘要。

---

① 《与熊纯如书（四十八）》，《严复集》第三册，第 661、662 页。

战争与文明
——严复对甲午中日战争的省思

　　严复生活的年代正是帝国主义时代，战争频仍，内战外战不断。严复对近代战争的观察和书写，主要涉及三场战争：第一场是甲午中日战争，文献为致陈宝琛、四弟严观澜书信和《原强》一文。第二场是日俄战争，著有《原败》一文。第三场是第一次世界大战，材料为供袁世凯阅览的《居仁日览》和致熊纯如数信。^①近代战争有内战与外战之分，严复的战争论述为外战论，他对战争与文明的关系有着独特而深刻的思考，对甲午战争的检讨尤为发人深省。重温严复对甲午中日战争的审视与省思，对于我们认识近代中外战争的形态与本质有着重要的启示意义。

一　严复对近代战争的观察与体验

　　战争改变了中国的历史命运。近代中国是遭遇外敌侵略最为凶残、最为艰难的历史时期。晚清七十年，经历了鸦片战争（1840—1842）、第二次鸦片战争（1856—1860）、中法战争（1883—1885）、甲午中日战争（1894—1895）、八国联军侵华战争（1900）五次中外战争，北京两次被西方列强攻陷（1860、1900 年）。1931 年，九一八事变爆发，中国人民开始了艰苦卓绝的抗日战争。1840 年以降，外敌入侵的战

---

　　①　关于严复与第一次世界大战的关系，参见前文《严复看第一次世界大战》。关于严复对日俄战争的论述，参见前文《严复的文明互鉴之道及其现代意义》。

争阴影伴随整个近代中国，中华民族面临生死存亡的严峻考验，中国人几乎无时不在为自己的生存而焦虑。这是华夏民族三千年未有之大变局！

战争塑造近代文明。鸦片战争打开了传统的天朝朝贡体系，破坏了自给自足的自然经济结构，从根本上改变了中国与西方的关系，开启了中国向半殖民地半封建社会转型的过程。第二次鸦片战争及随后清朝与西方列强签订的不平等条约——《北京条约》，清朝设立总理各国事务衙门，启动自强求富的洋务运动。甲午中日战争的挫败及其随后签订的《马关条约》，叩击了国人麻木的心灵，坚定了维新志士的变法意志，戊戌维新运动因此兴起。八国联军侵华战争及其随后签订的《辛丑条约》将中国拖入殖民地深渊，清廷"宁赠友邦，勿与家奴"的媚外心态，促使华夏民族情绪的高涨，反对清王朝的辛亥革命运动兴起。第一次世界大战及其善后的巴黎和会，唤起了国人民族的自决意识，五四爱国运动拉开了中国新民主主义革命的序幕。十四年抗战，中华民族浴血奋战，与美、苏等国组成反法西斯统一战线，彻底打败日本帝国主义，洗雪百年民族耻辱。近代战争对中国社会的一波又一波冲击，激发了中华民族的自救意识，推动了中国历史车轮向前推进。

近代战争激发了中国人的思想灵感。晚清每次中外交战的败讯刺激了一些最敏感的士人的心灵，逼促他们站出来发出改革的呐喊，使他们成为时代的思想先驱。鸦片战争以后，林则徐、魏源、徐继畬、姚莹等"开眼看世界"，第二次鸦片战争后产生了冯桂芬、王韬、马建忠、薛福成、郭嵩焘、郑观应、陈炽、何启、胡礼垣等早期维新人士，甲午战争则造就了严复、康有为、梁启超、谭嗣同等一批维新派思想家。近代战争改变了国人深受儒学影响的重文轻武的传统思维方式，尚武观念兴起。从洋务运动开设江南制造局和海军衙门，中国兴建军事工业和近代海军；到20世纪初，中国知识分子发动军国民教育运动,中国人为保家卫国被迫弥补自己的短板,在军事上急起直追;再到抗日战争,中国军民顽强抵御日寇,创造出游击战、运动战、狙击战等各种战法,以持久战消耗、拖垮敌人,使日寇在中国战场遭受重创。近代中国的战争论述是近代思想最具时代意义的组成部分,也是中国近代思想史极具精粹意义的一部分。现今我们对战争在中国近代史上,特别是在中国近代思想史上的论述和发掘不够,严复研究中的缺陷之一即是对其战争论述的表现欠缺力度。

严复的海军生涯主要在天津的北洋水师学堂度过。1880 年 8 月,严复调到天津任北洋水师学堂所属驾驶学堂"洋文正教习",[1]一说为总教习,[2]开始其在该校任教的生涯。1889 年,报捐同知衔,海军保案免选同知,以知府选用,李鸿章任其为北洋水师学堂会办。1890 年,升为北洋水师学堂总办。严复在北洋水师学堂的办学成绩不算显著,尤其是从甲午海战的结果看,明显暴露了中日海军之间的差距,这一惨痛结果当然不能由严复个人承担责任,但作为北洋水师学堂一校之长,也难脱干系。1900 年,八国联军侵入天津,尽摧天津陆、海军事设施,严复被迫离开天津迁居上海,结束了他在北洋水师学堂二十年生涯。由于北洋水师学堂作为军事设施被毁于战火之中,其档案材料现已大多不存,严复在该校的教学、工作详情,已难以复原。

---

[1] 参见姜鸣:《龙旗飘扬的舰队:中国近代海军盛衰史》,北京:三联书店,2002 年,第 148、162 页。

[2] 参见孙应祥:《严复年谱》,第 49 页。所采依据为:1884 年 12 月 25 日,清廷以北洋水师学堂办有成效,"予总教习都司严复,游击卞长胜,……奖叙有差"。(《德宗实录》第一九七卷,第 802 页)但此处时间为 1884 年,故仍可存疑。皮后锋认为:"严复的官方履历档案记载,严复 1880 年 11 月担任学堂驾驶班'洋文总教习',而《北洋纪事》第十本则记载其职务为'洋文正教习'。相关史料表明,'洋文总教习''洋文正教习'乃是同一职务的两个不同称谓,二者名异实同,没有任何差别。池仲祐编《海军大事记》和严璩著《侯官严先生年谱》等记载,严复 1880 年担任'总教习',实为'洋文总教习'的简称,并非错误。"皮后锋:《严复与天津水师学堂》,载《福建论坛》(人文社科版)2009 年第 1 期。

我们对严复在北洋水师学堂的工作情形因缺乏材料，只能说是了解有限。[1]1910年冬，清政府成立海军部，严复被授以"协都统"职衔。1911年，严复又被授海军第一等参谋官。严复逝世后，陈宝琛作《清故资政大夫海军协都统严君墓志铭》，特别提醒人们严复的职业海军军人身份。

在严复的思想表现中，可圈可点处不少，但真正显现他思想个性者主要集中在对西方社会科学的译介上，这些社会科学为中国输入了西方近代社会政治观念，适应了从戊戌维新到民国初年中国社会政治鼎革的要求。严复对中西文化的比较、对各种时兴的文化观的批评和对西方科学的礼赞，扭转了中国人"中体西用"的思维模式，从而开启了中国文化从传统向新文化的转型。冯友兰先生着重强调严复和新文化运动的内在联系，其因即在此。[2]

严复思想其实还有一个重要层面，这就是他对中外战争的论述，在同时代的思想家中，严复的军事眼光绝非康有为、梁启超、章太炎等辈可比。在康有为、章太炎留下的巨量著述中，我们绝少看到对战争的描述或对军事战略战术的把握。梁启超以其如椽巨笔驰骋文坛，号称"舆论界的骄子"，对战争亦有不少报道性的文字，但军事并非梁任公本行，因此他对战争的把握很难入内行之法眼。严复由于长期从事海军教育职业，他在军事上具有专业的水准，康、梁、章诸人作

---

① 张侠等编：《清末海军史料》，海洋出版社，1982年。此书仅收存北洋水师学堂零星的材料。

② 冯友兰说："严复在早期的著作中就指出：西方文化的'命脉''不外于学术则黜伪而崇真，于刑政则屈私以为公而已'。(《论世变之亟》，《严复集》第一册，第2页)这就是说，西方真正的长技就是这两点，中国向西方学习最主要的也就是这两点。严复在以后的著作中也主要宣传这两点。他在政治上宣传'以自由为体，以民主为用'，在学术上宣传科学精神和科学方法，这就抓住向西方学习的要点。后来五四时期的新文化运动更明确地提出'民主与科学'的口号，这当然比严复所提出的那些议论明确得多了。严复所以还没有这样明确，是因为他的时代比新文化运动的时代早了二十年。"冯友兰：《中国哲学史新编》第六册，第176页。

为半新半旧的过渡型士人，文自不成问题，武却严重缺乏，严复超出同侪之处，就是他"懂"近代战争。可以这么说，严复比起康、梁、章等人文类型的士人来说，他有近代军事头脑；而与袁世凯、冯国璋、段祺瑞这些手握兵权的新军阀相比，他又主张英国式的宪政，具有近代政治理念。所以综合来看，严复是颇具个性、也更富思想实力的历史人物。严复的军事思想长期被低估，也许是缘于人们对他启蒙思想家的定位，其实严复的启蒙就是因战争而起的军事、文化、政治的思想启蒙。

二 严复看中日甲午战争

严复能够进入近代思想史的视野始于甲午中日战争。在现有的严复著述中，甲午中日战争是他首次多加评点的对外战争，也是激发他维新思想的灵感来源。由于严复当时身为北洋水师学堂总办，他几乎全神贯注、聚精会神地观察着战争发展，在每一个节点，他都及时对战争的动态作出了反应和评判，显示了他内行的眼光。严复受过近代科学的训练，是一个精致的专业主义者，又有强烈的爱国情怀和广博的世界视野，他对甲午中日战争的深刻洞察确有时贤不及之处。对他的研究，我们既须从大到小，又要由粗到细。过去人们对严复解析甲午中日战争的文字，略嫌粗而论之，故我们实有细而品之的必要。

1894 年 7 月 25 日，日舰在朝鲜丰岛海面偷袭北洋运兵舰只，甲午中日战争爆发。9 月 17 日，中、日海军在鸭绿江口大东口附近的黄海海面展开大战。9 月 23 日，严复第一次致信陈宝琛，先告平壤之战清军溃败的不利形势："近者时局滋不可问，平壤卫汝贵所带淮军十余营，自本月十三、四后为倭所围，城外筑台十四□□□夹击，糜烂溃涣。统领朱保贵〔左宝贵〕死之，余兵退走鸭绿东北，义州之九连城，尚不足以扼贼之北突也。自战后，东边告急之电，日数十至，合肥知事棘，乃饬刘盛休带铭军八营赴援，军从鸭绿之大东沟登岸，丁禹廷督海军十一船护送之。"接着痛陈黄海之战北洋水师失利详情：

> 十七日倭亦以十一艘与我逅，自午至酉，恶战三时，倭沉三艘快船，力尽而退，我亦失致、经二远，并超、扬两艘；定远受千二百余弹，几沉不沉，铁甲之为利器如此。同学诸友，除方益堂一人外，无不见危授命，其尤异者，则镇远大副杨君雨臣，开□□战旗既升，乃身自猱登，以钉钉之，盖深知此仗之□□□竖降幡者，为此，所以令诸将之有死无降也。此□□□□□□风，稔其平日在军，勤奋有为，条理详密，林开士倚之如右手，此人日后必为海军名将也。将弁死事甚众，刻所可知者，邓世昌、林永升、林履中、黄鞠人建勋而已。闻方益堂闻炮即遁，仓卒将黄建勋之超勇冲倒，方太无赖矣！子香、凯士居围坛中，故得不死。丁禹廷□□□伤，闻昨已乞假，让刘子香为海军提督矣。……此时海军见存诸船受伤甚重，非月余日大修不能复出，而所供尽有道府秘不敢穷也。故我之一切虚实举动，倭无不知，知无不确。合肥词气罴罴，期以一死谢国。以今日之事势为论，虽西晋、北宋之事复见，今日无□□□耳。①

这些有关黄海战役的细节，严复均从战场归来的德国顾问汉纳根口中得之。信中谈及北洋水师的表现时，表彰将士们"无不见危授命"、奋勇作战，邓世昌、林永升、林履中、黄鞠人诸人为国捐躯，杨雨臣（用霖）临阵不惧。严复对杨雨臣的英勇表现更是赞赏有加，

---

① 《与陈宝琛书（一）》，《严复集》第二册，第497、498页。

以为"此人日后必为海军名将也"。方益堂（伯谦）临阵脱逃；丁汝昌因受伤，已将海军提督让位于刘子香。检讨黄海战役北洋败绩，究其战败之原因，严复对北洋水师后勤补给失误及李鸿章用人唯亲尤为愤激："据言军□□张道士珩不肯照发药弹，致临阵不应手，不然，倭之七艘快船可尽沉也。小人之贻误军国大局，岂浅也哉"；张佩纶（蒉斋）"浸润招权，此淮军有易将之失"；李鸿章"任其甥张士珩，所以致军火短给，而炮台皆不足以毙敌"；又对"韩理事信任一武断独行之袁世凯"表示不满。这些看似导致战争失利的偶然因素其实都是必然。所以严复感叹李鸿章"以己一生勋业，徇此四五公者，而使国家亦从以殆，呜乎，岂不过哉！今然后知不学无术私心未净之人，虽勋业烂然之不足恃也"。对李鸿章如此严厉的批评，直接点名李的外甥张士珩(时任北洋军械局总办)和女婿张佩纶，这在当时实属罕见。严复对李鸿章、袁世凯及一众淮军系、北洋系的指责，不啻为朝中清流党攻讦李鸿章留下把柄。严复于信末嘱咐陈宝琛转告张之洞："今者数月内时事殆不可知，公何不作一书与楚督张香帅，劝其作速筹款，设法购办军火为先，即使不及眼前之事，然□□永，国祸益深，苟其不为，将终无及事之一日矣。张香帅能用先机大度之言，日后撑挂光复，期之一二人而已，他督抚持禄保位，公意中尚有何人耶？"[1]显示严复已看出后续战事的险恶，希望张之洞为出山做准备。

10月3日，严复与陈宝琛第二书，再次谈及战事的危急，流露出极为悲观的情绪。"平壤告溃之后，东三省已成无险可扼之区""倭扬言冻河以前必犯京室，门户荡然，一无可恃，新集之卒，与御营之兵，真儿戏耳"。面对如此险情，"在当路诸公束手无策，坐待强寇之所欲为"。严复透露，9月30日"翁常熟携一仆坐筍舆入节署，

---

① 《与陈宝琛书（一）》，《严复集》第三册，第 498 页。

所与北洋深计熟虑者，一则议款，二则迁都而已"。①此事详载当日《翁同龢日记》，可以印证：

初二日（9月30日）晴。卯初二刻开行，日出过丁沽，丁沽之东曰河嘴子，此处开口溜急，力撑始过。辰初一刻抵吴楚公所后身泊。铁桥，溜大难过。季士周来谈。遂乘小轿入督署，见李鸿章传皇太后、皇上谕慰勉，即严责之。鸿章惶恐，引咎曰："缓不济急，寡不敌众，此八字无可辞。"复责以水陆各军败衄情状，则唯唯而已。余复曰："陪都重地，陵寝所在，设有震惊，奈何？"则对曰："奉天兵实不足恃，又鞭长莫及，此事真无把握。"论议反复数百言，对如前。适接廷寄一道，寄北洋及余，云闻喀希尼三四日到津，李某如与晤面，可将详细情形告知翁某回京复奏云云。余曰出京时曾奉慈谕，现在断不讲和，亦无可讲和，喀使既有前说，亦不决绝，令不必顾忌，据实回奏。李云喀以病未来，其国参赞巴维福先来，云俄廷深恶倭占朝鲜，中国若守十二年所议之约，俄亦不改前意，第闻中国议论参差，故竟中止，若能发一专使与商，则中俄之交固，必出为讲说云云。又云喀与外部侍郎不协，故喀无权。余曰回京必照此复奏。余未到译署，且此事未知利害所在，故不加论断，且俄连而英起奈何。李云无虑也，必能保俄不占东三省云云。留便饭，季士周、盛杏孙在坐，季至戚，盛以借款事相商也，未正二散。②

朝廷举棋不定，"朝廷始持战议，故责备北洋甚深，今者势处于不得不和，故又处处恐失其意，臣主平时于洋务外交绝不留意，致临

① 《与陈宝琛书（二）》，《严复集》第三册，第499页。
② 陈义杰整理：《翁同龢日记》第5册，北京：中华书局，1997年，第2734、2735页。

事之顷，如瞽人坠眢井，茫无头路如此"。严复以为这一切实为咎由自取，"今日之事，夫岂倭之狡逞，实中国人谋之不臧，其事前泄沓虚矫，□□怠傲，不必论矣。即事起之后，复所用必非人，所为必非事。而内里建言诸公，所议论最可笑者，其弹劾北洋，类毛举风听，无一语中其要害。于是其心益蔑视天下之无人，推委挟制，莫可谁何，谓战固我战，和亦我和，苟朝廷一旦捽而去之，则天下亦从以丧"。朝廷内部临战举措不当，进退失据；缺乏洋务人才，故无人堪当大任。信中还透露一个消息："本午罗弦庵来谈时事，问走所以处今日者，走言急则治标。使走为一省督抚，稍可藉手，则借洋债，募洋将，购洋械以与倭争□□之命而已。弦印斯说，但曰此又非李中堂不□□□，诸公素于洋务若风马牛，又不求洋务真才，言借债则洋人不信，募将则任否不知，购械则□□已被侵渔外，又必遭阻夺，又乌足以及事耶？"此处罗弦庵应为罗丰禄（稷臣），为李鸿章之幕僚，在处理洋务方面李对之颇为倚重，故严复向其献策"借洋债，募洋将，购洋械以与倭争"。

信中对平壤之战和黄海之战的败将处置不当亦流露不满，"方益堂竟以不免，悲叹悲叹！然卫汝贵、叶志超辈□事，百倍益堂，乃荷宽免，则有人庇之耳。故虽杀百方伯谦，于军实又何所补耶"？在严复看来，"近者之事，有谓营伍既如是之不足恃，海军扶伤救弊，恐亦无济，不如早和，宁忍眼下之亏，事后认真振作，则东隅之失，或收桑榆。此论固矣，然自走观之，不外偷活草间苟延残喘而已。事后振作，恐必难期"。[1]叶志超后因李鸿章出面保护得以免于一死，卫汝贵却没有那么幸运，虽在严复写信之时尚没有处置，但李鸿章为其说情未成，后被解押京师。1895 年 1 月 16 日，清廷发布上谕："卫汝贵平日待兵刻薄寡恩，毫无约束，此次统带盛军，临敌节节退缩，

---

① 《与陈宝琛书（二）》，《严复集》第三册，第 499、500 页。

贻误大局，并有克扣军饷，纵兵抢掠情事，罪状甚重，若不从严惩办，何以肃军律而儆效尤？卫汝贵著倚律论斩，即行处决。"① 更为堪忧的是，严复信中还告及中日军事现状，包括双方军事装备、军力部署的比较，日本收卖奸民、汉奸遍地的情状："闻倭于十七大仗之后，尚有余船七八艘在各海面游弋。畿辅门户洞开，门焉宫焉皆无人，且枪弹告乏，军储四万杆，有事以来已亡其半。曩合肥请以宋祝山赴奉，宋非三十营不可，廷旨已指的饷矣，然以无枪，尚不知何日成军。天津、保定见兵不及五千，再募不独乌合，且徒手□□□何。倭有枪廿六万，子药称是，奸民遍地皆是。闻倭于去年散五十万员以购间谍，一昔敬如所捕倭谍一朝兴，而中国之为中国固自若也。至于今日□□诚恐四千余年之文物声明行将扫地而尽，此惊心动魄之事，不料及吾身亲见之也"。② 从中日军事比较中，严复显然看到了清军的虚弱。信末又问"湖广张帅有何措施"，与上信一样，严复似仍对张之洞抱有一线希望，"故于其行事，尤欲闻之"。③ 从此信可以看出，严复对时局已极度失望。

10月底11月初，日军登陆辽东半岛花园口，攻陷金州、大连湾，战火燃烧到东北，事态非常危急。11月7日，严复致陈宝琛第三书，信中传达了三个信息：

一是辽东战局形势危急。"时局愈益坠坏，九连、凤凰二城联翩皆告陷落，倭寇在旦暮间□□金、复二州境内者不下三百人，北趣则与东股合袭奉天，南首则旅口必危。其地兵皆被遣，粮复未屯，龚照玙一市井小人，岂能坚守？旅口不守，则北洋海军不败自废，而且门户既失，堂奥自惊，倭来畿辅间恐不在冻河后也。如何，如何？"④

① 《德宗景皇帝实录（五）》，北京：中华书局，1985年，第642页。
② 《与陈宝琛书（二）》，《严复集》第三册，第500页。
③ 《与陈宝琛书（二）》，《严复集》第三册，第501页。
④ 《与陈宝琛书（三）》，《严复集》第三册，第501页。

严复对旅顺失守于北洋海军的后果不寒而栗，对寒冬来临前京畿安危更是焦虑万分。

二是严复对朝中张謇、文廷式等清流士大夫批评、指责李鸿章的做法不以为然，对清廷欲以刘坤一（岘庄）取代李鸿章，以楚湘军代替淮军的做法更不认同。

> 溯自五月东事军兴□□□练各军几若□蒙□□，大东沟一战，特差强人意耳，尚未尽海军能事也。推求厥咎，太半皆坐失先著，绸缪之不讲，调度之乖方，合肥真不得辞其责也。本日于友人处得见九月初七日科道诸公弹参合肥一摺，闻系张季直、文芸阁二人笔墨，其欲得合肥甘心，可谓不遗余力。大致谓倭寇不足为中国患，事势危殆，皆合肥昏庸骄蹇，丧心误国，若□□而用湘楚诸人，则倭患计日可弭。呜乎，谈何容易耶？十月以来，淮人用事者渐渐剪落，闻侯刘岘庄到直，则合肥以原品休致去矣。若凭事实而言，则朝廷如此处置合肥，理不为过，但言者所论，则不足以服其心，且刘岘庄何如人，岂足以夷大难，徒增一曹人献丑而已！①

严复的预料后来果然得到验证，湘军出关对日作战，一触即溃，此时之湘军实非二十年前骁勇善战、强悍勇猛之湘军。

三是批评朝中缺乏可用人才，京师士大夫懵然不识时务。"国家□□绝不留神济事之才，徒以高爵重柄，分付庸奴，及事起，则环顾中外官，二十二行省无一可用者，以此亡国，谁曰不宜？迩来大有幸秦之意，其派恭邸督办军务，乃为留守道地也。京师士大夫于时务懵然，绝不知病根所在，徒自头痛说头，脚痛说脚，而上则纷滑颠倒，愈觉莫□□□，事急则驱徒手袒裼以斗于每分钟发四百弹之机器炮下，

---

① 《与陈宝琛书（三）》，《严复集》第三册，第501页。

呜乎，尚有幸耶！刻我已极欲和，而敌则曰，其时未至。束手待死，一筹莫施，噫，其酷矣！"① 显然，严复虽对李鸿章非常不满，但举目环顾朝中大员，又绝无可用之人，这是悲剧的所在。

此信反映了甲午战争期间清廷内部政派分歧，有自命清流的翁同龢、张謇、文廷式诸人，有李鸿章为首的北洋系、淮军系，有张之洞为代表的江南地方大员，有刘坤一为代表的湘系军政集团，严复虽对李鸿章严加批评，但他身处北洋水师学堂，自是北洋一员，故在各派的折冲樽俎中，他对李鸿章的失误只能做到有节制的批评。严复于信末仍对张之洞殷殷期望，"张孝帅有总督两江之命，力完气新，极足有为，果其措理得宜，则后来藉用恢复，但此时真须一著不错，又当如居火屋，如坐漏舟，一口口口口口拼命踏踏实实做去，或有望头，不然将随风而靡耳。孝帅素为公忠体国之人，想必有一番经纬也。复爱莫能助，执事胡勿为之介耶？"② 张之洞系 11 月 13 日 "接篆视事，署理两江总督"。③ 严复对张之洞上任两江总督似已有风闻，故对其期望甚殷，甚至要求陈宝琛为之介绍。

11 月 8 日，严复谕长子严璩书中对时局有更清晰的表态，其内容可算上书的补充。信中严复明言时局十分危急："时事岌岌，不堪措想。奉天省城与旅顺口皆将旦夕陷倭，陆军见敌即溃，经战即败，真成无一可恃者。"坦言朝政混乱，有临阵易帅之谋。"皇上有幸秦之谋，但责恭邸留守，京官议论纷纷，皇上益无主脑，要和则强敌不肯，要战则臣下不能，闻时时痛哭。翁同龢及文廷式、张謇这一班名士痛参合肥，闻上有意易帅，然刘岘庄断不能了此事也。大家不知当年打长毛、捻匪诸公系以贼法子平贼，无论不足以当西洋节制之师，即东

① 《与陈宝琛书（三）》，《严复集》第三册，第 501、502 页。
② 《与陈宝琛书（三）》，《严复集》第三册，第 502 页。
③ 参见吴剑杰编著：《张之洞年谱长编》上卷，上海交通大学出版社，2009 年，第 396 页。

洋得其余绪，业已欺我有余。"严复对朝中翁同龢、文廷式、张謇这帮清流派和刘坤一为首的湘楚实力派弹劾李鸿章的作为颇不以为然，以为用湘军平定太平军可，以之节制西洋则不足。追究国势衰落之因，"中国今日之事，正坐平日学问之非，与士大夫心术之坏，由今之道，无变今之俗，虽管、葛复生，亦无能为力也"。① 到此，严复实已看出甲午之战的败局无可挽回，故其有意将精力转向西学寻求慰藉，"我近来因不与外事，得有时日多看西书，觉世间惟有此种是真实事业，必通之而后有以知天地之所以位、万物之所以化育，而治国明民之道，皆舍之莫由。但西人笃实，不尚夸张，而中国人非深通其文字者，又欲知无由，所以莫复尚之也。且其学绝驯实，不可顿悟，必层累阶级，而后有以通其微。及其既通，则八面受敌，无施不可。以中国之糟粕方之，虽其间偶有所明，而散总之异、纯杂之分、真伪之判，真不可同日而语也"。通过阅读西学，严复对中西之差距、中国之现状颇有新的感触。

严复致陈宝琛的三封信，第一封信落款"名心照不具"，不具真名，意犹心照不宣、心领神会。第二封信落款"名恕具"，仍不具真名，颇可玩味，恕有忠恕、仁恕、宽宥、原谅、饶恕、宽恕、恕罪、推己及人等意。这两封信因内容敏感，不便具名，显示严复的谨慎。第三封信落款"复顿首"，才具真名。现在的问题是，在甲午战争这个敏感时刻，严复为何三次致信陈宝琛，向其袒露战争机密信息和朝廷内部动态，除了两人关系密切，似乎还有鼓动陈宝琛等南方实力派东山再起之意。陈宝琛家世显赫，1868 年考中进士，选翰林院庶吉士，授编修。他的胞弟陈宝瑨和陈宝璐中进士，其他三个胞弟陈宝琦、陈宝瑄、陈宝璜皆为举人出身，时称"六子科甲"，显耀榕垣，可谓闽籍官员的首要。陈宝琛以直言敢谏著称，1875 年被提拔为翰林侍读，与学士张佩纶、通政使黄体芳、侍郎宝廷四人好论时政，时称"清流

---

① 《与长子严璩书（一）》，《严复集》第三册，第 779、780 页。

四谏"。1882年，出任江西学政，后累迁内阁学士、礼部侍郎。中法战争后，因其推举的唐炯、徐延旭办事不力，坐罪降职，回乡赋闲，此时的陈宝琛应是在籍待命。

严复与陈宝琛的交往有迹可查者，可追溯到1880年，严复由福州船政学堂调往天津水师学堂，系与陈宝琛的举荐有关。据张佩纶日记载，1880年4月19日，李鸿章征询水师将才，陈宝琛推荐严复，"伯潜称严宗光者，器识闳通，天资高朗。合肥已往闽调之来津矣"。又称，"黎召民来书，以严宗光不能即到见复，严，伯潜所荐士也。合肥来话"。①5月5日，张佩纶丁忧期间致陈宝琛函，又谈及此事："严宗光闻执事在合肥前举之，定是奇才已累书。闻黎召民调令来津，召民初不愿，以有事为辞，现允竢学生出洋后，令其到津，当可甄拔。但严乃精于西学，并非长于水师，亦只能令其在学堂作师耳。"②可见严复调往天津水师学堂，实出自陈宝琛的力荐。因此，严复与陈宝琛在此前应已有联系，且获陈的赏识，陈宝琛对严复有知遇之恩。

严复与陈宝琛的后续来往，现能查到的线索只有两封信：第一次是1885年9月12日夜，严复致信陈宝琛，请求协助他参加乡试。潜公执事：

> 数日昏昏，未能再谒。崇阶衔戢，奚似兹有恩者？宗光此番以奉母回闽之便，于天津海防事，例内报捐监生，领有户部国学二照，费银足成一百八两。六日录遗，幸不被逐。突本早学宪谕：人照未补足，应扣送入闱等语。当经自行到院呈照，说明此照，系当作八成。情愿补足，唯系直隶报捐。此间藩库，可以给予二成实收否？又谕云：不能似此事败垂成。宗光无懊恼，计唯有重

① 张佩纶：《润于日记·嘉禾乡人日记》第1册，丰润张氏润于草堂刻本，1912年，第17、20页。转引自陈绛、陈星、陈传编著：《陈宝琛年谱长编》，上海交通大学出版社，2024年2月，第76页。
② 陈绛、陈星、陈传：《陈宝琛年谱长编》，第77页。

求我公于明晨拨冗来城，代为一到院中向学宪缓颊，破其疑团。
事若获成，则宗光后此能得寸进，皆我公高厚之赐也。急切屏营，
恕其草草。耑此敬叩礼安。

宗光谨上 八月初四夜

宗光现寓光禄坊道南祠谢子修先生处。大旆到省，乞来召，
当面详一切也。又及。[1]

第二次是 1893 年 10 月 19 日严复致信陈宝琛，谈及家乡墓地纷
争事宜，并邀陈宝琛 12 月一起临勘。[2]同年 12 月，严复将北上赴北
洋水师学堂总办之任，留诗赠别，陈宝琛作诗《次韵几道即以赠别》
相酬。[3]交谊十年，诗文相伴，情趣相投，显见两人关系甚笃。以后
虽时局迭变，严复与陈宝琛的私交也不曾中断，1918 年其子严叔夏
娶妻陈宝琛之外甥女林慕兰，两家结为姻亲。1921 年严复逝世，陈
宝琛作《清故资政大夫海军协都统严君墓志铭》，以志纪念。

过去人们常引陈宝琛《清故资政大夫海军协都统严君墓志铭》中
那段话：李鸿章"大治海军，以君总办学堂，不预机要，奉职而已"。
从严复致陈宝琛这三封信的内容看，其实严复深谙内情，对朝廷和李
鸿章幕府的动态了解甚深，只是不参与决策。有意思的是，严复信中
还有一值得关注之处，那就是三信末尾都提及张之洞。严复显知陈宝
琛与张之洞关系密切。陈宝琛以敢言直谏、"激浊扬清"、清明政治
著称，1878 年和张之洞一道弹劾崇厚与俄签订和约，出卖主权，致使崇
厚革职拿问。陈宝琛与张之洞、张佩纶、宝廷号称"枢廷四谏官"。严

---

① 林平汉、严名整理：《严复全集》第 17 册《书札汇编（上）》，天津：天津教
育出版社，2024 年，第 6、7 页。

② 林平汉、严名整理：《严复全集》第 17 册《书札汇编（上）》，第 16—18 页。

③ 参见陈宝琛：《沧趣楼诗文集》，上海：上海古籍出版社，2006 年，第 26—27 页。
又参见张旭、车树昇、龚任界编著：《陈宝琛年谱》，福州：福建人民出版社，2017 年，
第 174—175 页。

复在科举屡次落第、官场失意之时，曾听说张之洞对他"颇有知己之言"，于是打算舍北就南，1895 年 1 月 15 日他致信四弟观澜表达了这种心迹："兄北洋当差，味同嚼蜡。张香帅于兄颇有知己之言，近想舍北就南，冀或乘时建树耳。然须明年方可举动也，此语吾弟心中藏之，不必告人，或致招谣之谤也。"① 严复这三封信通过陈宝琛暗通款曲，以北洋局内人和官场边缘人的双重身份透露战争密讯和朝廷暗流，因此对严复这三封信所内含的信息及密码不可小觑。至于陈宝琛是否将严复告知的这些信息传达给张之洞，现在无证可据。张之洞面对清军的败局，一方面与李鸿章函电来往，互商应对之策；一方面筹款购买军舰、枪炮，积极做备战准备。② 严复与张之洞以后的关系，并没有想象的那样顺利，严复发表《辟韩》等激烈的维新文字后，作为清廷大员的张之洞即有意与严复拉开距离，显现双方持守的立场差异，严复投奔张之洞麾下的预案自然也化为泡影，严复与张之洞后续不仅没有往来，而且还因对洋务运动的看法迥异，两人有文字交恶的"案底"。③

1895 年 2 月 13 日，清政府派李鸿章为头等全权大臣赴马关与日本议和，谈判进行得非常艰难。另一方面，辽东、沿海战役仍在持续，严复对战事与议和均颇为忧虑，预感到战争结局的不妙。3 月 4 日至9 日，严复在《直报》发表《原强》，直陈对战事之意见，由于此时战争已近尾声，严复的议论实为对战争的最后总结。文中痛陈清廷朝野上下"无一人焉足以胜御侮之任者"，清军"深山猛虎，徒虚论耳"；朝野缺乏统合，清军将兵缺乏训练。言辞激越，如击石投水，对昏庸的官场和沉睡的国人都不啻是猛烈的一击：

---

① 《与四弟观澜书（三）》，《严复集》第三册，第 731 页。

② 参见吴剑杰编著：《张之洞年谱长编》上卷，上海：上海交通大学出版社，2009年，第 389—427 页。

③ 有关严复与张之洞的关系，参见王宪明：《解读＜辟韩＞：兼论戊戌时期严复与李鸿章、张之洞之关系》，《历史研究》1994 年第 4 期。

　　呜呼！中国至于今日，其积弱不振之势，不待智者而后明矣。深耻大辱，有无可讳焉者。日本以寥寥数舰之舟师，区区数万人之众，一战而翦我最亲之藩属，再战而陪京戒严，三战而夺我最坚之海口，四战而覆我海军。今者款议不成，而畿辅且有旦暮之警矣。则是民不知兵而将帅乏才也。曩者天子尝赫然震怒矣，思有以更置之。而内之则殿阁宰相以至六部九卿，外之洎廿四行省之督抚将军，乃无一人焉足以胜御侮之任者。深山猛虎，徒虚论耳。夫如是尚得谓之国有人焉哉！兵连仅逾年耳，而乃公私赤立，洋债而外，尚不能无扰闾阎，是财匮而蹈前明之覆辙也。①

　　文中针对甲午战争中举国不一、君民势散、将士不合、朝政失修的现象——痛加批评，显现了严复对近代战争的理解。

　　夫一国犹一身也，击其首则四肢皆应，刺其腹则举体知亡。而南北虽属一君，彼是居然两戒。首善震矣，四海晏然，视邦国之颠危，若秦越之肥瘠。则是臣主君民之势散，而相爱相保之情薄也。将不素讲，士不素练，器不素储。一旦有急，蚁附蜂屯，授以外洋之快枪机炮，则扞格而不操，窒塞而毁折。故其用之也，转不如陋钝之抬枪。而昧者不知，遂诩诩然曰：是内地之利器也。又有人焉，以谓吾习一枪之有准，遂可以司命三军，且大布其言以愒敌。此其所见，尚何足与言今日之军械也哉！更何足与言战陈之事也哉！夫督曰制军，抚曰抚军，皆将帅也，其居其名不习其事乃如此。十年已来，朝廷阙政亦已多矣。②

---

① 《原强》，《严复集》第一册，第7页。
② 《原强》，《严复集》第一册，第7、8页。

严复还对在国家危难关头那些自命为清流的顾命大臣借弹劾推诿卸责，满朝文武窃位素餐、无所作为给予了抨击：

> 至所谓天子顾问献替之臣，则于时事时势国家所视以为存亡安危者，皆茫然无异瞽人之捕风。其于外洋之事，固无责矣。所可异者，其于本国本朝与其职分所应知应明之事，亦未尝稍留意焉一考其情实。是故有所论列，则噂沓稧骈，传闻远方，徒资笑虐。有所弹劾，则道听涂说，矫诬气矜。人经朝廷数十年之任事，在辇毂数百里之中，于其短长功罪、得失是非，昏然毫未有知。徒尚踚嚚，自鸣忠谠。而一时之论，亦以忠谠称之，此皆文武百执事天子缓急所恃以为安者，其人材又如此。至其中趋时者流，自命俊杰，则矜其浅尝，夸为独得，徒取外洋之疑似，以乱人主之聪明。而尤不肖者，则窃幸世事之纠纷，又欲因之以为利。求才亟，则可以侥幸而骤迁，兴作多，则可以居间以自润。凡此云云，其皆今日逆耳之笃论，抑为鄙人丧心之妄言也。①

严复对战败可能使中国步印度、波兰亡国之后尘，表达了深切忧虑：

> 所可悲者，民智之已下，民德之已衰，与民气之已困耳，虽有圣人用事，非数十百年薄海知亡，上下同德，痛刮除而鼓舞之，终不足以有立。而岁月悠悠，四邻耽耽〔眈眈〕，恐未及有为，而已为印度、波兰之续；将锡彭塞之说未行，而达尔文之理先信，况乎其未必能遽然也。②

---

① 《原强》，《严复集》第一册，第8页。
② 《原强》，《严复集》第一册，第9页。

在文末，严复将对洋务运动成效的批评上升到文明比较的层次，提出开民智、厚民力、明民德"三者皆今日至切之务"：

夫自海禁既开以还，中国之仿行西法也，亦不少矣：总署，一也；船政，二也；招商局，三也；制造局，四也；海军，五也；海军衙门，六也；矿务，七也；学堂，八也；铁道，九也；纺织，十也；电报，十一也；出使，十二也。凡此皆西洋至美之制，以富以强之机，而迁地弗良，若亡若存，辄有淮橘为枳之叹。公司者，西洋之大力也。而中国二人联财则相为欺而已矣。是何以故？民智既不足以与之，而民力民德又弗足以举其事故也。颜高之弓，由基用之，辟易千人，有童子懦夫，取而玩弄之，则绝脰而已矣，折臂〔臂〕而已矣，此吾自废之说也。嗟乎！外洋之物，其来中土而蔓延日广者，独鸦片一端耳。何以故？针芥水乳，吾民之性，固有与之相召相合而不可解者也。夫唯知此，而后知处今之日挽救中国之至难。亦唯知其难，而后为之有以依乎天理，批大邻而导大窾也。至于民智之何以开，民力之何以厚，民德之何以明，三者皆今日至切之务，固将有待而后言。①

严复对甲午战败的认识，通过中西比较，已上升到前所未有的文明高度，最终他寄希望思想启蒙、启迪民众，这是中国近代思想的重要转向，也是开启近代启蒙运动的开始。

1895 年 3 月 29 日，严复在天津《直报》又发表《原强续篇》，对日本在甲午战争中取胜之原因，从人心、地理、民情、谋略诸方面作了探究，并明确指出日本有着西方列强不曾有的与中国同文同种、地缘相邻的优势：

---

① 《原强》，《严复集》第一册，第 15 页。

今日之东事，横决大溃，至于不可收拾者，夫岂一朝夕之故，而审其原者谁乎？……夫以中国今日政治之弛缓不收，人心之浇薄自私与百执事人才之消乏，虑无起者耳。有枭雄焉，操利仗驱数万训练节制之师，胜、广之祸殆莫与过。况乎倭处心积虑十余年，图我内地之山川，考我将帅之能否，举中国一切之利病，微或不知之。此在西洋为之则甚难，彼倭为之则甚易者，书同文而壤地相接故也。今乃谓其必待西洋之相助，与中国奸人之借资，诸君能稍贬此〔所〕谓人莫己若之心，庶有以审今日之乱源，而国事尚有豸耳。①

严复深刻地指出此战是日本蓄谋已久的侵华野心与残暴掠夺的强盗本性的一次大暴露，国人对此如无清醒认识，上下同心，奋起反抗，则将陷入国破家亡之险境：

倭之谋则大矣，而其术乃大谬。……今倭不悟其国因前事事太骤以致贫，乃日用其兵，求以其邻为富，是盗贼之行也，何西法之不幸，而有如是之徒也。故吾谓教顽民以西法之形下者，无异假轻侠恶少以利矛强弓，其入市劫财物、杀长者固矣。然亦归于自杀之驱而已矣。害农商，戕民物，庚气一消，其民将痛。倘军费无所得偿，吾不知倭之所以为国也。其与我不得已而起，民心日辑合，民气日盈者，岂可同日而论哉？是故今日之事，舍战固无可言，使上之人尚有所恋，而不早自断焉，则国亡矣。且三五百年间，中土无复振之一日。②

---

① 《原强续篇》，《严复集》第一册，第36、37页。
② 《原强续篇》，《严复集》第一册，第38、39页。

对议和之事，严复发表意见，以为日本提出条款，索取太苛，"万万不可求和"：

> 夫倭之条款，众所宜知矣，姑无论割地、屯兵诸大端，即此数万万之军费，于何应之？倭患贫而我适以是拯之，以恣其虐我。是何异驱四百兆之赤子，系颈面缚以与其仇，以求旦夕之喘息，此非天下之至不仁者不为。今日款议所关，实天下之公祸公福。……呜呼！和之一言，其贻误天下，可谓罄竹难书矣。唯"终归于和"之一念，中于人心者甚深，而战事遂不可复振。是故举今日北洋之糜烂，皆可于"和"之一字推其原。仆生平固最不喜言战者也，每谓有国者，虽席极可战之势，据极可战之理，苟可以和，切勿妄动。迨不得已战矣，则计无复之，唯有与战相终始，万万不可求和，盖和则终亡，而战可期渐振。苟战亦亡，和岂遂免！此中国之往事然，而西国之往事又莫不然也。唯始事而轻言战，则既事必轻言和。仆尝叹中国为倒置之民者，正为轻重和战之间所施悖耳。①

严复明确表达了宁战勿和的意见，"为今日之计，议不旋踵，十年二十年转战，以任拼与贼倭没尽而已。诚如是，中倭二者，孰先亡焉，孰后倦焉，必有能辨之者。天子以天下为家，有以死社稷教陛下者，其人可斩也。愿诸公绝'望和'之一念，同德商力，亟唯军实之求。兵虽乌合，战则可以日精；将虽愚怯，战则日来智勇；器虽苦窳，战则日出坚良。此时不独宜绝求和之心，且当去求助各国之志。何则？欲求人助者，必先自助。使我自坐废，则人虽助我，亦必不力，而我之所失多矣"。② 既然要求坚持抗战，但北洋水师全军覆没，淮军、

---

① 《原强续篇》，《严复集》第一册，第39页。
② 《原强续篇》，《严复集》第一册，第39、40页。

湘军又溃不成军，清廷还能凭借何力抵抗和坚持？中国的出路何在？从严复奋笔疾书的《论世变之亟》《原强》《辟韩》《救亡决论》诸文，我们可以看出他的思想已转向启蒙，将挽回国运的希望寄托于民众。

1896 年 10 月，严复致函梁启超，吐露 1895 年春撰写《原强》《救亡决论》诸文的内心冲动和真实动机，是欲"以智、德、力三者为之根本"，唤醒民众：

> 甲午春半，正当东事臬兀之际，觉一时胸中有物，格格欲吐，于是有《原强》《救亡决论》诸作，登布《直报》，才窘气苶不副本心，而《原强》诸篇尤属不为完作。盖当日无似不揣浅狭，意欲本之格致新理，溯源竟委，发明富强之事，造端于民，以智、德、力三者为之根本，三者诚盛，则富强之效不为而成；三者诚衰，则虽以命世之才，刻意治标，终亦骤废。……仆之命意如此，故篇以《原强》名也。能事既不足心副，而人事牵率，遂以中绝。今者取观旧篇，真觉不成一物，而足下见其爪咀，过矜羽毛，善善从长，使我颜汗也。[1]

信中所称"《原强》诸篇尤属不为完作"，道出《原强》意犹未尽，故其后续作《原强修订稿》，增加篇幅，继续发挥。

严复对甲午战争的认识和检讨，在战后众声喧哗的批评声浪中，其思想深度在同时代人中堪称凤毛麟角。严复之所以能走在时代的前列，与其具有宽广的世界视野、中西比较的独特维度和在官场的深刻体验、科场的惨痛经历分不开。所有这些因素聚合在一起，促成了严复思想的一次火山式的喷发，也将严复带到了历史的前台。

---

[1] 《与梁启超书（一）》，《严复集》第三册，第 514 页。

三 严复后续对甲午战争的反思

甲午一战，北洋水师覆灭，李鸿章奉旨入阁，投置闲散，北洋水师和淮系人马均被打入冷宫，闽人在海军中的地位也不复从前。1896年3月，严复与四弟严观澜书，谈及京津官场的近况时悲叹：

> 眼前世界如此，外间几无一事可做，官场风气日下，鬼蜮如林，苟能拂衣归里、息影敝庐，真清福也。兄自来津以后，诸事虽无不佳，亦无甚好处。公事一切，仍是有人掣肘，不得自在施行。至于上司，当今做官，须得内有门马，外有交游，又须钱钞应酬，广通声气。兄则三者无一焉，又何怪仕宦之不达乎？置之不足道也。
>
> 此间官场，因去年威海一役，人人皆憎嫌海军，至海军闽人，则憎之尤甚。兄曾奉过制军面谕，嗣后学生，宜招北省子弟，此语暗中自有所指；又于去年特饬开招本地学生六十余人，现虽陆续传到，尚未补完。这番康济离闽，若家乡人贪便宜，坐搭来津，意求谋补，无缝可入，坐困他乡，必定后悔。[1]

信中还自曝罗丰禄、洪翰香作梗，"李中堂处洋务，为罗稷臣垄断已尽，绝无可图。堂中洪翰香又是处处作鬼，堂中一草一木，必到上司前学语，开口便说闽党，以中上司之忌，意欲尽逐福建人而后快"。[2] 显然，甲午战争后严复的境况不佳。戊戌百日维新时，严复虽蒙光绪帝召见，但其个人境遇并没有任何改变，这与北洋水师的整体冷落有关。加上戊戌政变的发生，后党班师回朝执政，严复在体制

---

[1] 《与四弟观澜书（四）》，《严复集》第三册，第731、732页。
[2] 《与四弟观澜书（四）》，《严复集》第三册，第732页。

内的实际处境就置于边缘了。

1902 年刊本《侯官严氏丛刻》，收入《原强修订稿》，这个修改稿与原稿相较，在文字上有很大改动，篇幅上也增加了近一半的文字，这个稿本成文的具体日期已难以确考，但是在甲午战争结束以后修改、增补而成应无疑。其中有关反思甲午战争一段如下：

> 往者日本以寥寥数舰之舟师，区区数万人之众，一战而翦我最亲之藩属，再战而陪都动摇，三战而夺我最坚之海口，四战而威海之海军熸矣。使曩者款议不成，则畿辅戒严，亦意中事耳。当此之时，天子非不赫然震怒也。思改弦而更张之，乃内之则殿阁枢府以至六部九卿，外之则泊廿四行省之疆吏，旁皇咨求，卒无一人焉足以胜御侮折冲之任者。"猛虎深山"，徒虚论耳。兵连不及周年，公私扫地赤立，洋债而外，尚不能无扰闾阎，其财之匮也又如此。夫一国犹之一身也，脉络贯通，官体相救，故击其头则四支皆应，刺其腹则举体知亡。而南北虽属一君，彼是居然两戒；首善震矣，四海晏然，视邦国之颠危，犹秦越之肥瘠。合肥谓"以北洋一隅之力御倭人全国之师"，非过语也。此君臣势散而相爱相保之情薄也。将不素学，士不素练，器不素储。一旦有急，则蚁附蜂屯，授之以扞格不操之利器，曳兵而走，转以奉敌。其一时告奋将弁，半皆无赖小人，觊觎所支饷项而已。[①]

内中特别引用"合肥谓'以北洋一隅之力御倭人全国之师'，非过语也"一句，对李鸿章与北洋系所负战败责任，多少含有开脱或释嫌之意。

严复在翻译《原富》时，对洋务运动作了深刻反省，其所加按语

---

① 《原强修订稿》，《严复集》第一册，第 19 页。

痛责洋务运动"无一实效之可指":

> 中国自海通以来,咸同间中兴诸公,颇存高瞻远瞩之概。天津、江南之制造局,福州之船厂,其尤著也。顾为之者一,而败之者十。畛域之致严,侵蚀之时有,遂使事设三十余年,无一实效之可指。至于今治战守之具,犹糜无穷之国帑,以仰鼻息于西人,事可太息,无逾此者。①

1902年在《与〈外交报〉主人书》中,严复对洋务运动"中体西用"的思维模式作了深刻的批判,显示出他与张之洞《劝学篇》针锋相对的立场。②

1918年5月17日,严复致信熊纯如,总结北洋练兵成绩,颇为沉痛地表示:

> 吾国大患,自坐人才消乏。盖旧式人才既不相合,而新者坐培养太迟,不成气候,即有一二,而孤弦独张,亦为无补。复管理十余年北洋学堂,质实言之,其中弟子无得意者。伍昭扆(光建)有学识,而性情乖张,王少泉(劭廉)笃实,而过于拘谨。二者之外,余虽名位煊赫,皆庸材也。且此不独北洋学堂为然,即中兴诸老,如曾、左、沈、李,其讲洋务,言培才久矣。然前之海军,后之陆军,其中实无一士,即如王士珍、段祺瑞、冯国璋,皆当日所谓健者,至今观之,固何如乎? ③

严复认定北洋事业实已破产,此话虽说得有些晚,但以局中人的

---

① 《原富》按语,《严复集》第四册,第888、889页。
② 参见《与〈外交报〉主人书》,《严复集》第三册,第557—565页。
③ 《与熊纯如书(七十)》,《严复集》第三册,第687页。

眼光道出晚清民初主持洋务、军事者"皆庸才也""实无一士"的内情，以这些人统帅军队，焉有不败之理，这对人们认识当时中国军事现代化的水平显有提点，而表示其"无意于今之政府久矣""所以益欲还乡"，则显示出他晚年心恢意懒的心境。

严复对甲午战争反思的另一个重点，就是对建设海军事业的重视。与古代中国战争大多来自游牧的少数民族骚扰不同，近代中国战争往往是来自西方、日本的海上侵袭。严复因其本职是海军，自然对与其职业相关的海洋、海军、海权、海防的重要性有着本能的敏感。与此议题相关者已有论述，在此不再赘述。[①]

四 结语

作为职业海军军人，严复对战争有着特殊的敏感。他对战争的观察和探研包括：近代战争与政治、经济的关系，近代战争与国际关系，近代战争与文明论。严复对近代对外战争认识的突出特点是对近代战争的一体化、近代战争特性、近代战争文明论的阐述。

严复的军事思想在中国近代军事史上有着重要的思想文献价值。严复在翻译《法意》时作按语："往读美人马翰所著《海权论》诸书，其言海权，所关于国之盛衰强弱者至重，古今未有能奋海权而其国不强大者。古希腊罗马，皆海国也。希腊用蕞尔国，而能与强大波斯抗者以此。韩尼泊引加达支之师，道斯巴尼亚，绕长白山左转而入罗马，势如破竹矣，卒不能制罗马死命者，坐罗马有海军，而韩尼泊无之耳。至于后世，拿破仑竭十余年之力以图英，顾事不成，终为所困，亦以舟师先为英人所覆故也。中间若荷兰，若波陀牙，若斯巴尼亚，方其

---

① 参见皮后锋：《严复的海军素养与理论能力》，《福建论坛·人文社会科学版》2010年第9期。王宪明、耿春亮：《严复的"海军强国"梦及其当代意义》，《河北学刊》2013年第6期。

递为强国，狎主齐盟，皆当海权极盛之时代。最后甲辰日俄之战，其始也，以海军鸣，盖旅顺三铁甲毁于鱼雷，而日本已操必胜之算，乙巳五月，波罗的海旅告燔，而俄国乞和之使出矣。此实证诸历史可谓不遁之符者已！"①此段按语证明严复当年不仅接读马汉的《海权论》，而且对世界历史上的海战有过探研。他以"吾国开辟以来，国家拥一统无外之规，常置海权于度外，至于今其敝见矣！自与各国相见以来，失败原因，莫不坐此。顾议者梦梦，尚持弃海从陆之谈。嗟乎！使弃海而从陆，则中国终古为雌。将以建国威，销敌萌，与外人争一旦之命者，可决然断其无此事也"②提醒国人海权、海防的重要性，显示他内心的焦虑所在。

令人遗憾的是，严复并没有写出卡尔·冯·克劳塞维茨《战争论》那样富有影响力的军事巨著，也没有像马汉《海权论》那样对海权之于国家战略的重要性进行系统的探讨，在他的译著中，甚至没有一部军事方面的名著。严复在北洋水师学堂垂二十年，迄今我们也找不到严复有关教学的讲义稿或课本材料，严复有关海军、战争的论述是零星的、片断的，这是他的缺失，也是饱尝战争苦难的近代中国留给我们的未竟之业。

本文为作者2025年11月25—26日参加香港理工大学主办"严复与中华文化现代化"国际高端论坛提交的论文，载《北京大学学报》（哲学社会科学版）2025年第2期。

---

① 《法意》按语，《严复集》第四册，第1001、1002页。
② 《法意》按语，《严复集》第四册，第1002页。

严复学术行年简表

1854 年（清咸丰四年）1 岁

1 月 8 日（阴历十二月初十）生于福建侯官（今闽侯）县阳崎乡。初名传初，乳名体乾。

1859 年（清咸丰九年）7 岁

开始进私塾读书，先后从师数人，中曾从五叔父严厚甫（名煌昌）读书习字。

1863 年（清同治二年）11 岁

在家馆从师宿儒黄少岩（名昌彝）读经。

1865 年（清同治四年）13 岁

黄少岩去世。改从其子黄孟脩（名增来）读书。

1866 年（清同治五年）14 岁

春间，娶王氏夫人。

8 月 4 日，父死，家贫，不再从师读书。

冬，参加福州马尾船厂附设的船政学堂（原名"求是堂艺局"）入学考试，名列第一。

1867 年（清同治六年）15 岁

正式进入船政学堂后学堂，学习英文、数学、物理、化学、地质、天文、航海术等。入学后改名宗光，字又陵。

1871 年（清同治十年）19 岁

在福州船政学堂毕业，考列优等。被派往"建威"舰上实习。曾前往新加坡、槟榔屿等地。

1872 年（清同治十一年）20 岁

在福州船政局制成的"扬武"号军舰上实习，曾前往日本长崎、横滨等地。

1874 年（清同治十三年）22 岁

随"扬武"舰去台湾，测量台东背旂、莱苏屿各海口，历时计月余。长子璩生，字伯玉。

1877 年（清光绪三年）25 岁

被派往英国学习海军专业。

初入朴茨茅斯学校，后入格林威治皇家海军学院，学习高等数学、物理、化学、海军战术、海战公法及海军炮堡建筑术等。留学期间，研讨西方哲学、社会科学著作甚勤。常与驻英公使郭嵩焘论析中西学术政制之异同，深受赞赏。

1878 年（清光绪四年）26 岁

在英留学。夏间，曾往法国巴黎游历。1879 年（清光绪五年）27 岁学成归国，任教于马江船政学堂。改名复，字几道。

1880 年（清光绪六年）28 岁

被李鸿章调往北洋水师学堂，任总教习（教务长）。

1881 年（清光绪七年）29 岁

初读英国学者斯宾塞著《群学肄言》。

1885 年（清光绪十一年）33 岁

回原籍福建参加乡试，落第。

1888 年（清光绪十四年）36 岁

赴北京参加顺天乡试，又落第。

1889 年（清光绪十五年）37 岁

再去北京参加顺天乡试，落第。

被李鸿章委任为北洋水师学堂会办（副校长）。

11 月 12 日，其母陈氏卒，享年 57 岁。

1890 年（清光绪十六年）38 岁

任北洋水师学堂总办（校长）。

1892 年（清光绪十八年）40 岁

读英国传教士宓克著《支那教案论》，始译此书。

10 月 23 日，其夫人王氏卒。旋娶江氏。

1893 年（清光绪十九年）41 岁

再回原籍福建参加乡试，落第。次子王璸生，字仲弓。

1895 年（清光绪二十一年）43 岁

先后在天津《直报》上发表《论世变之亟》《原强》《辟韩》《救亡决论》等文，鼓吹变法维新，提倡"新学"。

1896 年（清光绪二十二年）44 岁

奉李鸿章之命办"俄文馆"，任总办。

协助张元济在北京办"通艺学堂"，提倡西学，培植维新人才。

赞助梁启超在上海创办《时务报》，《原强》《辟韩》等文在该报重刊。

夏，翻译英国学者赫胥黎《天演论》（即《进化论与伦理学》）一书，撰写《天演论》自序。

1897 年（清光绪二十三年）45 岁

与王修植、夏曾佑等在天津创办《国闻报》，该报社论大都由严复撰写，并发表《论中国教化之退》《有如三保》《道学外传》等重要文字。

开始译英国经济学家亚当·斯密《原富》。三子琥生，字叔夏。

1898 年（清光绪二十四年）46 岁

1 月 27 日—2 月 4 日，起草《拟上皇帝书》，刊于《国闻报》。译亚当·斯密《原富》（未完），寄吴汝纶商榷。

所译《天演论》由湖北沔阳卢氏慎始基斋木刻出版、天津嗜奇精舍石印出版，吴汝纶作序。

9 月 14 日，光绪帝召见严复，询问对变法的意见。

9 月 18 日，在北京通艺学堂演讲"西学门径功用"。

戊戌政变后，作《戊戌八月感事》《哭林晚翠》《古意》等诗。

1899 年（清光绪二十五年）47 岁

续译《原富》，寄请吴汝纶审定。

译英国学者约翰·穆勒《群己权界论》（即《自由论》）。

1900 年（清光绪二十六年）48 岁

3 月，又娶朱明丽。朱氏生子璿、玷，女璆、珑、顼。6 月，离津赴沪，结束了北洋水师学堂总办的职务。

7 月，上海维新人士在英国租界张园成立"中国国会"，挽救时局，严复当选为副会长。

在上海"名学会"讲演名学（逻辑学）。始译约翰·穆勒《名学》。

1901 年（清光绪二十七年）49 岁

1 月，译《原富》完。

5 月，应张翼（燕谋）招请赴天津主持开平矿务局工作。

9 月，致书吴汝纶，请其为《原富》作序，撰《〈原富〉译事例言》。张元济、郑孝柽编《中西编年、地名、人名、物义诸表》附在《原富》译本后。

1902 年（清光绪二十八年）50 岁

由管学大臣张百熙聘为京师大学堂编译局总办。

《原富》由上海南洋公学译书院出版。译约翰·穆勒《名学》半部（八篇）。

5 月，在张元济主编的《外交报》上发表《致〈外交报〉主人书》，针对"中学为体，西学为用"，强调"分则两立，合则两亡"。

《与梁任公论所译〈原富〉书》在《新民丛报》上发表。

1903 年（清光绪二十九年）51 岁

9 月，所译《群己权界论》由商务印书馆出版。

10 月，译完英国学者甄克思《社会通诠》一书。

应熊季廉之请，编写《英文汉诂》，以汉文言述英文文法。续译《群学肄言》，年底完成，凡三易稿。

1904 年（清光绪三十年）52 岁

辞去编译局职，离京赴沪。

所译《社会通诠》由商务印书馆出版。

5 月，所著《英文汉诂》由商务印书馆出版。

1905 年（清光绪三十一年）53 岁

春，张翼以开平矿务局讼事约请严复赴英。在伦敦会见孙中山，两人围绕改造中国途径作探讨，意见不合。顺途游历法兰西、瑞士、意大利等地。

夏，协助马相伯创办复旦公学。

在上海青年会发表讲演，后以《政治讲义》为题，由商务印书馆出版。

8 月，所著《评点老子道德经钞》一书由熊季廉在日本东京出版。

本年，所译约翰·穆勒《名学》由蒯氏金粟斋刻成。

1906 年（清光绪三十二年）54 岁

任上海复旦公学第二任校长，不久辞职。

8 月，所译孟德斯鸠著《法意》脱稿，由商务印书馆出版。

10 月，清政府考试留学毕业生，被派为同考官，前往北京。被安徽巡抚恩铭聘为安徽高等学堂监督（校长）。

1907 年（清光绪三十三年）55 岁

夏，离开安徽高等学堂。

1908 年（清光绪三十四年）56 岁

应直隶总督杨文敬之聘赴津，途中手批王荆公（安石）诗自遣。

9月—11月，为女学生吕碧城讲解《名学浅说》。

被学部尚书荣庆聘为审定名词馆总纂。

1909 年（清宣统元年）57 岁

被派充宪政编查馆二等咨议官及清理财政处咨议官、福建省顾问官。《名学浅说》由商务印书馆出版。

受赐文科进士出身。

1910 年（清宣统二年）58 岁

以"硕学通儒"资格被征为资政院议员。

冬，海军部成立，被授以"协都统"头衔。

1911 年（清宣统三年）59 岁

清廷特授海军第一等参谋官。

武昌起义爆发后，特作《民国初建，政府未立，严子乃为此诗》，表达其对民国的渴望心情。

1912 年（民国元年）60 岁

5月，被临时大总统袁世凯任命为北京大学校长，自兼文科学长，对于北大的计划是："将大学经（经学）文（文学）两科合并为一，以为完全讲治旧学之区，用以保持吾国四五千载圣圣相传之纲纪、彝伦、道德、文章于不坠。"

8月，海军部设编译处，被任命为总纂，负责翻译外国海军图籍。

9月中旬，被袁世凯聘为公府（总统府）顾问（法律外交顾问）。

10月底，辞去北大校长职。

拟续译约翰·穆勒《名学》未果。

1913 年（民国二年）61 岁

6月，领衔发起成立孔教会。

在中央教育会演说《读经当积极提倡》。

1914 年（民国三年）62 岁

1月，被推为"约法会议"议员。

作《民约平议》刊登在梁启超主编的《庸言报》第25、26期。

5月，被袁世凯任命为参政院参政。

译卫西琴《中国教育议》，刊登于《庸言》第3、4期。

12月，海军部设海军编史处，被聘为总纂，负责编辑海军实纪。

1915 年（民国四年）63 岁

欧战爆发后，曾将外国报刊上的消息和社论译成中文，刊于《居仁日览》供袁世凯浏览。

7月，被袁世凯指令为中华民国宪法起草委员之一。

8月，被列名为筹安会发起人。是年，哮喘病发作。

1916 年（民国五年）64 岁

袁世凯死后，闲居家中，手批《庄子》。哮喘病加剧。

1917 年（民国六年）65 岁

冬，入北京东交民巷法国医院诊治哮喘病。

1918 年（民国七年）66 岁

秋，返福州家乡，入冬气喘加剧。

致信学生熊纯如，表示反对苏俄十月革命；称赞孔孟之道"真量同天地，泽被寰区"。

拟续译穆勒《名学》，未果。

1919 年（民国八年）67 岁

春末，到上海进红十字医院，治疗喘嗽病；秋末，回北京进协和医院。搬家住大阮府胡同新屋，号"瘝瘝草堂"，自称"瘝瘝老人"。

1920 年（民国九年）68 岁

8月，回福州避寒。

1921 年（民国十年）69 岁

10月27日（旧历九月二十七日）在福州去世。临终前曾立下遗嘱，内列三事："一、中国必不亡，旧法可损益，必不可叛。二、新知无尽，真理无穷。人生一世，宜励业益知。三、两害相权，已轻群重。"

12月20日，与王夫人合葬于闽侯阳崎鳌头山，曾与严复交谊甚笃的晚清内阁学士陈宝琛为他撰写《清故资政大夫海军协都统严君墓志铭》。《墓志铭》曰："君子学无所不窥，举中外治术有理，靡不究极原委，抉其失得，证明而会通之。六十年来治西学者，无其比也，所译《天演论》《原富》《群学肄言》《穆勒名学》《法意》《群己权界论》《社会通诠》，皆行于世。杂文散见，不自留副，仅存诗三百余首。其为学，一主于诚，事无大小无所苟。虽小诗短札，皆精美，为世宝贵。而其战术、炮台、建筑诸学，则反为文学掩矣。"

主要参考书目

一、严复译作、著作

《严译名著丛刊》（包括《天演论》《原富》《群学肄言》《群己权界论》《社会通诠》《法意》《名学》《名学浅说》八种），上海：商务印书馆，1931年；北京：商务印书馆，1981年版。

[英]赫胥黎：《进化论与伦理学》，《进化论与伦理学》翻译组译，北京：科学出版社，1971年7月版。

[英]赫胥黎：《进化论与伦理学》（全译本，附《天演论》），宋启林译，北京：北京大学出版社，2010年12月版。

王栻主编：《严复集》(五册)，北京：中华书局，1986年版。

孙应祥、皮后锋：《〈严复集〉补编》，福州：福建人民出版社，2004年7月版。

马勇编：《严复语萃》，北京：华夏出版社，1993年版。

王庆成、叶文心、林载爵主编：《严复合集》，台北：财团法人辜公亮文教基金会，1998年8月版。

汪征鲁、方宝川、马勇主编：《严复全集》，福州：福建教育出版社出版，2014年8月版。

林平汉、罗耀九、叶文心主编：《严复全集》，天津：天津教育出版社，2024年1月版。

二、严复年谱、传记

陈宝琛：《清故资政大夫海军协都统严君墓志铭》，载王栻主编《严复集》第5册。

郭正昭：《中国历代思想家　四六·严复》,台北：台湾商务印书馆，

1978 年 6 月版。

罗耀九主编：《严复年谱新编》，福州：鹭江出版社，2004 年 2 月版。

黎难秋主编：《中国科学翻译史料》，合肥：中国科技大学出版社，1996 年 9 月版。

钱履周：《严复年表》，载何桂春整理，《福建师大学报》1984 年第 4 期。

孙运祥：《严复年谱》，福州：福建人民出版社，2003 年 8 月版。

陶菊隐：《筹安会"六君子"传》，北京：中华书局，1981 年版。

王蘧常：《严几道年谱》，上海商务印书馆，1936 年初版；载牛仰山、孙鸿霓编：《严复研究资料》。

王栻：《严复传》，上海：上海人民出版社，1957 年版、1976 年版。

王栻、俞政：《严复》，南京：江苏古籍出版社，1984 年版。

吴相湘：《"天演宗哲学家"严复》，《民国百人传》第 1 册，台北：传记文学出版社，1982 年版。

严璩：《侯官严先生年谱》，载王栻主编《严复集》第 5 册。

三、严复研究论著

陈越光、陈小雅：《摇篮与墓地——严复的思想和道路》，成都：四川人民出版社，1985 年版。

高惠群、马传袠：《翻译家严复传论》，上海：上海外语教育出版社，1992 年版。

黄克武：《自由的所以然：严复对约翰弥尔自由思想的认识与批判》，桂林：上海书店，2000 年 5 月版。

黄克武：《惟适之安——严复与近代中国的文化转型》，北京：社科文献出版社，2012 年。

黄克武：《笔醒山河——中国近代启蒙人严复》，桂林：广西师范大学出版社，2022 年。

黄瑞霖主编：《中国近代启蒙思想家——严复诞辰 150 周年纪念论文集》，北京：方志出版社，2003 年 12 月版。

李建平主编：《严复与中国近代社会》，福州：海风出版社，2006 年版。

牛仰山、孙鸿霓编：《严复研究资料》，福州：海峡文艺出版社，1990 年版。

戚学民：《严复〈政治讲义〉研究》，北京：人民出版社，2010 年 3 月。

商务印书馆编辑部编：《论严复与严译名著》，北京：商务印书馆，1982 年版。

王中江：《严复与福泽渝吉——中日启蒙思想比较》，开封：河南大学出版社，1991 年版。

王宪明：《语言翻译与政治：严复译〈社会通诠〉研究》，北京：北京大学出版社，2005 年。

习近平主编：《科学与爱国——严复思想新探》，北京：清华大学出版社，2001 年 11 月版。

俞政：《严复著译研究》，苏州：苏州大学出版社，2003 年 5 月版。

周振甫：《严复思想述评》，上海：中华书局，1940 年版。

张志建：《严复思想研究》，桂林：广西师范大学出版社，1989 年版。

Benjamin Schwartz, *In search of wealth and power:Yen Fu and the West*, Cambridge, Mass.:The Belknap Press of Harvard University, 1964.

此书中译本有 [美] 本杰明·史华兹：《寻求富强：严复与西方》，叶凤美译，南京：江苏人民出版社，1990 年版。[美] 许华茨：《严复与西方》，滕复等译，北京：职工教育出版社，1990 年版。

四、其他文献、论著

曹聚仁：《中国学术思想史随笔》，北京：三联书店，2003 年 8

月版。

陈衍：《石遗室诗话》，北京：朝华出版社，2017年。

丁文江、赵丰田编：《梁任公先生年谱长编（初稿）》，北京：中华书局，2010年4月版。

高平叔编：《蔡元培全集》第四卷，北京：中华书局，1984年版。

郭湛波：《近代中国思想史》，香港：龙门书店，1973年版。

郭嵩焘：《伦敦与巴黎日记》，长沙：岳麓书社，1984年版。

翦伯赞等编：《戊戌变法》（中国近代史资料丛刊）第2、3、4册，上海人民出版社，1961年版。

顾廷龙、戴逸主编：《李鸿章全集》第5、6册《奏议》五、六，合肥：安徽教育出版社，2008年版，第107页。

顾树森：《中国历代教育制度》，南京：江苏人民出版社，1981年版。

冯友兰：《中国哲学史新编》第六册，北京：人民出版社，1989年版。

姜义华、吴根梁编校：《康有为全集》第2册，上海：上海古籍出版社，1990年版。

李华兴、吴嘉勋编：《梁启超选集》，上海：上海人民出版社，1984年版。

李泽厚：《中国近代思想史论》，北京：人民出版社，1986年11月版。

梁启超：《清代学术概论》，载朱维铮校注《梁启超论清学史二种》，上海：复旦大学出版社，1985年8月版。

《鲁迅全集》，北京：人民文学出版社，1981年版。

《毛泽东选集》第四卷，北京：人民出版社，1968年12月版。

康有为：《杰士上书汇录》，3册，清光绪二十四年内府抄本。

康有为：《康南海自编年谱》，楼宇烈整理，北京：中华书局，

1992 年 9 月版。

康有为：《春秋董氏学》，楼宇烈整理，北京：中华书局，1990 年版。

欧阳哲生编：《中国现代学术经典·蔡元培卷》，石家庄：河北教育出版社，1996 年 8 月版。

欧阳哲生主编：《傅斯年全集》第一卷，长沙：湖南教育出版社，2003 年 9 月版。

欧阳哲生编：《胡适文集》，北京：北京大学出版社，1998 年版。

容闳：《西学东渐记》，长沙：湖南人民出版社，1981 年版。

舒新城：《中国近代教育史料》，北京：人民教育出版社，1961 年版。

申报馆：《最近五十年》，上海：申报馆，1923 年版。

尚秉和：《辛壬春秋》卷三十三《革命源流》上，北京：中国书店，2010 年版。

孙宝瑄：《忘山庐日记》上册，上海：上海古籍出版社，1983 年版。

孙中山：《孙中山选集》，北京：人民出版社，1981 年版。

汤志钧：《戊戌变法史》，北京：人民出版社，1984 年版。

汤志钧编：《康有为政论集》上册，北京：中华书局，1981 年版。

汤志钧：《章太炎年谱长编》，北京：中华书局，1979 年版。

唐启华：《被"废除不平等条约"遮蔽的北洋修约史（1912—1928）》，北京：社会科学文献出版社，2010 年 9 月版，

钱基博：《现代中国文学史》，长沙：岳麓书社，1986 年版。

钱锺书：《谈艺录》，北京：中华书局，1986 年 10 月版。

钱锺书：《旧文四篇》，上海：上海古籍出版社，1979 年版。

汪荣祖：《从传统中求变》，南昌：百花洲文艺出版社，2002 年 4 月版。

张焘：《津门杂记》，天津：天津古籍出版社，1986 年版。

钟叔河：《走向世界——近代中国知识分子考察西方的历史》，北京：中华书局，1985 年版。

中国国家博物馆编：《郑孝胥日记》第三册，劳祖德整理，北京：中华书局，1993 年版。

中华书局影印：《清实录 五七·德宗景皇帝实录 [六]》，北京：中华书局，1987 年版。

[美] 费正清主编：《剑桥中国晚清史》，中国社会科学院历史研究所编译室译，北京：中国社会科学出版社，1985 年版。

[美] 徐国刚：《中国与大战：寻求新的国家认同与国际化》，马建标译，上海：上海三联书店，2013 年版。

[德] 列奥·施特劳斯：《迫害与写作艺术》，刘锋译，北京：华夏出版社，2020 年版。

[英] 罗素：《西方哲学史》下册，马元德译，北京：商务印书馆，1988 年版。

[法] 卢梭：《论人类不平等的起源和基础》，李常山译，北京：商务印书馆，1962 年版。

后　记

大约是在 1992 年春夏之交，尹飞舟、陈晋两兄盛情向"国学大师丛书"执行编委钱宏君推荐，希望他能收揽我为丛书的作者之一。钱宏君随即将丛书的体例详告于我。当时我正忙于博士论文答辩，杂事繁多，来不及细密考虑和认真查找有关资料，随即选定《严复评传》。不久，上海人民出版社约定出版我的博士论文《胡适思想研究》，自己只得先全力以赴修改、扩充博士论文，忙了半年多时间，书稿杀青后，又赶赴香港中文大学访学。

直到 1993 年 5 月，北京大学历史系招收我为博士后流动站研究人员，自己才腾出手脚来，写作这本已拖延了近一年的书稿。

当初认定《严复评传》的撰写任务，主要是出于对严复这位启蒙思想家的研究兴趣，且以为像严复这样的文化巨子，前人应积累了相当的研究成果，也许可资利用。然而当我真正进入这一研究领域时，才感觉这是一项费力难讨好的工作。首先，严复本人讲究文辞，其文古奥，不易读懂，近人梁启超、胡适、鲁迅诸人早已论及，文字方面的困难不少。其次，严复一生的文化学术成就侧重在西学方面，而不是在国学方面，故可资论述的材料太少。最后，现有的严复研究主要集中在严复的政治思想、严复的翻译活动和他对进化论的传播等方面，对严复的学术思想研究实在太欠缺了。在前人的研究中，值得提到的学者应有周振甫先生、王栻先生和美国学者史华兹先生。周先生与严复相距甚近，对研究对象的时代背景和社会环境有真切的体会，加上他勤搜材料，故其完成的《严复思想述评》可以说是第一部较有分量的研究著作。但周先生以严复的中西文化观为讨论线索，内容的偏重

338

自然也在这一方面。

王栻先生的成绩主要在于对严复作品的整理上，五册《严复集》是迄今为止最为完备的严复作品集。遗憾的是，王先生的《严复传》明显受到时代的局限，留有太多的"左"倾思潮影响的痕迹。史华兹先生的《寻求富强：严复与西方》则主要探讨严复与西方的关系，而对他与中国人文传统的内部关系鲜有论及。在这种情况下，自己来写作《严复评传》，既有较大的挖掘余地，也有不容忽视的研究难度。

来北大八个月，我几乎倾全力投入这项工作。在这部书稿完毕时，自己从头校阅一遍打印稿，深感其中不少的缺陷亟需处理，无奈身在博士后流动站，还有专项的博士后研究课题需做，故只好就此作罢。

这些年来，我一直耕耘在中国近现代文化思想史研究园地。在研究胡适时，我着意阐释和理解胡适的自由主义思想，在评价标准上明显以西方文化为参照系，受现代西方文化价值观念影响甚深。

进入严复研究领域后，自己萌发了一些与此前稍有不同的心态。尽管研究对象严复是晚清知识界对西方文明刺激最敏感的学人之一，但他的思想却包含了相当复杂的成分，尤其是他晚年对中西文化观的评估，既受到时人的批评，也被后来的研究者贬议。

对此，我总觉得人们欠缺对严复思想内涵应有的理解。在严复的思想世界里，本来就没有明显的"近代西方"与"传统中国"分野，他对传统文化虽有批判，但并无所谓离异，既无离异，又何所谓复婚式的"回归"呢？他对西方近世文化虽曾大力宣传，但也非无条件地全盘接受，而是有所选择；他对卢梭思想的批判是其对英美近代化理论和实践钻研的结论，其中包含不少合理的因素。既然如此，严复晚年重估中西文化，与其说是一种倒退的历史表现，不如说是在更高层面上理解和把握中西文化。问题还不在这种评价本身，而在因这种评价变化所带来的评价模式的置换。

应当承认，现今的中国近代史研究基本上未摆脱"挑战—应付"

的研究模式，在这种研究模式里，凡属近代史上对西方文明冲击作出正面反应，特别是对西方的最新观念或最激进的革命理论作出最积极反应的人物，都被置于历史进步者的行列，反之则被视为保守、落后。正是在这样一种研究模式里，严复晚年的中西文化观很难获得人们应有的理解。类似的一些重要文化人物，如王国维、陈寅恪等，他们的历史地位也得不到真正的确认。

现在看来，中国近代学术史上的许多问题有待重新发掘、重新认识、重新估价，其中还包含一个历史观念的清理问题。近代以降，中国文化学术的发展很大程度受到西方输入的文化价值观念的影响，甚至支配，由此自然也影响到今人对这段历史的认识。站在今天的历史高度，我们反省这一历史过程，应该更多看到这一偏向所造成的局限，而不应沿承历史的惯性，将其流弊加以放大。

学术不分国界，但任何国家、任何民族的学术发展毕竟有其自身的个性和传统，人文学科更是如此。在近代中国尚处在封闭、保守的历史条件下，强调与西方文化交流，强调认同世界文化的主潮，这有其不可否认的历史合理性。今天，我们回到民族文化的本位立场上来，挖掘民族文化的特殊性，对中国自身的学术——国学加以重新开掘和发展，从而增强我们在世界文化学术对话中的分量。当然，如何处理中国文化的民族性与世界性的关系，使两者之间保持必要的张力，这并不是一件容易的事，正因为如此，中国学人才有必要努力探索一条属于自己的路。

最后，我想对为《严复评传》的写作提供了帮助和指点的刘桂生先生表示衷心的感谢。在我来北大研究期间，刘先生多次提出宝贵的指导意见，对我颇有启发，我的学术境界由此得以拓展。责任编辑钱宏本着促进中国学术发展的态度，在市场经济席卷神州大地之时，却为中国学术操忧，走向国学这块寂寞的园地。这种负责任的编辑精神，值得敬佩，也真正令参加丛书写作的同仁感激。

欧阳哲生 1994 年 2 月 27 日于北京大学中关园

增订版后记

本著由《严复评传》与《严复研究》两部分组成。《严复评传》曾于 1994 年 8 月由百花洲文艺出版社初版，2010 年 3 月再版、2015 年增订再版，2018 年由台湾昌明文化有限公司出版繁体版。在我撰著的著作中，此书是重版、印量较多的一种。《严复研究》是我在《严复评传》出版以后，陆续应约撰写的以严复为研究对象的六篇论文，它们表现了最近十余年来我在严复研究方面新获心得，这些论文发表后，在学术界产生了一些影响。将这部《严复评传》与这些论文集合成一书，可方便读者了解我的严复研究成果。

严复研究在新时期获得了较大的发展，仅严复著译的大规模文献整理前后就进行了四次：第一次王栻主编《严复集》（5 册，北京：中华书局，1986 年版），第二次王庆成、叶文心、林载爵主编《严复合集》（20 册，台北：财团法人辜公亮文教基金会，1998 年 8 月版），第三次汪征鲁、方宝川、马勇主编《严复全集》（10 卷，福州：福建教育出版社，2014 年 8 月版），第四次林平汉、罗耀九、叶文心主编《严复全集》（23 卷，天津：天津教育出版社，2024 年 1 月版）；以严复为主题的学术研讨会在福建、天津、北京等地已开过十余次了；与严复相关的学术著作多达六七十种；在严复生前生活、工作过的福州、天津、北京等地还举行过多场严复展览或纪念性的活动。以我的视域所及，就现有的研究规模来看，严复研究已超越康有为、梁启超研究，可能仅次于孙中山研究，严复研究实已积累相当的基础，达到较高的水准，可谓蔚为大观，说是"显学"也不为过。今后要继续推进，即使要寻找一个真正具有创意的问题都非易事，需要学者下相当大的气力。

　　研究历史人物，臧否是非功过，弄清历史真相，不仅是还原历史的本来面目，客观评估历史人物的作用，为那些推动历史进步的重要人物树碑立传；更重要的是为当下提供历史智慧，以史启智，在昨天、今天与明天之间架起一座通达的桥梁。严复是近代中国启蒙思想大家，他提出了超越同时代人具有先驱意义的思想命题，也敏锐地感受到中西文明冲突蕴含的复杂信息，他对这些疑难问题作出了自己的解答，有些是预见性的，有些又显得古朴，他始终站在中西文明冲突的前沿阵地，为时代留下了颇具价值的思想遗产。研究严复，深刻领会他的睿智，的确可为我们理解历史、认识现实、前瞻未来提供丰富的养料。在严复研究领域，我起步虽早，因有其他研究任务缠身，并未全身心地投入，时断时续，毕竟精力有限，自感只是一个"客串"。当然，对严复的重要历史地位、严复研究的特殊价值，内心又有深透的认识，因而每遇同行新的成果诞生，都欲一睹为快，这是一种很难表述的心境。所幸严复研究仍在持续热烈地进行，我也时常被拉入这支交响乐团参与合奏。感谢天津教育出版社给拙作提供这样一个与读者见面的机会！我愿为继续推进严复研究的进步贡献自己的绵薄之力。

　　　　　　　　2025 年 2 月 18 日于京西水清木华园